SHILAMU

CHUANBO

SIXIANG

YANJIU

施拉姆
传播思想研究

李艳松 著

🄹 吉林大学出版社
·长春·

图书在版编目（CIP）数据

施拉姆传播思想研究 / 李艳松著. –– 长春 : 吉林
大学出版社, 2021.12
ISBN 978-7-5692-9668-6

Ⅰ. ①施… Ⅱ. ①李… Ⅲ. ①威尔伯·施拉姆 – 传播
学 – 思想评论 Ⅳ. ①G206-097.12

中国版本图书馆CIP数据核字(2021)第242799号

书　　　名：施拉姆传播思想研究
　　　　　　SHILAMU CHUANBO SIXIANG YANJIU

作　　者：李艳松　著
策划编辑：高珊珊
责任编辑：高珊珊
责任校对：李潇潇
装帧设计：刘　厦
出版发行：吉林大学出版社
社　　址：长春市人民大街4059号
邮政编码：130021
发行电话：0431-89580028/29/21
网　　址：http://www.jlup.com.cn
电子邮箱：jdcbs@jlu.edu.cn
印　　刷：英格拉姆印刷(固安)有限公司
开　　本：787mm×1092mm　　1/16
印　　张：13
字　　数：250千字
版　　次：2023年02月　第1版
印　　次：2023年02月　第1次
书　　号：ISBN 978-7-5692-9668-6
定　　价：68.00元

前　言

　　威尔伯·施拉姆在传播学研究领域的地位无人能及，他被尊为"传播学之父"。施拉姆最主要的功绩在于综合整编了美国传播研究领域，使之成了一门学科；施拉姆开创了美国传播学科，对美国传播学科的发展有着提纲挈领的作用；施拉姆的传播思想对于世界的传播研究有着不可忽视的影响；施拉姆的传播思想对于发展中国家的传播研究有着导航员的效用，起着指导方向的作用。然而，随着时间的流逝，对于施拉姆的推崇与质疑纷至沓来。重新梳理施拉姆的传播思想的形成脉络有助于正确认识施拉姆传播理论的内涵；重新整理施拉姆的传播理论有助于挖掘施拉姆被遗忘的传播精华；重新拾起施拉姆的传播精华有助于我国的传播研究的发展。总之，重新认识施拉姆显得非常有必要。

　　本书以时间为轴，从施拉姆的传播思想形成和发展的脉络出发，抽丝剥茧出施拉姆的传播思想的核心。本书从八个部分来阐述施拉姆的传播思想。第一部分，本书从微观语境角度描述了施拉姆的生平、精神等方面，了解了施拉姆的"能够做"精神对其传播思想的形成及开拓传播学科有着主导性的作用。第二部分从宏观语境角度理清了美国政治、经济和科技发展对传播研究的推进，以及社会各学科、传播研究各学派对施拉姆传播思想的哺育，美国社会各界基金会对传播研究的支持，从经济上保障了施拉姆开展的传播研究项目的顺利进行。正是由于宏观和微观两部分的共同作用，施拉姆开始孕育传播学科思想。《大众传播学》的问世标志着施拉姆学科意识思想的瓜熟蒂落，施拉姆需要在现实世界中构建他的传播学科大厦，他从著书立说、建立传播机构、培养学员、开拓研究领域等方面在现实社会中建造传播学科，这就是第三部分施拉姆传播学科思想的核心。20世纪50年代末，美国传播研究领域展开了一场影响传播学生死的辩论。以贝雷尔森为代表的学者认为传播学科正在枯萎，亲手打造传播学科的施拉姆据理力争。争辩是无用的，只有用事实说话。施拉姆开始积极开拓传播学研究的新方向，应用型传播研究在此内外交困下产生。传播媒介、社会发展、国际传播都是施拉姆一手开凿出的应用型传播研究方向。三种应用型传播研究在时间上相互交错、在研究项目上相互交缠，共同发展繁荣传播学科理论。第四部分详述了施拉姆的传播媒介思想，挖掘出国内学者不曾深入的施拉姆的教育媒介思想，这是施拉姆传播思想中的精华部分。第五部分描述了施拉姆的社会发展传播思想，发掘了施拉姆的有关发展趋势和发展模式的理解，施拉姆所建构的三种发展模型也值得我们关注。第六部分阐述了施拉姆的国际传播思想，理清了施拉姆对于国际传播的思考。第七部分了解了施拉姆的人类传播思想，认识到了施拉姆想用传播学科一统社会各学科的宏大愿景。第八部分为总结章节，对施拉姆传播思想的特点做了归纳，评价了施拉姆传播思想，分析了施拉姆传播思想的贡献及局限。从上述分析中我们知道，本书的八个部分是层层推进的关系。第一、二部分（微观和宏观）合力作用促进了第三部分（传播学科思想）的产生，第四（媒介思想）、五（社会发展）、六（国际传播）部分又是以第三部分（传播学科思想）为基础开展的，而第四、五、六部分之间相互交缠、共同发展、一起推进。第七部分（人类传播思想）犹如一根丝线串起第三、四、五、六部分，第八部分对施拉姆传播思想进行了总结。

本书通过梳理施拉姆的传播思想发现，国内外学界对施拉姆存在一定的误读。到目前为止，学界普遍认为施拉姆在学科建制方面功绩斐然，但却少有原创性的传播理论。然而，经过整理施拉姆的众多著作，本书得出施拉姆在传播理论方面贡献巨大的结论。在媒介教育方面，施拉姆提出了原创性的青少年使用电视的理论：幻想导向和现实导向理论。这一理论对当今青少年教育有非常重要的启发作用。施拉姆采用多维动态、生态循环的体系来阐释他对于大众媒介与社会发展的研究。在国际传播方面，施拉姆构建对话—培训—研究模式，试图打造一种良性循环的生态国际传播体系。施拉姆从哲学高度研究了人类传播方面的问题，试图把传播学科串成一个以传播学科为中心，统摄各学科的综合性学科。

本书认为施拉姆最突出的理论贡献在于他的多维动态、生态循环的网络体系。施拉姆的传播思想就是在他的这一核心思想的指导下研究得出的。而他的这一核心思想不仅对传播学科，对社会学科、哲学都有一定的启发意义。

施拉姆的理论贡献非常丰富，涉及面之广、钻研度之深都令人十分敬佩。施拉姆传播研究的理论和实际运用对当今我们的传播研究都有着十分重要的借鉴意义和重要影响。

李艳松

2021年8月

目　　录

绪　论

（一）研究背景

传播学诞生于19世纪末，20世纪40年代初具规模，二战后迅猛发展，总体而言以美国为中心，向全世界扩散和分化。对于传播学来说，施拉姆的丰功伟绩无人质疑。罗杰斯评价他：创建了第一批以"传播"命名的大学教学、研究单位；撰写了第一批传播学课程的教科书；授予了第一个传播学博士学位；是世界上第一个获得"传播学教授"头衔的人（1947年在伊利诺伊大学）。[①]佩斯利认为："而不是其他什么人，传播学才能够凭其自身成为一个研究领域。"坦卡德（James Tankard）认为施拉姆对于传播研究所做的贡献比任何人都大；辛普森则认为施拉姆是1948年至1970年间美国传播学研究的中心人物[②]；施拉姆的传记作者查菲（Steven H. Chaffe）认为，施拉姆是美国传播学研究领域中的塔尖式人物，1933年至1973年美国传播学研究被称为"施拉姆的时代"。[③]在传播学研究中，施拉姆以其领军人物形象为标杆，无人能出其右。与其说传播学以美国为中心向全世界扩散和分化，不如说，施拉姆传播思想以美国为中心向全世界扩散和分化。

通过梳理国内外学者对施拉姆思想的研究，对于施拉姆的巨大贡献，研究者们都毋庸置疑。但学界对于施拉姆思想的形成及发展脉络了解得不够清晰，尤其是对施拉姆思想的源头没有探究，以及对影响施拉姆思想的因素也没有深度挖掘。大家在肯定施拉姆对传播学的巨大贡献之时，也不忘质疑施拉姆

[①]　罗杰斯：《传播学史——一种传记式的方法》，殷晓蓉译，上海译文出版社，2002年，第446页。

[②]　Simpson C. *Science of Coercion: Communication Research and Psychological Warfare 1945—1960.* New York: Oxford University Press, 1996. 1. pp107.

[③]　Steven H, Chaffee and Everett M. Rogers(eds.)(in press). *In Wilbur Schramm, The Beginning of Communication Study in America.* Newbury Park,Calif. :Sage.

的一些观点。而对于施拉姆的质疑，国内外学者也是针对某一个问题进行探讨，没有更深层次地探究原因。同时，这些质疑、批评都是琐碎的、零星的，对施拉姆为什么会产生这些观点的源头的探究还没有深入地展开研究。

1. 学术界对施拉姆思想研究的不足

国内外学界对施拉姆的研究存在以下几点不足：

（1）施拉姆传播研究有待完善

首先，以偏概全。从国内外学界对施拉姆的研究和评述方面来看，学界仅仅关注研究施拉姆的几部代表作，如《大众传播学》《传播学概论》《大众传播媒介与社会发展》《报刊的四种理论》等。而施拉姆一生著作颇丰，约有30部著作，仅从对施拉姆的著作研究方面我们得知，施拉姆还有许多值得我们研究的方面。

其次，客观性不足。相较于国内学者，国外学者对施拉姆的研究相对充足。如罗杰斯的《传播学史——一种传记式的方法》一书中对施拉姆做了重点解说，主要是从施拉姆的生平、工作经历等方面进行阐述。查菲是施拉姆培养的博士生，对施拉姆推崇备至。在施拉姆的启发下开辟了新的传播研究方向，他对施拉姆的感情是比较深厚的。查菲主要从施拉姆的生平和职业轨迹方面对其进行了描述，重点在于对施拉姆的工作经历进行了较为详尽的叙述，对施拉姆的贡献极力夸赞，从而有不太客观之嫌。

《美国传播研究的开端：亲身回忆》一书的中译者王金礼也认为，罗杰斯和查菲称施拉姆为传播学的奠基人，也仅仅是事无巨细地介绍施拉姆各项研究及其富于魅力的人格。[①]然而，这种由拥护者书写的历史近年来却因为其叙事的选择性而备受批评。本书其他部分，即施拉姆的遗稿，实际上也在这些备受批评的作品之列。

由此可见，由于研究者对施拉姆的感情深重不同、所选资料不同、研究重点关注不同会导致对施拉姆研究的公正性、客观性有待商榷；在某种程度上会形成一定的刻板印象，影响后来者对施拉姆的重新认识。

最后，系统性不够。通过整理学术界对施拉姆的研究资料，我们可以知

---

① [美] 威尔伯·施拉姆：《美国传播研究的开端：亲身回忆》，王金礼译，中国传媒大学出版社，2016年，译后记。

道，国内外研究施拉姆的学者及其观点层出不穷、五花八门，都是对施拉姆的学科建制方面的研究，对于施拉姆行为和著作方面的研究也不是很全面。就算是在这一方面，由于各家各言，每家所选用资料不完整，研究范式不统一，也没有形成完整的施拉姆传播研究的系统体系。

（2）施拉姆传播思想研究的缺失

国内外学界对施拉姆的研究丰富无比。但通过文献的整理我们可以看出，到目前为止，学界对施拉姆的研究仅限于施拉姆的行为研究，包括施拉姆的学科建制方面、施拉姆的著书立说方面等，而对于施拉姆的心理和思想等方面的研究是需要补充的。

首先，认识需理清。有人认为，施拉姆的学术研究史就是世界传播学的发展史[①]。所以我们需要分清施拉姆学术研究史与世界传播学发展史是两个不同的概念，需要弄清两者的关系与区别。还有人认为，施拉姆学派就是传统学派[②]。我们也必须清楚地知道两者的关系与区别，二者是如何相互影响的。

其次，认识需完善。行为、语言和思想是不同的概念，三者相互联系又有区别。古希腊哲学家亚里士多德认为，思维是通过语言实现并存在下去的，言语代表心灵的经验；洪堡特认为，语言是形成思想的工具；美国行为心理学家华生认为言语是出声的思维，思维是无声的语言；英国哲学家洛克认为，在语言初创时，是先有观念；爱因斯坦则充分肯定思维可以采取其他形式，并先于语言，思维的作用是与语言完全无关的，但他又同时肯定语言同思维的密切关系；历史学家周建人也认为，思想先于语言；戴元光认为，人的内向传播是个人思维活动，只是内心的思维——而思维可以是无语言的[③]。

学界对施拉姆的研究主要是从施拉姆行为方面（学科建制）和施拉姆语言方面（丰富的著作）进行的研究。所以，我们需要理清施拉姆传播行为和语言研究与施拉姆传播思想研究的关系，重点在于三者之间的联系、纠缠动态的相互影响关系等。

最后，认识需纠正。国内外诸多传播学者都是施拉姆培养的学生，对施拉姆都怀有深厚的感情，对施拉姆也做了许多研究。而这些学者如罗杰斯、查

---

① 段京肃、罗锐：《基础传播学》，兰州大学出版社，1996年，第20-21页。

② 徐耀魁：《大众传播新论》，苏州大学出版社，2005年，第15页。

③ 戴元光、邵培仁、龚炜：《传播学原理与应用》，兰州大学出版社，1988年，第45页。

菲、杰克·赖勒、威恩·丹尼森和Godwin C. Chu对施拉姆的研究相对来说比较关注，都是从施拉姆的生平、工作经历和著作方面进行的研究。如罗杰斯在其《传播学史——一种传记式的方法》一书中对施拉姆做了重点解说，但主要是从施拉姆的生平、工作经历等方面进行阐述，对于施拉姆的思想尤其是他的传播思想的产生没有深入解释，只是详述了"老爸"布莱尔对施拉姆的影响而已，而这些，远远是不够的。查菲也主要是对施拉姆的工作路径演变方面进行研究，对于施拉姆传播思想的产生也没有解释。杰克·赖勒蜻蜓点水式地对施拉姆的思想进行了探索，认为施拉姆能在学习中找到最大的乐趣是重要的。国外学者们都过多地关注施拉姆的贡献，对施拉姆的传播思想没有进行深入的探索。

早期国内的传播学界对施拉姆的研究也仅认可他在学科建制方面的贡献。如郭庆光认为：对于传播学的发展，除了四大奠基人以外，我们还应该提到另一位重要学者——施拉姆。一些学者认为，施拉姆"使传播科学从梦想变成了现实"，他应该是传播学的"第五位奠基人"，这主要是指施拉姆在传播学学科建设方面做出的贡献[1]。如邵培仁也认为，施拉姆对传播的贡献不在于阐述了自己的思想见解，而在于他使传播学成为一门独立的学科。[2]萨义德曾经说过："观念一旦因其显而易见的效用和力量流布开来之后，就完全可能在它的旅行过程当中被简化、被编码、被制度化。"萨义德对观念流变的阐述恰好也适用于早期国内学者对施拉姆的认识。早期国内学者对施拉姆存在一种根本性的误读，认为他无传播思想。

随着信息技术的提升，当前国内传播学界开始对施拉姆思想进行研究，但都不完整、不系统。或是仅从某一方面进行勾画，或对施拉姆的思想进行简单的归纳，并没有系统地研究施拉姆的传播思想的内涵及特征，也没有深入探究其传播思想的形成脉络。如：伍静在《中美传播学早期的建制史与反思》一书中，从大型私人慈善基金会资助、大众传播媒介的兴起、战争的宣传需要、高等教育自身变革的需要及管理型学者的示范作用等方面，勾画了施拉姆学科建制思想的脉络。胡翼青认为施拉姆不是一个以原创见长的学者，并从搭建发

① 郭庆光：《传播学教程》，中国人民大学出版社，2005年，第263页。
② 邵培仁：《传播学导论》，浙江大学出版社，1997年，第55页。

展传播学研究框架、推动"使用与满足"理论发展、在传播体制方面独到的见解三方面简述了施拉姆学术思想。①戴元光认为：几乎很难讲有什么传播理论是由施拉姆开创的、有什么理论假说是他提出的，在传播研究领域，他涉猎面很广，但很少在某个方面具有自己的独到见解。②他从三个方面简单分析了施拉姆的理论思想：从人的主动性出发丰富了大众传播的某些基本理论，独具特色的媒介控制理论，建立了发展传播学的第一代范式。③

　　到这里就出现了一个问题，行为是思想的映射，是思想的直接反映。无论是施拉姆的学科建制，还是施拉姆的著书立说，都必然是施拉姆思想的反映。而到目前为止，国内外学术界仅仅是对施拉姆的行为做了一定的研究，还没有对施拉姆的思想，尤其是施拉姆的传播思想进行系统的分析。

　　通过梳理国内外学者对施拉姆的研究，我们可以得知，学界非常肯定施拉姆的传播学学科建制贡献，但也质疑施拉姆的一些观点，对施拉姆为什么会产生这些观点的源头还没有深入探究。纵观国际学术界对施拉姆的研究，研究很多但不深入、研究很杂但不全面，而对于施拉姆的传播思想的形成、发展、成熟研究不足，仅仅只是从施拉姆的生平及论文著作管中窥豹般地来理解施拉姆的传播思想，关于这一点，显然是不够的，最重要的是关于施拉姆传播思想的系统研究基本没有。

2. 施拉姆对中国传播学影响深远

　　施拉姆是影响中国传播研究的第一人。1980年出版的威尔伯·施拉姆的《报刊的四种理论》（*Four Theories of the Press*）中译本作为改革开放后的第一部西方新闻传播学著作对我国的影响十分深远。施拉姆帮助中国学者构建传播研究领域，他的传播思想观点及其本人在传播学界的权威性直接影响了我国传播学的研究发展。

　　随着社会的进步、信息网络的开阔，我国传播学的研究视野有所拓宽。对施拉姆由最初的激动崇拜到现在的平和对待，能正视施拉姆思想中的优劣，能提取施拉姆思想中合适的观点运用到我国。中国社会的发展、经济水平的上升、国际地位的提高等需要我国的传播学研究更加丰富、与时俱进。我们需要

---

① 胡翼青：《西方传播学术史手册》，北京大学出版社，2015年，第345-346页。

② 戴元光：《影响传播学发展的西方学人（2）》，中国大百科全书出版社，2015年，第48页。

③ 戴元光：《影响传播学发展的西方学人（2）》，中国大百科全书出版社，2015年，第53页。

重新研究施拉姆传播思想、厘清施拉姆传播思想脉络、探究施拉姆传播思想的内生轨迹、寻找施拉姆传播思想中曾经被忽略、被遗漏的思想观点，希望能形成一幅全面、立体、系统、动态的施拉姆传播思想体系图景，以期有助于我国传播学研究的发展。

（二）问题意识

施拉姆是不是也正经历着拉斯韦尔的曾经的经历？拉斯韦尔也曾经因为他的观点"受到了抵制"，以及"年轻一代政治科学家最终是基于学科意识来看待他的学术思想的"。[①]然而，在拉斯韦尔追随者的影响下，帮助拉斯韦尔重建了在政治科学领域里的学术声誉。本书不企望帮助施拉姆重建其学术声誉，本书只是秉着尽量客观公正的态度梳理、整理施拉姆的传播思想，了解施拉姆传播思想的内涵、特征等，不管其传播思想是原创性的还是非原创性的。

施拉姆在其《美国传播研究的开端：亲身回忆》一书中，一直强调最初给事物赋予意义才是最重要的。如他在书中所说："很可能是在非常遥远的过去，人类就已经形成了所有这些深刻思想。与这些思想相比，那种通过现代传播研究所产生的所谓思想就显得微不足道了。"[②]再如，他谈起拉斯韦尔的原创性假说时，他引用了威廉·麦奎尔在《人格与社会心理学杂志》上说的一段话：与批判性的假说验证阶段相比较，创造性的假说建构（即人们最初如何形成了这些假说）才是最重要的。[③]正因为如此，我们为何要漠视施拉姆在其未完一书中的呼吁，为何不顺应施拉姆的想法，去探索施拉姆传播思想的形成过程，去系统化整理施拉姆的传播思想呢？

而在整理施拉姆的传播思想过程中，本书需要关注是什么原因造成了施拉姆的研究项目和兴趣的碎片化？这些碎片当中是否隐藏了一些主线把它们串联起来？施拉姆的《报刊四种理论》及《传播学概论》两本书的研究内容相距遥远，写作情绪差距为何也如此之大？除了写作时期的不同之外，还有其他原因吗？关于"传播学的奠基人"一说，施拉姆为何要模糊此说法的真正源头？施拉姆曾多次表明其1961年出版的《电视对儿童生活的影响》一书，是他一辈

---

① 威尔伯·施拉姆：《美国传播研究的开端：亲身回忆》，王金礼译，中国传媒大学出版社，2016年，第37页。

② 威尔伯·施拉姆：《美国传播研究的开端：亲身回忆》，王金礼译，中国传媒大学出版社，2016年，第5页。

③ 威尔伯·施拉姆：《美国传播研究的开端：亲身回忆》，王金礼译，中国传媒大学出版社，2016年，第44页。

子最能称得上具有理论贡献的著作。①本书需要深入地探究和整理《电视对儿童生活的影响》这本书的理论思想。

此外，本书也需要关注施拉姆的传播学科意识思想，其传播学的源头是政治目的还是其他？施拉姆的传播学教育思想也是重点之一，为何施拉姆的传播学教育模式能成功，而芝加哥大学图书馆传播学研究不能呢？有哪些因素的影响？

拉扎斯菲尔德曾说："在两次世界大战之间的某个时期，传播研究成为有明确定位、运作良好的一个社会研究分支领域，有了相当规模的教学、科研和出版。"②本书需要弄清某个时期是指具体的哪个时间阶段，在这个时间段内，施拉姆的贡献及其传播思想的内涵特征等。

1970年至1980年间，中美传播学术交流频繁，为何中国只对施拉姆大书特书？为何只有施拉姆的到访和演讲直接带动了中国传播学的研究，同期的其他学者不能，原因何在？1982年，施拉姆在中国调动起国人对传播学的认同感，③同年在美国对传播学主流范式又进行检讨，为何在中美的差异如此大，是什么原因造成的？本书在梳理施拉姆的传播思想的同时，肯定会遇到各种各样的问题和矛盾点，只有把施拉姆的思想放在整个历史语境中思考，才能梳理出其思想的脉络，正确理解其传播思想的精髓。

（三）研究方法

施拉姆的传播思想研究主要是从施拉姆的原文著作入手，从他的著作中寻找、探索施拉姆的传播思想的形成脉络及传播思想的内涵。

1. 文献分析法，收集整理第一手文献资料，对施拉姆的著作、文献、手稿、信件等原始资料进行整理分析，同时对国内外有关施拉姆思想研究的材料进行搜集、整理、分析。

2. 文本研究法，本书力求通过对收集来的第一手材料，通过文本分析即文本解读方式来进行探究，本书主要采用高度语境化解读法和去语境化解读法来进行研究。高度语境化解读法需要结合历史分析法阐释施拉姆的传播思想，

① 戴元光：《影响传播学发展的西方学人（2）》，中国大百科全书出版社，2015年，第47页。

② 伍静：《中美传播学早期的建制史与反思》，山东人民出版社，2011年，第93页。

③ 伍静：《中美传播学早期的建制史与反思》，山东人民出版社，2011年，第142页。

也就是把施拉姆传播思想的孕育、形成、成熟等阶段结合美国二战时期社会、政治、经济、文化等多种背景因素来进行研究，尽可能地以施拉姆自己的方式来理解施拉姆的思想，了解施拉姆所传递出来的真实信息。去语境化解读法就是从哲学的角度来阐释施拉姆的传播思想。为了避免过度阐释的意思，本书以高度语境化解读法为主，去语境化解读法为辅，高度语境化解读法是去语境化解读法的基础。

3. 新历史主义阐释学分析法，新历史主义注重"历史的文本性"和"文本的历史性"。本书对施拉姆所处历史时期流传下来的文本分析当时的背景、政治经济文化等特点，同时对有关施拉姆的大量著作、文献和研究资料进行文献史料考证，并结合当时有关的重大历史事件进行辨析考证工作，注重对国内外的施拉姆思想研究的评析工作，力求把对施拉姆思想的研究建立在客观、公正、可靠的资料的基础之上，厘清施拉姆思想的孕育、形成、发展脉络。

（四）研究框架和重点说明

本书共由两个部分组成：第一部分为绪论部分，主要介绍研究背景、问题意识、研究方法和研究框架。第二部分分为八个方面，第一方面简述了施拉姆的生平及其主要著述。第二方面分析了施拉姆传播思想形成的背景，从宏观语境入手，涉及时代发展、政治经济、社会思潮、美国传播研究的背景、各学科对施拉姆传播思想的影响及社会各大基金会的支持等方面对施拉姆传播思想的影响。从第三方面开始到第七方面详述了施拉姆的传播思想的内容。第三方面分析了施拉姆的传播学科思想，包括施拉姆的学科意识思想的形成和教育思想的具体执行等方面；第四方面重点介绍了施拉姆的传播媒介思想；第五方面阐述了施拉姆的社会发展思想；第六方面梳理了施拉姆的国际传播思想；第七方面简述了施拉姆的人类传播思想。第八方面为总结章节，重点介绍了关于国内外对施拉姆的评价及其影响。

施拉姆的传播思想由理论型传播理论和应用型传播理论组成。第三方面传播学科思想中的学科意识思想主要在施拉姆的理论型传播理论中得以体现。第四方面传播媒介思想、第五方面社会发展思想和第六方面国际传播思想重点表现了施拉姆的应用型传播理论。施拉姆在其后期试图用人类传播思想来融合他的整个传播思想体系，这在本书的第七方面有详细的表述。

　　施拉姆的应用型传播理论是以其理论型传播理论为基石的。施拉姆界定了传播的相关概念、建构了传播学的框架、研讨了传播的功能和责任等理论要素之后，他着手将理论运用于实践，开启了传播媒介、社会发展和国际传播的研究。其中传播媒介思想中主要的部分就是施拉姆原创的媒介教育思想，这一部分的内容在中国也少有学者涉足。社会发展思想中的一些相关理论具有现实意义，对发展中国家来说有着重要的参考价值。国际传播思想中的某些理论对国际之间的传播策略和方法也具有相关的启发意义。而施拉姆的人类传播思想从宏观的角度，以传播为原点，将各学科连接成一张强大的知识网络图景，试图把传播学科打造成统摄各学科的人类社会科学，并希望从整体上提高人们的认知。本书的内容框架如图1所示：

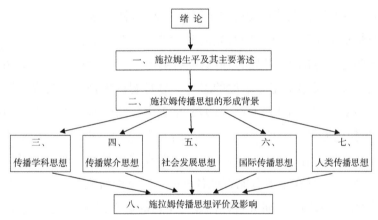

图1　施拉姆传播思想内容框架

　　总的来说，施拉姆的传播思想宏大雄伟，他不仅开创了全新的研究领域，而且积极实施贯彻壮大传播版图，从美国辐射到世界；他的传播思想影响至深，他的传播范式被奉为经典。然而，我们也应该看到，施拉姆在开创传播学之初，由于受到各种影响，传播领域的营养供给不够全面，掣肘了传播学的发展。我们追根溯源、探明缘由、理清脉络，以期补充传播学缺失的营养成分，为传播学的健康全面发展提供些许帮助。

一、施拉姆生平及其主要著述

施拉姆在美国传播学史上的地位举足轻重，他是传播学的奠基人，也是传播学史中的核心人物，[①]他对美国传播学科的发展有着提纲挈领的作用。同时，由于他超然的地位和对传播学孜孜不倦的钻研态度影响了全世界某些国家的传播学科的发展，尤其是发展中国家的传播学科的发展。

"时势造显学"，施拉姆所处的时代背景、政治经济文化、社会思潮等宏观因素塑造了他的传播思想，而其个性心理、品格特征、朋友关系、有影响力的人际关系又丰富完美了他的思想。施拉姆的传播思想贯穿并影响了整个美国传播史，以至于1933年至1973年美国传播学研究被称为"施拉姆时代"。[②]施拉姆是第一个把传播学同新闻学、社会学、心理学、政治学等学科综合起来，把传播作为专门学科来研究，并在传播学术界产生过巨大影响的人。[③]施拉姆的贡献在于他有能力把各样的、广泛的研究汇集成一个整体，更重要的是他能认识到这些研究可以构建一个新的学术领域，并且他有能力在美国的大学里创建大众传播机构。[④]正是由于施拉姆独特的个人魅力和工作能力使得传播学科在美国大学里创立，并且经历数十年的发展，具有蓬勃之势。同时随着国际政治经济的影响，传播学科也逐渐在发展中国家创建并发展起来，使得传播学科遍布世界各地。

---

① 罗杰斯：《传播学史——一种传记式的方法》，殷晓蓉译，上海译文出版社，2002年，第2页。

② Chaffee,Steven H, and Everett M. Rogers(eds.)(in press). *In Wilbur Schramm, The Beginning of Communication Study in America. Newbury Park,Calif. :Sage.*

③ 戴元光、邵培仁、龚炜：《传播学原理与应用》，兰州大学出版社，1988年，第12页。

④ Wolfgang Donsbach, *The international encyclopedia of communication*, 2008, p. 4511.

（一）施拉姆生平、精神及思想发展

正如1920年，查尔斯·霍顿·库利在他的日记中写道："真正的社会学是自称体系的自传。整个社会的组织和进步都存于思想之中，我和其他像我一样的人只有了解它对我们的含义，才能理解它。"这段话不但显露出库利对美国社会思想的巨大贡献，而且凸显出了库利的个人生活如何造就他的思想的必要性①。同样的，施拉姆的传播思想的形成离不开他的个人工作和生活轨迹，施拉姆的生平经历、施拉姆的精神也能很好地映射出他的传播思想形成轨迹，在某种程度上能够帮助我们更加清楚地认识到施拉姆的传播思想内涵。

1. 施拉姆生平

威尔伯·施拉姆（1907—1987）于1907年8月5日出生于俄亥俄州的玛丽埃塔。5岁时因为一次不成功的手术，施拉姆患上了口吃的毛病并饱受口吃的困扰。直到他21岁以优异的成绩于玛丽埃塔学院毕业时，做了生平的第一次告别讲演，他慢慢学会了带着口吃生活。随后，施拉姆进入哈佛大学学习。在学习期间，施拉姆选修了著名哲学家A. N. 怀特海的一门研究生课程，深受怀特海的影响。怀特海与施拉姆一样，也是一名口吃者，也许正是由于两人同样的困境，施拉姆更愿意倾听并受教于怀特海，被怀特海的精神深深地吸引和感染。施拉姆于1930年在哈佛大学取得美国文明硕士学位之后，前往艾奥瓦大学寻求L. E. 特拉维斯教授和W. 约翰逊的帮助，治疗他的口吃，并攻读博士学位。约翰逊将口吃的治疗和研究与语言学理论联系起来，与一般的语义学联系起来，将口吃看作是一种在今天会被称作是一个传播问题的东西。②施拉姆深受这种观点的影响，并逐渐激发了对传播研究的兴趣。1932年，施拉姆在艾奥瓦大学取得了英国文学的博士学位。后来他获得一笔博士后奖学金，待在艾奥瓦大学心理学系跟随C. E. 西肖尔教授进行了为期两年的博士后研究。在此期间，施拉姆进行了大量的科学实验训练，学习了定量研究方法，学到了一个社会科学家的研究方式和技巧。

结束了学习阶段之后，施拉姆开始进入了工作阶段。他于1935年开始在

---

① 丹尼尔·杰·切特罗姆：《传播媒介与美国人的思想——从莫尔斯到麦克卢汉》，曹静生、黄艾禾译，中国广播电视出版社，1991年，第100页。

② 罗杰斯：《传播学史———一种传记式的方法》，殷晓蓉译，上海译文出版社，2002年，第6页。

艾奥瓦大学担任英语助理教授一职，并于1939年担任写作班的指导教师。在此期间，施拉姆经常开展研讨会，并为他后来在艾奥瓦大学、伊利诺伊大学和斯坦福大学开设的传播学博士课程打下了基础。同时期，施拉姆也深受心理学家勒温的影响，参加勒温组织的俱乐部，被勒温的场论所吸引并影响。艾奥瓦大学是施拉姆进入传播领域的原发地，在艾奥瓦的学习和工作经历为他后来创立传播学科奠定了坚实的根基。

第二次世界大战期间，美国政府认识到传播的重要性，并在无形之中编织了一张以华盛顿为中心，由各界学者组成的传播网络，用来研究有关传播的问题。此时，施拉姆服务于统计局和战时新闻局，并参与其中。在这张由众多优秀的跨学科学者组成的传播网络中，施拉姆吸收到了大量的有关传播的内容和研究传播的方法和技巧。罗杰斯认为，施拉姆的传播学观就诞生于他在统计局和战时新闻局的15个月之中。[1]传播学科思想逐渐成形之后，施拉姆开始着手在实际中创建传播学领域。此后的岁月中，施拉姆在艾奥瓦大学、伊利诺伊大学、斯坦福大学、东西方研究所和香港中文大学中建立众多传播机构、培养大量优秀的传播研究者，并同时拓展传播研究的新领域。至此，施拉姆的传播思想从他的脑海中到现实的各大高校和学界中立体地呈现出来，整个动态地从云端的观念到土地上的传播机构的矗立，各个传播机构有大量优秀的传播学者充盈其中，如同流光溢彩，立体动态地在我们眼前展现出来。

2. 施拉姆精神："能够做"

"能够做"精神是施拉姆一生的特色，他几乎精通每一件他所投入的事情。正是由于施拉姆的"能够做"精神，他才会克服困难，在各大高校建立传播机构、设置传播课程，把他自己的传播思想真正地落到实处，真正地对传播事业做出贡献。在他的整个传播事业发展过程中，也遇到不少瓶颈，如在1959年，他与贝雷尔森的论战；如20世纪60年代传播学科发展的困境等，都是在他"能够做"的精神鼓舞下，与贝雷尔森据理力争，并积极地开拓传播的新领域，如媒介教育领域、社会发展领域、国际传播领域等，用实际行动来否定贝氏的"传播学正在枯萎"的论调。

与此同时，正是在"能够做"精神的主导下，施拉姆孜孜不倦地开拓传

---

[1]　罗杰斯：《传播学史——一种传记式的方法》，殷晓蓉译，上海译文出版社，2002年，第16页。

播研究新领域，才能积极地开展与发展中国家的紧密联系与合作，并在无形之中深刻地影响了发展中国家对于传播理念的认识，也帮助了发展中国家创立了传播学科、设立了传播机构、架构了传播学课程的设置、探讨了传播领域中的重要问题。如媒介教育理论提升了发展中国家的认知水平，提高了发展中国家人们的文化水平，一定程度上重新建构了发展中国家人们的价值观，对发展中国家的文化普及和价值观的重塑具有积极的意义。而在社会发展理论中，施拉姆根据与其合作的发展中国家的情况，构建了几种发展模型，为发展中国家的建设提供了重要的参考价值，同时也启发了其他发展中国家。施拉姆的人类传播思想也在社会发展理论中有所体现，他认为所有的国家都是发展中国家，根据发展阶段的不同，国家的发展需要与当前的发展阶段相匹配，才能更好地进行建设，不能超前也不能落后；他还认为发展模式要求人类和社会的联动，整个发展过程就如同一张紧密联系的网络，网络上的各要素需要恰当地配合，不能孤立地运行，这样才能使国家向前推进。在国际传播思想中，施拉姆重点关注了世界各国信息对称的问题，并强调加强新信息秩序调和的问题，提出了解决上述难题的一些谦虚的建议。他的这些建议和策略也能为发展中国家在与发达国家进行传播沟通的过程避免一些不必要的干扰，从而进行有效的沟通，达到各自所期望的传播效果。总的来说，"能够做"精神贯穿施拉姆一生的学习和工作经历，是他能够取得如此大的成就的核心精髓。

3. 施拉姆传播思想发展阶段

施拉姆的生平经历及思想发展阶段按照时间来划分可以分为：孕育时期（1924—1942）、形成时期（1942—1943）、成熟传播时期（1943—1987），见表1。

表1　施拉姆生平及思想阶段列表①

思想阶段	日　期	地　点	事　件	思想特征
	1928	玛丽埃塔学院	历史和政治学学士学位	知识经验的积累，是其恢宏传播观念的基石。历史政治学识为其进入华盛顿统计局和战时新闻局提供门票，文学和写作背景是其日后勤耕著书的保证，实验研究使其在发展传播观念中更注重实证研究，为奠基人的选择提供了一些标准。
	1930	哈佛大学	美国文明硕士学位	
	1932	艾奥瓦大学	英国文学博士学位	
	1932—1934	艾奥瓦大学美国学术团体理事会博士后会员	与C. E. 西肖尔一起从事实验研究	
	1935—1942	艾奥瓦大学	英语助理教授、副教授、教授、艾奥瓦写作班创办人和指导者	
形成时期（1942—1943）	1942—1943	华盛顿统计局和战时新闻局	教育主任和政府工作者	战时需要、工作经验等形成传播观念。
成熟时期（1943—1987）	1943—1947	艾奥瓦大学新闻学院	院长、第一门大众传播博士课程的创始人	开创传播学观、著书立说、建立传播机构、培养传播研究者、开拓传播新领域——国际传播和发展中传播等。
	1947—1955	伊利诺伊大学传播研究所	所长和创始人、传播系主任、校长助理	
	1955—1973	斯坦福大学	传播学教授、传播研究所所长(1957—1973)	
	1962—1973	斯坦福大学	国际传播学教授	
	1973—1975	夏威夷东西方传播所	所长	
	1975—1977	夏威夷东西方传播所	杰出的中心研究员	
	1977	香港中文大学	传播学教授	
	1987	檀香山	逝世	

　　从施拉姆的生平经历，我们可以看到施拉姆一生主要分为两个阶段，一是学习阶段，二是工作阶段。在工作阶段当中，1942—1943年是施拉姆传播思想形成的重要阶段，在此时期施拉姆为华盛顿统计局和战时新闻局工作。此阶段对施拉姆的传播思想的发展有着承上启下的作用。自此时期开始，施拉姆开始建造他的传播学科大厦，在大厦的建造过程中，施拉姆克服困难，不断开辟新领域，建筑扎实又丰富的传播学科。就如杰克·赖勒所说的，施拉姆是令人

① 此表参考了罗杰斯的《传播学史——一种传记式的方法》一书中的施拉姆生平大事表，并在此基础上绘制而成。罗杰斯：《传播学史——一种传记式的方法》，殷晓蓉译，上海译文出版社，2002年，第4页。

赞叹的，不仅仅是在于他的兴趣是如此的广泛，而更在于他的行为、专业的知识和能力，并为传播学的发展奉献终身。[1]施拉姆一生为传播学科发展的专业态度值得我们尊敬。

（二）施拉姆受影响关系及主要著述

1. 施拉姆受影响关系谱系图

19世纪末20世纪初的美国社会学家对施拉姆传播思想的形成起到了积极推动的作用，对施拉姆的直接影响和间接影响巨大。施拉姆人际关系谱见图2。

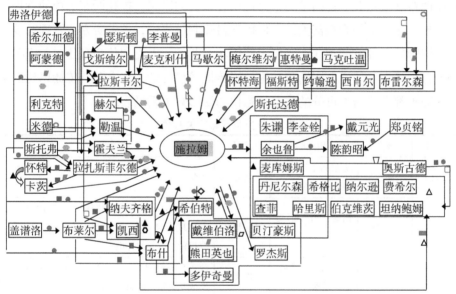

图2　施拉姆人际关系谱系图（李艳松 制）

如图2所示，施拉姆强大的人际关系对其传播思想的形成有着极其重要的作用。1930年，施拉姆前往哈佛大学攻读美国文学的硕士学位，同时还追随艾尔弗雷德·怀特海研读哲学——后来，他曾说，怀特海是对自己影响最大的

---

① Bruce H. Westley(eds) (in press). *Journalism Monographs,Contributions of Wilbur Schramm to Mass Communication Research*. Jack Lyle.,*Mass Media and Education:The Schramm Connection*. p. 16.

人。语义学家温德尔·约翰逊在一定程度上帮助施拉姆改善了口吃情况。正是口吃使施拉姆与人类传播理论发生了联系——作为早期的普通语义学家，约翰逊的著作涉及这个领域。同时，口吃或许也可以解释为什么施拉姆后来更愿意在小的研讨班而不是大的讲授式课堂里授课，并形成了一种师生互动密切的人际化教学风格。[①]与C. E. 西肖尔的共事使施拉姆坚定了对于将行为科学方法应用于人文问题的乐观信念。与库尔特·勒温的结交，施拉姆学习到了更多的理论观点和行为科学的方法论技术，以及勒温激发研究问题的独特方法。[②]布莱尔和布雷尔森对施拉姆关于传播学科意识的思想有极大的推动作用。纳夫齐格和凯西对施拉姆关于传播学的教育理念有重要的影响。拉扎斯菲尔德的管理学术思想对施拉姆的影响甚大，在传播学科建制过程中，学术研究、管理行政、募集资助资金等方面都获得了极大的成功。此外，麦克利什和布什在关键时刻的推荐，马歇尔的资金资助等与施拉姆传播学科的顺利建立和其传播思想的形成和完善都有着密不可分的关系。施拉姆受影响关系见表2。

表2 施拉姆受影响关系表

时间	地点	影响人	关系	影响方面
1930	哈佛大学	艾尔弗雷德·怀特海/哲学家	追随	哲学
1930	艾奥瓦	诺曼·福斯特/文学	博士导师	新人文主义思想的重大影响。后于1935年开始显现出对"纯文学"研究方法的不耐烦，改投社会科学的怀抱。[③]
	艾奥瓦	温德尔·约翰逊/语义学家	医患	改善口吃情况并与人类传播理论发生联系，形成互动密切的教学风格。
1932	艾奥瓦	C. E. 西肖尔/生理心理学家	博士后	坚定了对于将行为科学方法应用于人文问题的乐观信念，学习了定量的研究方法，学到了社会科学家的手段。[④]
	艾奥瓦	库尔特·勒温	朋友	参加"神仙会"，学习到了更多的理论观点和行为科学的方法论技术，以及勒温激发研究问题的独特方法。生活空间和场域理论。

---

① 威尔伯·施拉姆:《美国传播研究的开端：亲身回忆》，王金礼译，中国传媒大学出版社，2016年，第149页。
② 威尔伯·施拉姆:《美国传播研究的开端：亲身回忆》，王金礼译，中国传媒大学出版社，2016年，第150页。
③ 伍静:《中美传播学早期的建制史与反思》，山东人民出版社，2011年，第69-70页。
④ 罗杰斯:《传播学史——一种传记式的方法》，殷晓蓉译，上海译文出版社，2002年，第6-7页。

续表

时间	地点	影响人	关系	影响方面
1934—1939	艾奥瓦	艾奥瓦作家工作坊	共事	教学模式的形成。
1939.9—1940.6	华盛顿	洛克菲勒传播研讨班	朋友	最早以系统的、跨学科的方式对大众传播进行研究的行动之一，确定了以传播效果为中心、以经验研究为导向的行为主义研究范式。并探讨传播新领域的问题。
		约翰·马歇尔		1930年末首先使用了"大众传播"一词，传播能提高教育和文化的发展。行政管理的职业生涯。
1942	华盛顿	OFF同事（社会科学家居多）	共事	跨学科的社会科学研究；主流社会科学理论和研究方法的熏陶；萌生建立一个独立的传播学领域的想法。
		拉尔夫·纳夫齐格/新闻学家		用行为科学改造新闻学院的计划；定量研究方法高手，师从斯托弗学习统计。
		拉尔夫·凯西/新闻学家		传播学的教育理念，其和纳夫齐格在明尼苏达倡导建立的历史上第一家研究中心（或称研究所），是施拉姆在伊利诺伊大学创建第一家传播研究所的模本。
		保罗·拉扎斯菲尔德		意识到创立新型研究建制的重要性和必要性，研究所模式的成功。其管理学术思想也对施拉姆影响巨深。
		伯纳德·布雷尔森/图书馆学家		行为科学划分主流、非主流；认可和提升"大人物"和"学派"；将个人观察转化为传播学科常识。
		哈罗德·拉斯韦尔/政治学家		传播的功能，内容分析，非简单化的理论和调查方法，假说的形成，最早具有"传播科学"视野的人。
		布莱尔		新闻学科意识的影响，传播研究在新闻教育领域中的建制化，"进步运动"思想。
		丹尼尔·卡茨		乡村传播。

（李艳松 制）

从表2我们可以看出，施拉姆的传播思想的形成受到了许多学者的影响。二战期间，施拉姆在事实与数据办公室（Office of Facts and Figures,OFF）工作的一些同事和朋友，如：新闻学家纳夫齐格和凯西、方法论学者利克特、政治学家拉斯韦尔、拉扎斯菲尔德、学习心理学家希尔加德、政治科学家阿蒙德、人类学家米德等，对施拉姆传播思想的孕育和形成起到了直接或间接的影响。其中，施拉姆通常会主持每月在华盛顿饭店举行的由米德、希尔加德、利克特等人参加的例行午餐会，主要讨论跨学科的社会科学研究。施拉姆也从洛克菲勒基金会官员马歇尔组织的每月探讨传播新领域问题研讨会中汲取大量的养分，以滋养其传播思想体系的形成。

2. 施拉姆的主要著述

施拉姆一生努力勤奋、笔耕不辍，著作颇丰，共写有30余部传播学论著，总计约有500万字，施拉姆著作列表见表3。

表3　施拉姆主要著作列表

序号	出版时间	编/著	书　名	译者	中译版时间
1	1948	主编	《现代社会的传播》		
2	1949	主编	《大众传播学》Mass Communication		
3	1954	主编	《大众传播的过程与效果》The Process and Effects of Mass Communication 纽约伊利诺伊大学出版社		
4	1956	合著	《报刊四种理论》Four Theories of the Press 伊利诺伊大学/新华出版社	中国人民大学新闻系	1980
5	1957	著	《大众传播的责任》Resposibility in Mass Communication		
6	1959	著	《世界新闻界的一天》One Day in the Wold's Press,1959b		
7	1960	编	《教育电视的影响》The impact of Educational Television		
8	1961	合著	《青少年生活中的电视》Television in the Lives of Our Children 斯坦福大学出版社		
9	1962	合著	《教育电视——未来的10年》Programmed instruction:today and tomorrow		
10	1963	主编	《传播学》		

续表

序号	出版时间	编/著	书 名	译者	中译版时间
11	1963	著	《人类传播科学》The Science Of Human Communication 纽约New York:Basic Books		
12	1963	合著	《人们看教育电视》The people Look at Educational Television Stanford University Press		
13	1964	著	《大众传播媒介与社会发展》Mass Media and National Development Stanford University Press and UNESCO	金燕宁	1990
14	1967	合著	《从电视中学习：研究结论》Learning from the Television		
15	1967	合著	《发展中国家的传播与改变》Communication and Change in the Developing Countries Honolulu:East-West Center Press		
16	1968	著	《通信卫星在教育与社会发展中的作用》Communication Satellites for Education,Science and Culture		
17	1969	合著	《大众传播的责任》修订版Resposibility in Mass Communication，Rivers		
18	1971	合编	《大众传播的过程与效果》修订版 The Process and Effects of Mass Communication，（revised edition）		
19	1971	汇编	《教育电视的质量》Quality on Edcational Television		
20	1973	合编	《传播学手册》Handbook of Communication Chicago:Rand McNally		
21	1973	著	《人·信息·媒介——人类传播概论》Men,Message and Media:A look at Human Communication	余也鲁	1978
22	1975	合著	《基本的人类传播》Fundational human communication		
23	1976	合编	《传播与改变——过去十年和未来》		
24	1976	著	《电视和教育》Television and the test scores		

续表

序号	出版时间	编/著	书　名	译者	中译版时间
25	1977	合著	《传播学概论》修订版①新华出版社	陈亮等	1984
26	1977	著	《大媒介与小媒介》Big Medial,Little Media		
27	1981	合著	《第三世界的新闻传播——亚洲研究》		
28	1981	合著	《大胆的实践——美属萨摩亚岛教育电视的故事》		
29	1985	合著	《印度尼西亚村庄的卫星电视——社会影响研究》		
30	1988	合编	《传媒·教育·现代化——教育传播的理论与实践》		
31	1988	著	《人类传播的故事》The story of Human Communication		
32	1988	著	《作为行为科学的人类传播学: 杰克·海尔盖德和他的委员会》		
33	1997	著	《美国传播学研究的开端:个人回忆》The Beginnings of Communication Study in America: A Personal Memoir	王金礼	2016

（李艳松 制）

从施拉姆著作列表中，我们看到，施拉姆早期主要研究新闻自由与社会责任、传播的社会功能等问题，后来他致力于传播媒介与国家发展的研究和传播如何推动第三世界国家经济社会发展的研究。他研究的课题很大，但落脚点却不大，着眼于传播在改变人们态度的过程中的作用及传播如何才能激起人们"欲求上的革命"，从而产生需求的愿望，推动社会的发展等方面。②施拉姆的传播思想蕴含在施拉姆的著作之中，并在施拉姆身体力行的传播教育活动中完美地体现出来。

从施拉姆的主要著作列表中，我们知道施拉姆的传播思想分为理论型传播思想和应用型传播思想。施拉姆开始涉足传播学之时，着重研究传播的理论，如架构传播学的框架、研究传播的过程和效果、探讨传播的责任和功能等。当施拉姆对传播的理论有了一定的认知之后，他于中期开始致力于应用型

① 《传播学概论》一书是《人·信息·媒介——人类传播概论》的修订版。

② 戴元光、邵培仁、龚炜:《传播学原理与应用》，兰州大学出版社，1988年，第14页。

传播的探索，努力使他自己的传播理论用于社会各阶层、各方面，以提升社会的发展，真正做到把理论用在实处，而不是束之高阁，使传播理论在社会各层面都能发挥作用。如他的媒介教育理论、社会发展理论、国际传播思想等。

在施拉姆后期的著作中，他开始宏观地规划和整合他的理论型传播思想和应用型传播思想，并试图把它们都归纳在人类传播思想当中。他的这一想法相应地也在后期的著作当中体现出来了。他力图把传播学科作为人类社会科学，并能统摄各学科，使各种学科连接成一张紧密的网络。

传播学领域如此广阔，研究方法如此庞杂，模式繁多，以致难以形成自己的理论体系，但传播学研究却方兴未艾。部分美国学者继续致力于传播模式与理论的建树，注重效果的研究——传播对思想的影响，以至于对社会和社会变迁所具有一定的影响。[①]以此类推，本书借由对施拉姆的传播思想研究希望对社会思想进行一定的启发作用，也希望对社会和社会变迁的影响尽一份心力。

（三）施拉姆传播的概念

1. 传播的含义

对于传播的定义，施拉姆说："我们可以给传播下一个简单的定义，它即是对一组告知性符号采取同一意向。"在施拉姆的认识当中，他觉得传播可以是工具、是细胞、是网络、是时钟，传播能创造，传播能统摄各学科。

（1）工具

施拉姆从人类社交的基本过程，首先肯定了传播是工具这一论断。传播是工具，社会之所以成其为社会全赖传播这一工具。传播（communication）和社区（community）的词根相同并非偶然现象。没有传播，就不会有社区；没有社区，也不会有传播。人类传播的特征是使人类社会有别于动物社会的主要特征。查尔斯·库利认为："传播是'人类关系赖以存在和发展的机制，是一切心灵符号及其在空间上传递、在时间上保存的手段'。"[②]施拉姆用查尔

---

① 戴元光、邵培仁、龚炜：《传播学原理与应用》，兰州大学出版社，1988年，第17页。

② [美]威尔伯·施拉姆、威廉·波特：《传播学概论》，何道宽译，中国人民大学出版社，2010年，第2-3页。

斯·库利的话来论证他这一论断。

（2）细胞

施拉姆引用爱德华·萨丕尔举例共和党来阐述传播是社会细胞这一特点。他说，共和党这个历史实体仅仅是一种抽象，其基础是成千上万具体的传播行为，它们具有某些共同而持久的特征。如果把这个例子扩大到一切可以想象的领域，我们很快就会意识到，每一种文化模式、每一个社会行为都涉及交流，都与传播有或明或暗的关系。[①]传播渗透到我们所做的一切事情中，传播是打造人类关系的素材。[②]传播是人类活动关系中不可缺少的一部分。我们是社会人，我们需要与人、与社会、与自然进行沟通交流、发生关系，传播就如同细胞一样，充盈在我们沟通交流、与其他事物发生关系的活动中，人类活动离不开传播。

（3）创造

施拉姆认可人类学家爱德华·萨丕尔为《社会科学百科全书》撰写的"传播"词条。他也认为，从表面上看，社会是社会机构静态的总和；实际上，个人交流时的传播行为焕发社会的活力，以其创造性确认社会的存在。[③]施拉姆同时也认为，从古登堡那个时代起的一切大众媒介是能够满足人们特定需求的最好的工具[④]，能够复制信息，也能几乎无限地拓展人们共享信息的能力。人们靠信息生存，共享信息的新能力对人的生活产生了深刻的影响。[⑤]人们获取信息、交换信息并产生新的信息，这一过程就是传播创造性的具体表现。传播具有的创造能力是在社会传播过程中产生的。

（4）网络

人类传播是社会的网络，在这个网络中，进行着知识相互交换、决策制定、角色和关系确定、社会变化刺激和指引这样的过程。[⑥]施拉姆从他的传播

---

① [美]威尔伯·施拉姆、威廉·波特：《传播学概论》，何道宽译，中国人民大学出版社，2010年，第3-4页。

② [美]威尔伯·施拉姆、威廉·波特：《传播学概论》，何道宽译，中国人民大学出版社，2010年，第19页。

③ [美]威尔伯·施拉姆、威廉·波特：《传播学概论》，何道宽译，中国人民大学出版社，2010年，第3页。

④ Wilbur Schramm, Jack Lyle, Edwin B. Parker, *Telvevision in the lives of our children*, Stanford University Press, 1961, p. 62.

⑤ [美]威尔伯·施拉姆、威廉·波特：《传播学概论》，何道宽译，中国人民大学出版社，2010年，第14页。

⑥ D. Lawrence Kincaid,Wilbur Schramm,*Fundamental Human Communication,* East-West Center,East-West communication institute,Honolulu,Hawaii,1975。

学科思想开始，一直到他中后期的人类传播思想，他一直认为，传播就是一张网络，在这张网络中，人们进行着社会交往活动、共享信息、角色塑造等。传播就是一张无形的网络，把人们的社会活动各要素连接在一起，形成共振，打造成良性的循环系统。

（5）时钟

关于传播学时钟理论，施拉姆和波特仿照"宇宙年"将人类出现在地球上的历史假定为100万年，而后比作只有24小时的一天来计算。①

（6）社会过程

施拉姆曾说，"总结像人类传播这样一个领域的困难在于：它没有只属于它自己的土地。传播是基本的社会过程。"②施拉姆认为传播是一种社会过程，在这社会过程的进程中，又有不同的阶段，每个阶段的社会过程的传播要求、传播要素不同，传播可以促使社会进程加快，也可以阻碍社会的进程。我们在进行传播时，减少噪声、有效沟通和传播才能形成良好的社会互动过程。

2. 传播的起源

（1）大众传播的产生

施拉姆认为，大众传播诞生于15世纪40年代至50年代，其标志是德国工匠古登堡使用印刷机和金属活字技术，成功地印刷出了第一批油印的《圣经》，施拉姆把这个日子称为"庆祝大众传播开始的日子"。③施拉姆认为，古登堡在技术上所做的就是大众媒介所做的，也就是在传播过程中借助某种机器工具的作用，复制大量的信息，尽可能地让大多数人们获取信息、分享信息，也有可能的产生新的信息，再进入下一个传播过程。

（2）传播的历史——星系论

施拉姆在探究传播的历史时，借用了他与他儿子的故事。他儿子的星空观点对他深有启发，他说："我微笑以对他的观点，然而，我想得越多，越认为它有用。深思熟虑之后，例如，我们所看到的传播历史的篇章就像星系一样地升起，自从洞穴绘画时期后，在天空中互相跟随。洞穴绘画对我们来说是无限古老的星系，但是报纸和电视对我们来说就是新的年轻的星系。它们是我

---

① 威尔伯·施拉姆：《传播学概论》，陈亮等译，新华出版社，1984年，第5页。

② 罗杰斯：《传播学史——一种传记式的方法》，殷晓蓉译，上海译文出版社，2002年，第1页。

③ 威尔伯·施拉姆：《传播学概论》，陈亮等译，新华出版社，1984年，第15页。

们的星星。我们生活在大众媒介的星系中。生活在我们世纪的人们是最先见识了那些星系，并且那些星系决定如何把天空呈现给我们。我们是大众媒介的孩子。"①

"19世纪末我们熟悉报纸和杂志。然后摄影的第一星星出现了，并且在20世纪初出现了我们为之钦佩的运动图片。不久出现了声音传播——电报、电话、第一次声音储存方法，最后是广播。对那些星系来说只花了相当短的时间划过。但是随着它们的划过，伴着的是本世纪最亮的星系的出现——电视。就如同1900年到1935年大约由电影主宰、1920年到1950年大约是由广播主宰一样，电视是1950之后的最主导的星系。在20世纪80年代，我们仍然拥有所有的这些媒介，但是，不断更新的技术如计算机、数字数据传播、各种各样的家庭记录和传播开始使一种新的星系上升并暗示以前从未听说过的星系的到来。"②

大众媒介的产生使得信息呈几何数的增长。关于信息暴涨的速率，施拉姆赞同尼尔森的描述。在1805年，尼尔森提出了11分钟理论对历史的信息做了简短的描述。直到11世纪中期，遥远距离的信息仅能够和运输一样快。在元朝，中国拥有世界上最快的快递系统——大约一天100英里。Baron Reuter的信鸽携带着信息闯过英吉利海峡，正如我们所说的，能每小时飞60英里。然后，就是电报、收音机、卫星，在信息流里把距离变得相对不重要。之后的计算机使得距离和速度对我们掌握信息不再那么重要。当光速在我们能力范围内，我们能更快地传输信息，当我们可以轻易地和我们周围的星系交流时，我们会开始触摸更远的星系。③在传播历史宇宙星系论中，施拉姆开始呈现了他的整体宏大的传播思想，他已经把传播当作了一幅由时间定位、从古代走向现代的由各种媒介串联起来的动态的网络图景。同时，也开始思索这幅传播动态图景如何触碰其他的星系，如触碰其他的学科、其他研究领域等。

3. 传播的逻辑框架

（1）传播主体——人

施拉姆在理解传播的概念时，需要明确的一点是，传播是人们所做的某

---

① Wilbur Schramm,*The story of Human Communication*,Harper&Row,Publishers,Inc,1988,p. 136.

② Wilbur Schramm,*The story of Human Communication*,Harper&Row,Publishers,Inc,1988,p. 140.

③ Wilbur Schramm,*The story of Human Communication*,Harper&Row,Publishers,Inc,1988,p. 350.

种事情。传播本身没有生命，没有任何神奇的东西，唯有人们在传播关系中注入其中的讯息。讯息本身没有意义，唯有人们注入其中的意义。[①]信息被需要相互分享的人们所创造。传播是人们所做的事情中最自然的、也是最复杂的和最完善的事情。人类没有传播思想，这是很难想象的。我们从出生的时刻就开始了传播。我们进行传播就如同我们呼吸一样自然和随意。[②]戴元光认为施拉姆的理论思想的一个重要方面就是他从人的主动性出发丰富了大众传播的某些基本理论。

施拉姆阐述传播的含义时，把人放在第一位。正如他所说的，传播过程几乎未变，但由于人们靠信息生存，共享信息的能力就对人的生活产生了深刻的影响。[③]也正是由于人们塑造文化，文化塑造文化产品，[④]文化产品又丰富人们的生活。人类社会的一切活动都是因为人才变得有意义，传播也不例外。

（2）传播的实质——处理信息

施拉姆认为，如果说传播始于原始的单细胞生物，那似乎有一点儿牵强，但它们也能够处理信息，而处理信息就是传播的实质。从首批双向交流的动物出现到首批在夏威夷登录的双向交流的人之间，有一个漫长的时期，其间发生的传播是感官延伸以掌握更多信息的过程。[⑤]信息是传播过程的必要元素，传播的过程就是信息处理的过程。

施拉姆定义信息是作为在一种备选方案中存在一种选择的情况下的影响不确定性的因素，在这种情况下，个人必须首先在他自己的脑海中建构情况。当个人思考情况时，他把所有可供选择的概念浏览一遍，直到他决定哪个是最好的。最终，他在脑海中建构的情况对他来说是有意义的。当他完成信息处理的时候，他就要准备选择行动方针来执行了。[⑥]信息在人脑中生成后，人们就开始准备采用什么策略来进行信息的处理和传播了。

---

① [美]威尔伯·施拉姆，威廉·波特：《传播学概论》，何道宽译，中国人民大学出版社，2010年，第4页。

② D. Lawrence Kincaid,Wilbur Schramm,*Fundamental Human Communication*, East-West Center,East-West communication institute,Honolulu,Hawaii,1975,p. 3.

③ [美]威尔伯·施拉姆，威廉·波特：《传播学概论》，何道宽译，中国人民大学出版社，2010年，第14页。

④ Wilbur Schramm,*The story of Human Communication*,Harper&Row,Publishers,Inc,1988,p. 254.

⑤ [美]威尔伯·施拉姆，威廉·波特：《传播学概论》，何道宽译，中国人民大学出版社，2010年，第5-6页。

⑥ D. Lawrence Kincaid,Wilbur Schramm,*Fundamental Human Communication*, East-West Center,East-West communication institute,Honolulu,Hawaii,1975,p. 20.

施拉姆认为处理信息的四项基本原则如下：一是，信息只能由参与者根据过去的经验或者早已存在的概念的结合来得到它的含义。二是，在某种程度上，信息对于有相似概念的和相似生活经验的不同人们有相似的意义。三是，在任何一种媒介上创造一个信息处理模式，这个媒介必须有能力提供两种不同的处理状态，如开—关，黑—白，脚印—无脚印，文字—非文字等。四是，信息处理是一种选择过程，在这个过程中要求对分享的信息有选择性观念、选择性注意、选择性解释。[①]信息处理的过程也是人脑运作的过程，人们根据自己的认知才选择如何接受信息、接受什么样的信息，如何传递信息、传递什么样的信息等。只有双方对信息的理解一致时，才会在双方之间进行有效的沟通和信息处理传播活动。

（3）信息的载体——符号

信息是传播过程中不可或缺的材料。信息是具有相对于替代的可能性。[②]人们需要通过使用一些可用的媒介，如图片、信件、地图、电视、触摸、声波或者光波等来表达自己。[③]也就是说，信息借助符号来呈现自己，供人们在传播过程中进行交流。

符号是人类传播的要素，它可以是语言的，也可以是非语言的；它单独存在于传播关系的参与者之间。由于人们经验的缘故，符号在传播过程中是具有一定意义的。对任何个人来说，符号的意思就是这个符号所引起的一套情景、感情、腺和神经的活动。符号是共有的，但意义不是。意义始终是属于个人的，是个人根据自己的经验得来的，是反应的总和。符号不是完美无缺的工具，它们必须是从个人经验中抽象出来的。当两个人同用一个符号时，就是两种生活交叉在一起。我们给这种关系带去我们储存的经验、头脑中的构象、对价值的判断和态度，即我们学会对某个感官刺激的反应——我们称之为参照系统的个人特性。但是，在任何一个社会都有一定数量的意义是普遍共有的，

① D. Lawrence Kincaid,Wilbur Schramm,*Fundamental Human Communication,* East-West Center,East-West communication institute,Honolulu,Hawaii,1975,p. 13-14.

② D. Lawrence Kincaid,Wilbur Schramm,*Fundamental Human Communication,* East-West Center,East-West communication institute,Honolulu,Hawaii,1975,p. 15.

③ D. Lawrence Kincaid,Wilbur Schramm,*Fundamental Human Communication*, East-West Center,East-West communication institute,Honolulu,Hawaii,1975,p. 3.

这样有利于社会成员的交流沟通。①人只有赋予符号意义，符号的存在才有价值。在传播过程中，交流双方对同一符号赋予相同或相似的意义时，才能进行有效沟通。

符号与它的指示物的关系如图3所示，个人的想法试图解释这种符号。

图3　C. K. Ogden and I. A. Richard's Triangle of Reference

在符号和个人想法之间有直接和实体连接的刺激，在想法和符号的指示物之间也有相同的关系。但是，在符号和它的指示物之间没有一对一的连接，他们的关系是间接的，仅仅当人们思考它时，它才发生。换句话说，符号可以参考其指示物，但是它与指示物不一样。而且，符号的指示物不总是清楚明白的，经常是同一符号的多种指称。②我们拥有这些ideas的经验越多，我们就可以赋予他们更多的意义。③个人根据自己的生活和工作经验赋予同一符号多种意义，沟通双方在其他背景要素相同或相似的情况下，并对同一符号赋予相同的意义，交流才能有效地进行；或者交流双方给予同一符号相同的指示物时，也能获得有效沟通。

（4）传播的工具——大众媒介

施拉姆认为，15世纪40年代初，一些印制文献在欧洲面世；大约在1456年，古登堡印制的《圣经》问世，这两个年代作为庆祝大众媒介产生的年代是恰如其分的。大众媒介既是信息的倍增器，又是很长的信息传输管道；大众媒介的特征之一是它们没有明确的和无法跨越的边界④。正是由于大众媒介的介入，在传播过程中产生大量的信息，并拓展延伸出来，产生了大众传播。

---

① [美]威尔伯·施拉姆，威廉·波特：《传播学概论》，陈亮译，新华出版社，1984年，第63-73页。

② D. Lawrence Kincaid,Wilbur Schramm,*Fundamental Human Communication,* East-West Center,East-West communication institute,Honolulu,Hawaii,1975,p. 59.

③ D. Lawrence Kincaid,Wilbur Schramm,*Fundamental Human Communication*, East-West Center,East-West communication institute,Honolulu,Hawaii,1975,p. 92.

④ Wilbur Schrmm,Jack Lyle,and Ithiel de Sola Pool,*The People Look at Educational Television*,Stanford University Press,1963,p. 167.

施拉姆认为，大众媒介是一种作为公共的可插入的媒体。[①]媒介还是信息通道上强大的把关人，对什么样的信息能够通关放行拥有强大的权利。[②]媒介技术的发展倍增了信息的发展速率，使得在传播过程中会产生大量的噪声及干扰。而大众媒介可以根据发送方的需要，尽可能地减少干扰，选择性地传递信息，从而提升传播效果。从这一方面来，大众媒介有把关人的作用，具有对信息选择的权利。

（5）传播的手段——语言

对于传播的手段——语言的起源的推测，施拉姆做出了好几种推测：一种是"汪汪"理论，认为语言是通过模仿自然声音（如狗叫、雷鸣或波涛）而形成的；一种是"感叹"理论，认为讲话是由偶然的表达感觉或感情所产生；还有一种"唱歌"理论，认为语言是从传播感情或欢庆事件的原始歌声中演化而来的；此外还有"吆—嗨—嗬"理论，认为语言是从用力时发生的呼噜声演变的，如此等等。[③]施拉姆认为传播的手段是起源于语言发展进化过程的。如模仿、感叹、唱歌、吆喝都是语言演化的过程，同时又是作为一种手段进行着传播。

（6）传播过程

对于传播的过程，施拉姆说："传播关系的一个参加者发出符号，另一个参加者在某种程度上使用了这些符号。用最简单的话来说，这就是传播过程。"[④]传播的必要过程是分享。这种分享信息的过程，在这过程中参与者的关系，我们称之为传播。[⑤]传播的实质是信息处理，传播的过程就是信息分享、处理的过程。

施拉姆认为，传播既无始亦无终，传播重视发生在前后，取决于我们从哪里进入传播过程。[⑥]他评论道："事实上认为传播过程从一点开始而到某一

---

① Wilbur Schramm,The story of Human Communication,Harper&Row,Publishers,Inc,1988,p. 138.

② [美]威尔伯·施拉姆，威廉·波特：《传播学概论》，何道宽译，中国人民大学出版社，2010年，第14-15页。

③ 威尔伯·施拉姆：《传播学概论》，陈亮等译，新华出版社，1984年，第8-9页。

④ 威尔伯·施拉姆：《传播学概论》，陈亮等译，新华出版社，1984年，第54页。

⑤ D. Lawrence Kincaid,Wilbur Schramm,*Fundamental Human Communication*, East-West Center,East-West communication institute,Honolulu,Hawaii,1975,p. 3.

⑥ D. Lawrence Kincaid,Wilbur Schramm,*Fundamental Human Communication*, East-West Center,East-West communication institute,Honolulu,Hawaii,1975,p. 102.

点终止，这种想法易使人误解。传播过程实际上是永无止境的。我们则是处理并通过不同路线递送大量永无止境的信息流的小小的交换台。"①从事物的发展角度来看，传播处于无限过程当中，当一段传播行为结束后，就会产生新的传播活动。如同网络当中的裂变，不断地增生出新的传播行为。从这种意义上来说，传播是无始亦无终的。

人类传播是一个社会过程。在传播过程当中的基本元素和步骤有信息创造、知觉、注意、解释和理解。我们发现，意义是非常复杂的，看起来是我们分享信息时对符号信息解释的一部分，并且要求我们更深入、更丰富地理解信息的过程。在传播中符号的意义依赖于传播中的参与者。理解的过程是个人内心的过程，更大的程度依赖于个人所处的情境。当我们讨论人们之间的相互理解时，我们把传播看作是社会化的过程。我们定义过程为一种随着时间的推移导致特定的结果的改变或者一系列的行为和事件。因此，从信息创造到理解的每个步骤都是人类传播中最普遍的过程。②传播的过程本质上是人类的活动，是人赋予传播的意义。

（7）传播模式

对于传播模式，施拉姆则把人类简单的传播模式推进为一个互动反馈的比较复杂的模式。关于人际传播的说服模式，施拉姆③概括为三种，即亚里士多德的模式、卡特莱特的模式及霍夫兰模式。

（8）传播方法

关于传播方法，施拉姆认为信息的来源很重要，"要是传者在听众心目中是他所讲题目的专家或者不是想借演讲来替自己宣传或图利，便会比非专家、又不客观的传者更能引发传播的效果。要是传者兼具二者——既有权威又值得信任，便能得到更大的效果。"④同时，施拉姆也认为，诉诸感情的传播方式也是有效果的，"大量的实验表明，动感情的呼吁较之逻辑的呼吁更可能导致态度的改变。然而，在实际上是很少把这两者分开的……亚里士多德是主

---

① 丹尼斯·麦奎尔：《大众传播模式论》，上海译文出版社，1987年，第23页。

② D. Lawrence Kincaid,Wilbur Schramm,*Fundamental Human Communication*, East-West Center,East-West communication institute,Honolulu,Hawaii,1975,p. 99.

③ 威尔伯·施拉姆：《传媒、信息与人——传学概论》，中国展望出版社，1985年，第220页。

④ 威尔伯·施拉姆：《传媒、信息与人——传学概论》，香港海天书楼，1987年，第226页。

张把感情的呼吁和逻辑的呼吁两者兼用的。有经验的律师是尽可能做法律的论辩，但他们并不排斥唤起感情的做法。"[①]施拉姆也强调最好是尽可能深入地研究情况和传播对象，再试图决定怎样去促进这个过程的工作。[②]如何使传播更有效果，采用什么样的策略达到预期的传播效果，这也是施拉姆重点研究的内容之一。情感诉求、理性诉求、情理结合诉求的传播方法可以根据受传双方的需求和内心渴望灵活地进行选择，以此获得良好的传播效果。

---

① 威尔伯·施拉姆：《传播学概论》，陈亮等译，新华出版社，1984年，第228-229页。
② 威尔伯·施拉姆：《传播学概论》，陈亮等译，新华出版社，1984年，第229页。

二、施拉姆传播思想形成背景

传播对社会如此重要，"社会传播的结构映射了社会的结构和发展"[①]。传播学的产生不是偶然的，而是人类文明的发展和科学的进步，以及经济、政治的需要，从而使人类传播活动在质和量上发生变化。[②]传播构成了人们的日常生活，人们的社会活动又促进了传播学科的产生。

（一）时代发展的客观需要

传播学在20世纪40年代首先产生于美国。传播学的产生适应了当时美国社会的科技、政治、经济、军事、商业等各方面发展的需要。

1. 科技进步促使传播快速发展

19世纪最明显的成果就是科学技术取得了非常大的进步。电的发现最引人注目，带来的变化最明显，它一直躲藏在某个地方，一旦发现它，就为所有人所享用。到19世纪后半叶，电报的使用使美国的传播体系得以在全世界蔓延。以电报开头，每一个接踵而来的新传播媒介都发出有关它对美国生活的意义的推测和预见。这个世纪的科技发展的成果使人们不断形成了一种反超自然的或者说仅仅是世俗的处世态度，他们渴望接受这个星球赐给的财富。

在第一次世界大战之前，美国虽然已经开始发展跨越大西洋的海底电缆和无线电，新闻机构也开始卷入国际新闻流通领域，但大规模的介入则是在第一次世界大战结束后。第一次世界大战也是第一场利用现代大众传媒手段作为宣传工具的战争。[③]第二次世界大战期间，美国为了制造战争借口、蒙蔽大众

---

① "*Communication Development and the Development Process,*" in Lucian W. Pye(ed.),Communications and Political Development(Princeton University Press),1963,p34.

② 戴元光、邵培仁、龚炜：《传播学原理与应用》，兰州大学出版社，1988年，第1页。

③ 刘笑盈、何兰：《国际传播史》，中国传媒大学出版社，2011年，第94-95页。

或鼓舞士气以赢得舆论支持，专门成立了一些新闻宣传机构，其主要职能就是控制舆论导向、散布虚假信息及管理控制各种媒体，在一定程度上配合其整体战略的实施。战时新闻局就是在这样的背景下成立的。在战争期间，美国意识到尖锐的意识形态导致传播越来越政治化，所以，在将私人媒体纳入政府监管之下的同时，也开展了由政府直接领导的国际广播业务，在这一段时期，国际传播系统逐渐变成了战争手段。这时期的传播主要为国家服务，为在国际传播过程中获得有利地位而创造出各种宣传策略和技巧。

科技的发展促进传播学的产生。第二次世界大战，美国发了财，战后经济和科技发展很快，使传播媒介有了极大的发展，特别是电视的问世和普及，更加快了传播学的发展步伐。电子媒介的迅速发展带来了一系列社会问题，如媒介之间的关系、媒介与受传者的关系、媒介与社会的关系、媒介与国家发展的关系、社会对媒介的控制与影响、传播结构、传播过程与传播规律、传播的特性、传播的社会效果和功能等，都直接影响到社会的各个方面，影响到人民的生活。因此，研究传播的各种问题显得十分紧迫，这样逐步形成了传播学的研究。[①]科技发展促进传播媒介的高速发展，大众媒介应运而生，为了研究传播媒介与社会的关系，也为了使传播手段在国际社会中发挥重要的作用，传播学科产生了。施拉姆的传播思想的产生也正是受孕于这样的科技背景下，得益于时代发展的需要。

2. 近代美国和世界政治经济发展的客观需要

从一般意义上来说，传播学的诞生是建立在工业化的物质基础上的。[②]"自然界没有制造出任何机器，没有制造出机车、铁路、电报、走锭精纺机等。它们是人类劳动的产物，是变成了人类意志驾驭自然的器官或人类在自然界活动的器官的自然物质。它们是人类的手创造出来的人类头脑的器官；是物化的知识力量。"[③]20世纪，美国资本主义的发展及其成就与大众媒介的产生和普及基本同步，在雄厚的经济和科学技术的基础上出现了全世界最发达

---

① 戴元光、邵培仁、龚炜：《传播学原理与应用》，兰州大学出版社，1988年，第2页。

② 殷晓蓉：《战后美国传播学的理论发展——经验主义和批判学派的视域及其比较》，复旦大学出版社，2000年，第8页。

③ 中共中央马克思恩格斯列宁斯大林著作编译局译：《马克思恩格斯全集》，第46卷（下），人民出版社，1979年，第219页。

的大众传播事业，它对美国的政治、经济和文化生活领域都产生了前所未有的冲击和影响，也为传播学这一学科的建立奠定了经验的基础。政治、经济、科技、文化从宏观的角度来说，处于一个整体当中，其中任何一个因素的变化都会直接或间接地联动其他因素。

传播研究迎合了政治经济和战争的需要。传播研究最早可追溯到1935年，那时盖洛普成立了民意测验所，预测总统选举过程中选民投票意向及美国人民对重大事件的意见。随着第二次世界大战的临近和爆发，世界各国逐步分为法西斯国家和反法西斯国家两大阵营，双方纷纷开办或加强对外广播宣传。①这时的传播就是为了战争服务，可以说，是战争促使了传播研究的深化。施拉姆在1981年说道："正是在20世纪30年代和40年代，四个真正的大师从社会科学中脱颖而出，成为人类传播方面的专家，并为新闻学留下了永久的印记。阿道夫·希特勒——不是感谢他，因他纯属无意——给我们送来了他们之中的两位：拉扎斯菲尔德和勒温。罗伯特·M. 哈钦斯——也不是感谢他，因为他没有打算做这样的贡献——给我们送来了第三位：拉斯韦尔。美国军事集团——或多或少令它自己吃惊地——给我们送来了第四位，它接受了美国最有前途的、年轻的实验心理学家，并在战争时期委以重任，从而使之能够在其一生中的其他时间从事传播的研究工作，他就是霍夫兰。"②战争这一政治因素的自变量产生学术上的变化。因缘际会，各个研究领域的专家在战争的黏合下开始钻研传播研究领域。

在第二次世界大战中，美国的政治学家、社会学家和心理学家为适应战争宣传的需要，以大众传播媒介为突破口，对传播媒介的宣传方法和宣传效果进行了大量研究，取得了重大的成果。特别是开展心理作战研究，用于瓦解敌军，鼓舞盟军士气。③为了维持垄断资产阶级的统治，宣扬美国的生活方式，灌输美国的社会规范和价值观念，如何有效地应用大众传播媒介，美国的传播学者花费了很大力气。尤以文化娱乐的传播最为突出。此外，美国的国际传播研究及传播理论应用于国家开发，也是有其政治目的的。至于那些官方机构如"美国新闻处""战时情报局""美国之音"和"国际交流署"等，更是完全

---

① 张昆：《简明世界新闻通史》，武汉大学出版社，1994年，第219页。

② Cf. Everett M. Rogers,*A History of Communication Study*,The Free Press,1994.

③ 戴元光、邵培仁、龚炜：《传播学原理与应用》，兰州大学出版社，1988年，第3页。

地、直接地为美国政治服务。战争是国家间利益冲突最激烈的表现,对外传播在战争中发挥着尤为重要的作用。[1]舆论界为支持战争所进行的广泛动员,使美国生活中的现代传播比1917年更加普及、更加引人注目。在深入理解现代传播媒介如何影响社会和政治生活的推进过程中,战争的努力有效地解决了在大学、市场和民意测验公司及传播媒介本身的研究工作中所有遗留的体制上的障碍。事实上,政府本身变成了传播研究的主要中心。随之而来的许多内容分析和受众研究都与特定的战争问题有关,如德国宣传的实践和实质,英国的战时传播系统,以及美国战时情报局鼓舞公民士气的方式。其他的研究提出了怎样使商业性的传播内容——比如在白天的连续广播节目——更多的与军事斗争相符合。[2]第二次世界大战被称为"总体战",就是国家的所有力量都被动员起来投入战争,宣传也不例外。交战国在军事较量的同时对国家传播更加重视,通过加强各种国际传播形式,宣传各自战争的合理性和正义性,鼓舞国民士气,并攻击敌国,瓦解敌国军心。在第二次世界大战中,国际广播发挥了巨大的心理战作用,而国际广播自身也开始进入黄金时期。[3]据统计,1939年战争爆发时办有对外广播的国家有27个,到1945年大战结束时增加到55个。[4]在第二次世界大战期间,各国政治家对新闻传播工具的利用,更具有主动性,他们对于新闻传播的控制,亦更趋严厉。[5]战争的紧张氛围鞭策着传播研究深入,以政治为目的的传播研究要求实际的传播效果。

在第二次世界大战中,出于爱国主义情怀,施拉姆主动请缨先后为华盛顿统计局和战时情报局工作。在这种激烈的国际战争环境下,传播研究方向深受政府政治意图的影响,传播研究方法也为顺应效果而采用定量研究。施拉姆在这种整体的氛围下,开始孕育形成自己的传播思想。当时在这种政治环境背景下,施拉姆的传播思想带有政治意识形态也是很容易理解的。

---

① 刘笑盈、何兰:《国际传播史》,中国传媒大学出版社,2011年,第91页。

② 丹尼尔·杰·切特罗姆:《传播媒介与美国人的思想——从莫尔斯到麦克卢汉》,曹静生、黄艾禾译,中国广播电视出版社,1991年,第143页。

③ 刘笑盈、何兰:《国际传播史》,中国传媒大学出版社,2011年,第31-32页。

④ 胡耀亭:《世界广播电视》,重庆出版社,1999年,第11页。

⑤ 张昆:《简明世界新闻通史》,武汉大学出版社,1994年,第219-220页。

3. 美国社会思潮

在宏大、令人瞩目的历史过程中，思想观念会发生显著的变化。19世纪的科学整体上削弱古代关于人类发展史中各循环往复过程理论的影响力，相反，有关进步的学说（或者神话）在各个领域迅速占据主导地位。①1861年，约翰·司徒亚特·密尔出版了《功利主义》，此后，许多人从最多数人的最大利益的原则中得到了良心上的慰藉。在具有自觉一时的知识层面上所标榜的科学思维因其具有理性和一致性而赢得了人们的支持，也因其可供使用的成果而得到强化。②密尔的功利主义影响了19世纪及其后的诸多社会学家的思想。

19世纪90年代，三位美国理论家开始将现代传播的整体作为社会进步的一种力量，首次做出综合性的考虑。查尔斯·霍顿·库利、约翰·杜威和罗伯特·E.帕克都给媒介技术近来的总体进步赋予了巨大的意义，每个人都将他所发现的这种含义置于他的更博大的社会学说的中心。他们都在本质上将现代媒介解释为在美国恢复广泛的道义和政治一致的力量，他们认为这种一致性已受到19世纪的工业化、城市化和移民等扭曲性破坏的威胁。③这时期，芝加哥学派首先开始关注有关传播的研究。

20世纪实在主义思潮极大地影响了美国的传播学理论家，其中为数众多的社会心理学家（也包括社会学家）深度参与到美国传播学研究之中，他们的研究成果已经为美国传播学理论奠定了基础。这些社会心理学家和社会学家包括拉扎斯菲尔德、霍夫兰、勒温和坎垂尔等，他们的传播学研究都具有明显的心理学特点，在很大程度上主导了美国传播学研究的发展④。现代心理学和社会学在20世纪初期有了较快发展，它们对初期的美国传播研究影响极大，并至今与美国传播研究的传统和趋势密切相关。⑤心理学、社会学对传播学研究的影响是非常巨大的。

---

① [美]唐纳德·皮泽尔：《美国现实主义和自然主义——豪威尔斯到杰克·伦敦》，张国庆译，武汉大学出版社，2009年，第29页。

② [美]唐纳德·皮泽尔：《美国现实主义和自然主义——豪威尔斯到杰克·伦敦》，张国庆译，武汉大学出版社，2009年，第22-23页。

③ 丹尼尔·杰·切特罗姆，《传播媒介与美国人的思想——从莫尔斯到麦克卢汉》，曹静生，黄艾禾译，中国广播电视出版社，1991年，第98页。

④ 柯泽：《社会心理学家参与美国传播学建设的历程》，《新闻与传播研究》2014年第9期，第25-31页。

⑤ 张咏华：《大众传播学》，上海外语教育出版社，1992年，第9页。

20世纪30年代后期，具有开创性的经验主义精神，成为美国现代传播研究的特征，它注重于日臻精致的研究技术。从哲学方法和进步党的传播理论家的虚拟语态中发生的这种转变，与美国社会科学中倾向经验主义分析的更大趋势相符。传播研究作为社会科学中一种新的多学科交叉领域的出现，表现出一种尝试：要统一几种不成熟的方法来考察现代传播媒介的影响力。到了30年代后期，社会科学家们逐渐将这种共有的基础看成一种研究主题，围绕着它应该建立起一种新的研究领域。将传播研究作为一个统一的研究领域的想法吸引着科学家们，这里有好几个理由。它为新的环境中进行行为和态度变化的经验主义的研究提供了极好的机会。从传播媒介产业本身很容易得到充足的资金来源和大量易于用数量表示的数据。传播媒介对于公众决策的关系也变成了进行研究的压力，特别是在紧接着到来的战争危机时期。可以说，20世纪早期，在芝加哥学派的引领下，传播学研究的方向是比较多元的，讨论的问题也是非常深入的。但是随着战争的加入，效果和实际作用形成了重要的考量指标。传播学研究的方向开始只关注一点。施拉姆的传播思想也或多或少地吸收了一些20世纪早期的进步思想。

（二）美国传播研究的背景

1. 各学科对传播研究的贡献

阿芒·马特拉认为，传播学位于多学科的交叉点上，哲学、历史学、地理学、心理学、社会学、民族学、经济学、政治科学、生物学、控制论和认知科学的学者都对传播现象感兴趣。[①]传播学的大多数拼件是由一支支学术素养深厚的非传播学者的队伍建构的，这些学者采用各自学科的概念和方法，对他们感兴趣的传播现象开展了不同路径的研究。传播学概念提出的问题和传播现象本身一样多，各种概念还引发了大量的争论。可以说，没有任何一个学术领域像传播学这样被很多人认为：这还是一片处女地，一切都有待开创。美国传播学者威廉·艾林在《大众传播研究》一书中曾做了这样的概括："广告商和舆论测验者都对大众传播媒介的传播对象的组成与反应感兴趣，前者是要判

---

① [法]阿芒·马特拉、米歇尔·马特拉：《传播学简史》，孙武三译，中国人民大学出版社，2008年，导言第2页。

定新闻媒介对消费者购买行为的影响，后者要判定新闻媒介对于选民的投票决定的影响。因为对大众传播媒介感兴趣的人甚为广泛，如市场研究人员、社会学家、心理学家、新闻教育家、民意测验者，以及广告、广播电视、杂志和相关人员，所有这些方面的人，都把他们的调查研究叫作大众传播研究。如果不是较为确切也是较为方便，于是大众传播媒介这个相当长的名词，很快就在学者、研究人员、实际工作者及普通人中间流行起来了。"大众传播研究是时代的产物，是以科学分析为特点的二十世纪前半期的产物，由于把科学试验的调查研究方法广泛应用于前人所未曾探索的自然、生物和社会现象，这就产生了大众传播研究。

1963年，由施拉姆主编，11位著名学者参加的《传播学》一书出版，正式将传播学作为一门学科提了出来。施拉姆认为，传播几乎是社会的基本过程，传播是社会得以形成的工具，是人类有别于其他动物社会的主要标志。实际上，正是由于我们有着超出物理性接触水平以上的高水平相互交涉，才有可能获得名为"社会"的诸关系。[1]假如可以使用一个比喻的话，传播与社会的关系如同"血液或神经系统与人体的关系"。这是从社会传播学角度对传播现象的考察，揭示了传播的社会作用，同时揭示出社会传播同生物信息传递的类似性。[2]传播是人类社会活动的基本构成要素，人类社会离不开传播。某些社会学观点的运用也适合传播现象的研究。

在大众传播学产生之前，新闻学是唯一研究传播现象的学科。新闻学的发展经历了三个阶段：报学、新闻学和大众传播学，即从单纯的报纸研究，进而扩展到其他媒介，到研究一切的社会传播行为。1957年，施拉姆分类整理了从1937年到1956年《新闻学》季刊的内容，指出了新闻学发展的四个趋势：从定质分析到定量分析、从人文学方法到行为科学方法、从伟人研究到过程与结构的研究、从区域性角度到国际性角度。[3]有些学者认为新闻学有成为"传播学一部分的趋向"。[4]1982年，施拉姆在访问中国期间曾说过："传播学就是大众传播学，而大众传播学就是广义新闻学。"这一观点曾产生过广泛影响。

---

① 威尔伯·施拉姆：《传播学概论》，陈亮等译，新华出版社，1984年，第2-3页。

② 沙莲香：《传播学——以人为主体的图象世界之谜》，中国人民大学出版社，1990年，第4-5页。

③ 沙莲香：《传播学——以人为主体的图象世界之谜》，中国人民大学出版社，1990年，第39-40页。

④ 余家宏、宁树藩、徐培汀、谭启泰：《新闻学简明词典》，浙江人民出版社，1984年，第93-94页。

这两者在其演进过程中的确有过密切的"血缘"关系，而新闻学对传播学的诞生也确实起过催产的作用，但它们之间既非"母子关系"，亦非"父子关系"，新闻学至多只是个"助产士"的角色。[①]传播学与新闻学的关系非常亲密，它们曾共存一体，又彼此独立。

施拉姆把大众传播领域比作一片肥沃的"绿洲"，一批又一批来自各个不同学科领域的学者曾在这里停留、耕耘，在这里洒下他们的汗水，留下他们的足迹。然后他们又都离开了这片"绿洲"，他们只是这片"绿洲"的过客。唯有新闻学者是例外，他们来到这片绿洲便不曾离开，而是留在这片绿洲上耕耘、劳动。施拉姆自己也形象生动地说明了大众传播学与新闻学在研究对象上具有很大程度的一致性[②]。施拉姆是研究传播学的第一个新闻工作者[③]，同时他的新闻工作者身份也极大地影响了传播学的发展。

信息科学对传播学的一个重要贡献就是提出了信息的概念[④]。施拉姆在《传播是怎样运行的》一文中写道：信息就是"传播的材料"，或者说是"传播的内容"。当我们从事传播的时候，也就是在试图与其他人共享信息——某个观点或某个态度……传播至少有三个要素：信源、讯息和信宿。[⑤]信息科学更重要的是它扩大了传播学的视野，因为从信息科学的观点来看，传播并不是人类社会特有的现象，而是自然界和社会的普遍现象，它作为一种客观的机制在维持物质的运动和系统的运行方面起着极为重要的作用。这个观点使我们能够在更广阔的背景中考察人类社会的传播现象。[⑥]施拉姆对此描述道："我们是传播的动物，传播渗透到我们所做的一切事情。它是形成人类关系的材料。它是流经人类全部历史的流水，不断延伸我们的感觉和我们的信息渠道。"[⑦]

现代心理学和社会学的发展，为传播研究的兴起提供了理论准备。在几十年大众传播学和广义传播学的发展过程中，传播学这一新兴学科除了从心

① 邵培仁：《传播学导论》，浙江大学出版社，1997年，第10页。

② 张咏华：《大众传播学》，上海外语教育出版社，1992年，第20页。

③ 徐耀魁：《大众传播新论》，苏州大学出版社，2005年，第15页。

④ 郭庆光：《传播学教程》，中国人民大学出版社，2005年，第3页。

⑤ Schramm, Wilbur, *How Communication Works, The Process and Effects of Mass Communication*, University of Illinois Press, Urbana, 1954.

⑥ 郭庆光：《传播学教程》，中国人民大学出版社，2005年，第4页。

⑦ 威尔伯·施拉姆：《传播学概论》，陈亮等译，新华出版社，1984年，第20页。

理学、社会学中汲取养料外，还受到了其他社会、人文学科（如语言学、人类学、政治学）等的影响，而20世纪30年代创立的系统论、40年代创立的信息论和控制论这三门20世纪的新兴综合性学科，更是对传播学的发展起到了强有力的推动作用。[①]传播学科的诞生吸收了许多学科的营养，新闻学、社会学、信息学、心理学、人类学等，正是这些学科的营养滋润了传播学科，使传播学科开创之后能迅速成长壮大起来。

2. 各学派对传播研究的影响

从历史发展的角度来看，最初是一些社会学家、心理学家、政治学家为了自己的研究关注与之相关的传播方面的研究，后来在新闻学和言语学基础上发展成一个研究领域，再后来成为包含和超越了新闻学和言语学的一个学科。这些科学家在美国学界分属不同的学派。科学家们所代表的各个学派对美国的传播研究起到了"无心插柳"的作用，对施拉姆的传播思想形成饱含培育之恩，是施拉姆传播思想的源泉之水。美国各大学派在传播研究领域所做的贡献给予了施拉姆传播思想丰富的养料。施拉姆传播思想的形成离不开各大学派努力探索的成果。

芝加哥学派坚信社会进步并坚信科学力量的世界观同样奠定了后来美国社会科学的发展基调。就这一点而言，芝加哥学派在传播研究方面体现得最为突出。冷战时期以来，美国社会、文化及其制度一直被塑造成人类文明进步的终点——这类声音的最近表达就是福山的"历史终结"，而社会科学则被用来证明传播这一观点。事实上，美国传播学正是在这个意义上被发展成为一门学科的。该学科在很长一段时间的主要任务就其本质而言就是要证明美国传播的进步性。传播研究从芝加哥学派时期的乌托邦思想渐渐转化为战后具有强烈意识形态色彩的传播学。芝加哥学派学以致用的精神和进步主义的前提，很快因迎合新的社会主导价值而兴盛起来。更强调精确的实证研究方法、维护社会进步的意识形态神话和树立学术为国家服务的理念的建制性社会科学研究范式就此兴起，这也标志着另一种专业学术意识形态的主流化。芝加哥学派是最早在传播研究领域耕耘的学派。

在理论家莫顿和方法学家拉扎斯菲尔德的推动下，哥伦比亚大学社会学

---

① 张咏华：《大众传播学》，上海外语教育出版社，1992年，第9-10页。

系成了在20世纪四五十年代美国具有统治力的主流社会学系，成了国内和国际的社会学中心。哥伦比亚大学吸引了众多学者，还聚集了众多才华横溢、对传播研究感兴趣的研究生。他们之间的结合还促成了应用社会研究局在传播研究方面的大爆发。哥伦比亚学派在传播研究领域专注于实际运用，该学派的实用主义影响着美国传播学研究的方向。

吴予敏认为，莫顿的功能主义对传播学的影响是决定性的。还有一种更为极端的观点是，整个美国传播学都是莫顿功能主义观念和方法论的衍生物。他的传播学代表作《大众说服》被看作是20世纪40年代美国最重要的传播学著作之一，许多学者都对这本书给予了高度的评价。莫顿的中层理论取向也可以被看作是哥伦比亚学派传播研究的一个重要特征。开始于1940年、终止于1944年的伊里调查便是意图将中层理论与实证主义相结合的里程碑式的研究。伊里调查的成果促使定量研究开始正式登上传播研究的历史舞台，一种服务于权利的社会科学取向正在潜移默化地成为传播研究者的共识。莫顿的功能主义、中层理论与实证主义相结合的范式也影响着美国传播学研究的范式。

胡翼青在《传播学科的奠定1922—1949》一书中写到，拉扎斯菲尔德和莫顿的《大众传播、流行趣味和社会行为整合》一文是篇标准的批判研究论文。在文中，两位作者回顾了20世纪40年代对大众传播的三种主要批判：一是宣传、公关与广告导致了利益集团对言论的控制；二是通俗文化造成的受众品位的下降；三是大众传播所造成的社会顺从现象。拉扎斯菲尔德是把商界与学界联结在一起的最佳人选。在他变成美国商界不可或缺的人物的同时，他本人也必然会深受其雇主（企业或私人基金会）的影响：学术不是其雇主最关心的目标，其雇主只需要良好的社会影响、有利于他们的社会秩序和外部环境与这些环境因素紧密联系的经济利益，如果在达成上述目标的同时必须依赖学术进展，那么顺便可以繁荣一下学术。拉扎斯菲尔德的行政研究取向影响了哥伦比亚学派的其他学者，同时也影响了美国传播研究领域的其他学者。

自20世纪30年代后期，拉斯韦尔的5W框架和内容分析法奠定了美国传播学研究方向，效果研究是该学派的研究核心，包括媒介研究、内容分析、受众研究都是为效果研究服务的。贝雷尔森是美国社会科学史上赫赫有名的重要人物，曾经担任过应用社会研究局的主任和福特基金会行为科学部的主任，他是行为科学范式最有力的支持者之一。贝雷尔森在政治和学术上的双重背景，使他在应用社会研究局很有发言权，他的观点也基本上可以代表哥伦比亚学派美国学者的集体观点。贝雷尔森在1954年首先提出了传播研究的四条路径，此四条路径后来被施拉姆演变成四大奠基人。

以阿多诺为首的法兰克福学派被看作是批判学派的开端而成为美国传播学主流范式的对立面。法兰克福学派的传播研究领域几乎重构了美国传播研究的版图。1944年，阿多诺和霍克海默出版了《启蒙辩证法》一书，这本书被认为是该学派从政治经济学批判转向工具理性批判的代表性著作。该书最主要的贡献在于提出了文化工业这个概念，此概念被广为流传。法拉克福学派传播的核心思想之一就是文化工业概念。来到美国以后，法兰克福学派的成员参加了哥伦比亚大学的一些项目研究，而哥伦比亚学派对于不同研究取向一直抱有相互借鉴的做法。在这种互相借鉴的研究取向鼓励下，哥伦比亚学派中的一些研究者开始受到法拉克福学派理论的影响。在1941年，法兰克福学派创办的杂志《哲学和社会科学研究》曾经合作出版了一期讨论大众传播问题的特刊，上面也刊发了一些哥伦比亚学派学者的文章。此时，法兰克福学派与哥伦比亚学派之间处于愉快的交流合作状态。令人奇怪的是，1949年施拉姆出版《大众传播》一书时，法兰克福学派在传播研究领域却销声匿迹了。此后的岁月，法兰克福学派就像从没踏足过传播研究领域一样，无影无踪了。

以心理学家霍夫兰为首的耶鲁学派关注媒介效果研究。霍夫兰通过实验结果证明影片传播的效果在态度改变方面是有限的，这一结论被传播学教科书认为与拉扎斯菲尔德的研究结论接近，并将他们的研究归于同一研究范式之中。后来一度成为传播学研究领域统治性的观点，并成为美国传播学研究的重要象征。在霍夫兰的倡导下，后来不少经验主义传播学者认为传播学的首要目标就是解释大众传播的效果，甚至有人认为大众传播理论之大部分（或许甚至是绝大部分）研究的是效果问题。这种观念在美国传播学科理论框架的发展奠定上起到了至关重要的作用。霍夫兰强化了美国传播研究以效果为核心的观念。霍夫兰还强化了美国传播研究的另一种重要取向：个人主义取向的行为主义研究。行为主义心理学的观念与方法论是因为霍夫兰才在传播学领域大行其道的。霍夫兰对美国传播研究领域做出了许多贡献。最主要的是，有学者认为，霍夫兰的实验完善了整个有限效果论的拼图。在他的撮合下，哥伦比亚学派与耶鲁学派走到了一起，成为美国传播研究的主流范式。从包括施拉姆、罗杰斯等传播学术史家的分析来看，美国传播学的主流范式是结构功能主义与行为主义相结合的产物，它的主要取向是实证主义。霍夫兰结合了哥伦比亚与耶鲁学派，创造了美国传播研究领域的主流范式，并影响着美国传播研究方向。

施拉姆寻找到中间环节，打通了影响传播的各关系要素，把它们很好地联合在一起。施拉姆一生都在协调经费与课题之间的平衡关系，消除意识形态与传播课题项目之间的鸿沟。把理论建构与现实环境（国际形势和国内环境）、意识形态等有效联系起来。

3. 社会各大基金会的支持

第二次世界大战带来的强烈需求导致联邦基金对大众媒介的经验主义研究的鼓励与资助。

美国传播学的发展也体现出与美国其他社会科学相类似的特点：各大学的传统及其比较大的自主性，教学过程相对来说不那么保守，以及来自各种基金会、官方的研究团体和私人捐款的物力和财力的支援[①]，对施拉姆传播思想的形成起着关键的作用。洛克菲勒基金会极大地影响了美国传播学的发展，甚至有人认为，美国传播学是"建立在石油提供的基础上的"。[②]美国传播研究受社会基金会资助见表4。

美国的传播研究离不开社会各大基金会的大力支持。早期美国传播领域的研究和中期由施拉姆开创的传播学科的研究都受到商业、政治上的大力资助。施拉姆的传播思想萌芽、传播学科思想的发展、传播媒介思想、社会发展思想、国际传播思想和人类传播思想都是与政治、经济和利益密切联系在一起的。

---

① 殷晓蓉：《战后美国传播学的理论发展——经验主义和批判学派的视域及其比较》，复旦大学出版社，2000年，第10页。

② Cf. Everett M. Rogers, *A History of Communication Study*, The Free Press, 1994, p. 145.

表4　基金会资助项目表

基金会	时间	被资助人	地点	项目
洛克菲勒基金会	1933	拉扎斯菲尔德		作为洛克菲勒基金会的欧洲成员来到美国
	1937	拉扎斯菲尔德	普林斯顿	普林斯顿广播研究
	1940—1944	拉扎斯菲尔德	美国国会图书馆	有关宣传分析的传播研究
	1939—1940	洛克菲勒传播研讨班成员		"大众传播研究"的备忘录,研究传播的现状和预言传播的发展方向
	1948	施拉姆	伊利诺伊	传播学研讨班
	1951—1953	施拉姆	伊利诺伊	教育电视研究
	1946—1952	维纳	麻省理工学院	控制论研究
	1950	霍夫兰	耶鲁大学	长达15年的传播和态度变化的说服研究
福特基金会	1950	贝雷尔森	芝加哥大学	对人的研究的行为科学项目
佩恩基金会	1929—1932	威廉姆·H.肖特		电影对儿童心理影响

三、施拉姆传播学科思想

许多学者认为，施拉姆是当代传播学研究领域中成就最大、贡献最突出的人，被称为传播学的创建者和集大成者，在美国乃在全世界的传播研究领域占据着不可动摇的位置。甚至有人说，施拉姆的学术研究史就是世界传播学的发展史。[①]罗杰斯赞叹说："如果能够以某种方式抹掉施拉姆对传播学的贡献，世上就不会有传播学这样一个学科了。"[②]施拉姆的贡献在于他有能力把各样的、广泛的研究汇集成一个整体，更重要的是他能认识到这些研究可以构建一个新的学术领域，并且他有能力在美国的大学里创建大众传播机构。[③]施拉姆的丰功伟绩在于他把传播学科思想实实在在地建立在美国各大高校的土地上，矗立着各大传播学院和机构，并培养大量优秀的传播者继承并发扬光大。

施拉姆的传播学科思想在其传播思想体系中是至关重要的。可以说，施拉姆传播学科思想的形成拉开了施拉姆宏大雄伟的传播思想体系的篇章。意识是思想的源动力，教育是思想的执行力。施拉姆传播学科意识思想的形成脉络是施拉姆整体传播思想体系的基石，施拉姆传播教育思想又是施拉姆传播思想的具体体现，是施拉姆传播思想的完美执行。

施拉姆传播学科思想的产生是各方合力共同作用的结果。宏观语境诸如国际形势、社会变革、政府意识、舆论与社会心理等；中观语境诸如军方、市场、基金会、学术机构、学术团体等；微观语境诸如思想者的个人品格特征、个人的日常生活、所受到资助的研究经费及其社会关系等。这些语境都围绕着核心轴施拉姆这个人所展开，在施拉姆周身按照一定的规律排列出无数的无穷线，而施拉姆的个人思想与它们合力开出传播学科思想，随着养料的不断补

① 段京肃、罗锐：《基础传播学》，兰州大学出版社，1996年，第20-21页

② Rogers, E verett, M., *A History of CommunicationStudy: A Biographical Approach.* p. 476.

③ Wolfgang Donsbach, *The international encyclopedia of communication*, 2008, p. 4511.

给，进而盛开出施拉姆传播思想体系之花来。

（一）传播学科思想的产生

每一个知识主体的思想与其存在的特殊情境关系密切，也就是说每一种思想的提出都具有特定意识形态背景，每一个知识主体常常像凡夫俗子一样无法摆脱社会这个名利场，而且每一个知识主体都是他研究对象的一部分，因此，他摆脱不了人际关系和价值立场，甚至连观察都是如此："对通过深思感知到的东西的高度重视，并不是对思维和认知活动进行'纯'观察的结果，而是来自于某种生活哲学为基础的价值体系。"传播学科的建立并非是这一学科中每一知识主体的共识，在这个学科中的各个知识主体仍然有自身对于传播学科的不同理解，但在不同见解交锋的过程中，更符合社会主导性意识形态的思想，更容易在竞争中取得话语权，学科会围绕主流话语来建设。对于传播学科而言，在多种话语的斗争下，实证主义和功能主义范式成为优胜的主流话语，这可能是一种社会实用层面的胜利。传播学科的诞生也是来源于某种生活需要，并以某一哲学为基础的。19世纪末到20世纪中期，美国正处于社会变革时期，这是传播学科诞生的时代背景，当时的国家需要直接促成了传播研究领域的产生，孕育了施拉姆的传播学科思想。

1. 美国社会变革时期

美国社会的历史背景和意识形态促成了施拉姆传播思想的诞生。20世纪，施拉姆的传播学科思想产生之前正是美国社会变革时期，各种政治主张涌现、政治力量之间争斗；而同时，国际政治局势不稳，一战、二战接踵而来。这些大的时代背景影响着美国传播研究，也影响着施拉姆的传播思想的诞生。美国各时期思想运动背景如表5所示。

表5 美国各时期思想运动背景

时 间	1860年	1920年	1960年
事 件	南北统一战争	一战后大萧条时期	二战后冷战时期
特 点	工业化、城市化	改革、罗斯福新政	意识形态抗衡、争夺；西方经济滞胀
意识形态	自由民主/放任形态	国家干预主义	凯恩斯式的国家干预转向新自由主义
思想运动	进步主义	保守主义/国家第一位	新孤立主义/市场与政府适当的结合/市场第一

（李艳松 制）

45

1789年，美国联邦政府成立。南方和北方沿着不同的经济道路发展。19世纪工业革命传到美国之后，北方的资本主义经济得到迅速的发展。从1820年开始，北方和中部开始了工业革命，到50年代完成。而南方的种植园经济严重地束缚了北方工业的发展，南北矛盾日趋激烈。直到1861年，内战爆发，南北统一战争开始。1865年，战争结束，美国恢复统一。

南北统一战争是美国历史上第二次资产阶级革命，为美国资本主义的加速发展扫清了障碍。经过南北战争，美国自由、开放、进步的精神逐渐树立起来，美国的思想也得到了一定的统一。

第一次世界大战促进了美国经济的发展，也加速了美国工业的发展。但随着1929年大萧条的到来，美国经济逐渐步入十年的停滞阶段。一战结束后，美国缩回到孤立主义的城堡，不参加国际联盟，也不参与欧洲乃至世界的政治。特别是在大萧条时期，美国奉行的是保守主义，"适当"是其关键词。

第二次世界大战客观上帮助美国度过了大萧条时期，给美国经济带来了繁荣。二战时期，美国政府进行了战时总动员。二战为战后的经济腾飞扫平了道路。20世纪60年代是美国经济发展的关键时期，也是美国经济突飞猛进的时期。第二次世界大战结束后，各国悬殊的实力对比，和第一次世界大战后被证明失败的和平条约，终于使美国按照自己的理念设计了世界政治基石：基于集体安全，而非利益或均势。这一点是美国自二战胜利中获取的最重要的政治遗产。二战之后，以苏联为首的社会主义联盟的兴起对资本主义世界的威胁，需要美国站出来与之对抗。二战后美国凭借强大的经济实力实施了马歇尔计划，建立了布雷顿森林体系。美元成为国际货币，美国超级大国的地位确立。

从快速城市化的移民时代到战后美国的黄金发展时代，在各种历史因素的综合作用下，美国社会从动荡的转型期逐渐迈向舆论一律的静态社会，此间与之相对应的是传播学科逐渐创立和成型，原本多元化和活跃的传播思想逐渐定型，并脱离日常生活而成为统治阶级的知识工具。而正是美国政府的意识形态，决定了其传播的意识形态。

与此同时，美国社会也急迫地需要大众传播学科。无论是对外的现代化运动还是对内的舆论共识运动，从国外政治到国内政治，都需要大众传播机构的有效支持。一方面，美国需要有强大无比的传播机构来为美国的国际国内重大决策保驾护航；另一方面，对于美国的权力精英巩固自身的统治和地位而言，了解传播规律，控制大众传媒也同样意义重大。美国政府需要认识大众传播过程中的各项要素及其变动关系，对内用来掌控舆论的方向，对外用来进行意识形态的输出和同化。

2. 国际形势

20世界上半叶的两次世界大战对全世界和美国的影响都是巨大的。第一次世界大战加速了美国工业化的进程，繁荣之后，美国进入了大萧条时期。在此时期，精英治国思想在美国的主流意识形态中占据主要位置。在此期间，李普曼为代表的精英思想影响了施拉姆的传播思想，更有甚者潜在地影响了施拉姆的人生观和世界观。经济周期图见图4。

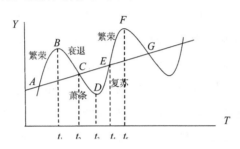

图4　经济周期图

由图4所示，完整的经济周期有繁荣、衰退、萧条、复苏四个阶段。T代表的是时间轴，Y代表的是经济状态。A—B为经济繁荣期，B—C为经济衰退期，C—D为经济萧条期，D—E为经济复苏期。每个经济时期的国家经济政策都是不一样的，而经济基础决定上层建筑。经济的不同发展时期阶段内，美国国家的对内对外政治决策及美国政府的意识形态也不同。资本主义国家的政治决策和意识形态都是为经济服务的，是以"资本"为中心的。

我们以20世纪上半叶美国的各时期为例，A—B为一战后繁荣时期，B—C为20世纪20年代的衰退时期，C—D为1929年开始的十年大萧条时期，D—E为罗斯福新政到二战的复苏时期。E—F为二战后美国经济重新繁荣时期。由图4再结合表5我们清楚地知道了每个时期的美国政府的意识形态特点及政治决策。

施拉姆传播思想每个阶段又是与国际国内政治形势密切联系在一起的。见图5所示。

图5　传播思想发展立体动态图

（李艳松 制）

如图5所示，施拉姆的传播思想是各方合力共同作用的结果。A是国际形势发展阶段，B是美国历史发展阶段，C是美国政府意识形态发展趋势，D是各个学派对传播研究的发展贡献。施拉姆的传播思想是由这几个方面动态纠缠并不断发展产生的。而其中经济周期对美国政府的意识形态的发展也发挥着不可磨灭的作用。正如马克思所说，经济基础决定上层建筑。任何时期的政府决策都是由当时的国际和国内的政治、经济形式共同决定的。而上层的建筑又影响着中层和下层的决策，诸如对内对外的传播策略等。

第二次世界大战是施拉姆和传播的黏合剂，并让他此后一生中都孜孜不倦地耕耘在这片土地上。第二次世界大战期间，拉斯韦尔和凯西都是统计局和战时新闻局的顾问。通过这种联系，宣传分析成为施拉姆正在形成的传播学观的一个重要注入成分。

有许多学者关注到战争对于传播学研究的推动作用，但他们可能并没有深刻地意识到战争对于传播学科形态的形塑作用。战争及其意识形态对传播专业意识形态的压力到底有多大，很少有人讨论。对于传播学的学术格局，第二次世界大战扮演了不可忽视的重要角色。一是，二战的爆发与美国的参战，使联邦政府需要广泛社会动员，了解民意，从而导致美国最高统治集团把传播研究纳入政治和军事决策的视野，美国政府对传播问题高度重视。二是，传播的研究主题几乎是被政府规定的，都是专门针对战争的问题。三是，不同学派和不同学科的社会科学研究者被政府动员到同一平台合作研究。是战争让当时有美国籍的所有社会科学家走到一起，在同一平台上为美国政府和美国军方服务。这种强制性的跨学科整合情境，可能是空前绝后的，对当时的多个学科都有推动作用，对传播学则有哺育作用。

3. 意识形态

美国政府的意识形态与美国各时期的国内和国际形势及经济周期是密切联系在一起的，正如表5、图4和图5所示。

20世纪20年代的美国处于经济的衰退时期。为了解决本国的经济问题，1922年美国的进步主义势力被保守主义势力逐出历史舞台，有着现实主义和实用主义立场的哈定总统上台。在这一时期，"实用""有效"及能解决问题的方法在美国的意识形态领域占据了重要的位置。经验研究方法论被美国社会各界广泛采用，经验研究方法论的专家逐渐成为美国主流的科学家。经验研究方法论对美国社会学影响深远，同时也为美国社会学的主流意识形态奠定了基础。而意识形态的变化也深深影响美国的传播思想。

李普曼的精英治国思想逐渐在美国的主流意识形态中占得上风，毫不夸张地说，传播学的意识形态基础就是李普曼等人奠基的，是李普曼奠定了施拉姆等人的意识形态立场和价值观。准确地说，施拉姆的人生观和世界观都潜在或隐含地受到李普曼的影响。施拉姆传播思想的形成离不开当时美国政府的意识形态，离不开美国政治学术精英的思想的影响。当时美国各方的要素和他自身要素，如国际环境、政府的态度、学者的影响、生活工作经历、朋友关系等共同作用，合力形塑了施拉姆的传播思想。

第二次世界大战的全员总动员，施拉姆直接参与了战时宣传。这期间是施拉姆的传播思想形成的关键时期。战后经济衰退及冷战的开始，又开启了施拉姆传播思想的新方向。可以说，施拉姆的传播思想的形成脉络离不开美国的国情及意识形态，美国政府的意识形态直接或间接地影响着施拉姆传播思想的研究领域。施拉姆的传播思想是基于美国政府的需要的。当然，我们不能否认他的传播思想也为人类的文明做出了极大的贡献。

4. 先行者的哺育

施拉姆的传播学科意识思想植根于美国早期的传播研究，美国早期的传播研究离不开各大学派的贡献，各大学派领军人物的辛勤耕耘是美国传播研究的灵魂所在。正是这些传播研究的先行者哺育了施拉姆的传播思想，开启了施拉姆的传播学科思想。

芝加哥学派是美国大众传播研究领域的开山鼻祖，学派中的帕克等人创建了大众传播的第一批理论，哲学家杜威和乔治·赫伯特·米德是芝加哥学派的领军人物。杜威是进步主义代表人物。从20世纪20年代开始，在10多年的时间里，社会学芝加哥学派主导着美国传播研究的方向，并发表和出版了这一领域的绝大多数成果。这些成果在传播或交流的本体论、传媒的社会认同功能和区隔功能、人际传播、媒介社会生态、传媒的社会效果等研究领域提出了大量具有启发性的理论观点。学界普遍认为，学以致用是美国社会科学和传播学在芝加哥学派中摄取的主要营养。芝加哥学派的传播研究内容及研究精神都是与当时的经济环境密不可分的，正是由于当时处于经济衰退时期，所以，实用性的效果研究得以广泛开展，并且学以致用的研究精神成了美国各界的基础。可以说，正是由于经济情况导致上层政策强调实用性，再细化到各个学科研究领域来解决一些经济和社会问题。如图6所示。

图6 政治经济与学科研究关系图

（李艳松 制）

1922年，李普曼的《舆论学》问世。这部著作之中的许多观点被美国的大众传播学研究所继承和发展。而李普曼则是联结芝加哥学派和大众传播学的中间环节。同时，李普曼开创了一种可以被统治者所利用的交流观，而这种交流观经过拉斯韦尔的发展，成为宣传理论并最终成就了大众传播观念。李普曼强调的是科学主义和实证主义的路线，是一种传播的控制观。强调通过传播的手段进行社会控制，提升社会运作的效率，引导舆论，使之遵循社会的基本秩序。李普曼的思想经过一系列学者尤其是施拉姆的发展，变成了美国的主流传播研究范式——实证主义，造就了一批传播学的所谓专家，为美国的主流意识形态和社会控制出谋划策。李普曼对美国的大众传播学科的建立者施拉姆的人生观、价值观和世界观有着巨大的影响，他的精英思想左右了施拉姆的认知观，也侵染了施拉姆的传播思想。

从20世纪30年代末开始，美国传播学研究一直把效果作为研究重点。以霍夫兰为代表的耶鲁学派进一步缩小了传播研究的边界，使一门后来被称为传播学的学科轮廓变得更加清晰可感，包括它的意识形态和价值立场，包括它的认识论与测量工具，包括它的研究范围和主导性研究范式。走到这一步，传播学完全是呼之欲出了。耶鲁学派聚焦于传播研究的一个方面，在某种程度上也缩小了施拉姆的传播思想范围。

政治学者拉斯韦尔也影响了哥伦比亚学派的传播研究。拉斯韦尔的结构功能主义转型适时地将这些结论整合在一起，为施拉姆的学科设计奠定了坚实的基础。拉斯韦尔扮演的角色是传播学理论框架的确立者。拉斯韦尔试图从语言学的角度开展对传播学的定量研究，这种研究常常被认为是拉斯韦尔和贝雷尔森对传播研究方法做出的最重要的贡献，被称为内容分析法。并且他强调要把传播当作科学来进行研究，在研究中追求一种科学的客观性。拉斯韦尔借用心理学和内容分析法这两种设想对于传播学的认识论和方法论有着重要的开拓作用。他将国家的使命与社会科学的使命紧密地结合在一起。在1938年以后，拉斯韦尔开始越来越清楚地意识到传播与意识形态之间的紧密关系，传播是对立意识形态你死我活斗争的前沿阵地。在这种意识形态的对立和斗争中，传播将是一个重要武器。施拉姆将拉斯韦尔身上的这种意识形态气质加工之后直接形成了美国传播学政治意识形态的一部分。无可否认，拉斯韦尔是最早具有传播科学视野的人。20世纪30年代末和40年代初，人们能想到把传播当作一门科学来看待，很大程度来自时为学界名人的拉斯韦尔的倡导。经由霍夫兰的倡导、拉斯韦尔的发展，自此，施拉姆的传播学研究框架逐渐形成。

在施拉姆进行传播学科建制化的过程中，各个学派，如芝加哥学派、哥伦比亚学派、耶鲁学派和法兰克福学派都被不同程度地修正了。各个学派中能适应当前美国环境下的传播学发展的方法和思想被继承、被发展，而有些学派因为不能适应则无影无踪了。物竞天择在任何事物的发展中都是有道理的。20世纪上半叶，经过各个学派和各个著名学者对传播研究领域的贡献，传播学版图上的所有要素均已具备，剩下的只是谁来拼图的问题、谁能拼图成功的问题。在传播学拼图的过程中，除了施拉姆，还有芝加哥大学图书馆系也试图建制传播学科，但最终只有施拉姆一人完成了此项艰巨的任务。

可以说，施拉姆的传播思想植根于美国的传播研究。美国的传播研究给予了施拉姆传播思想的必要的养分，美国的传播研究包含施拉姆的传播思想。没有美国的传播研究，就没有施拉姆传播思想的诞生。施拉姆的传播思想又丰富了美国的传播研究，最重要的是，使传播学科得到了美国学界的认可，并发展发扬开来。

（二）传播学科思想分析

溯源施拉姆的传播学科思想，就必然绕不开传播思想史的探究。胡翼青认为，在传播思想史研究中，编年史与传播学科的神话完全是站在同一个立场上的，后者只有借助前者的客观性外表才能实现自我。从宏观的角度来说，施拉姆的传播思想离不开美国的政治经济环境，也离不开科学技术的发展。这已在上文中有所描述。本节主要是从微观语境，以施拉姆的个人为主轴来详述他的传播思想的起始。尤其是其传播学科思想的产生脉络。

施拉姆的传播思想起始于他的传播学科思想。施拉姆的传播学科意识的萌芽、传播学科的规划、传播学教育的构建及传播学科的发展方向等，都能体现施拉姆的传播学科思想。

1. 学科意识思想

1）产生的背景

（1）政治目的

詹姆斯·凯瑞认为，大众传播研究主要是使20世纪的新发明——大众媒介——成为关注的焦点、正当化和合法化。同时也为有关机构的专业教学和研究指明方向，并赋予其知识地位。但它很难说是一部清白的历史，因为它的产生源自于一个政治目的：培植忠诚、化解争端、引导公共政策、迷惑反对者，并使建制合法化。简言之，涌现出来的这一部历史只是20世纪社会、政治和意识形态斗争的一段小插曲。科技的进步、国家政治环境的需要凸显了大众媒介研究的重要，促使大众传播学科的产生。

有学者认为，学科在社会的层面，是一种专业意识形态的构造，核心的游戏规则是权利，通过围绕权利的运作，学科与资源、社会结构和各种意识形态发生关系，也因之可以确定和封闭学科的边界，确保本知识共同体的利益不受挑战。这种划界主要体现为确定哪些是本学科主要的方法与理论，而哪些则不是。说白了，这就是学者们的谋生方式，通过这种方式，他们与现实社会融为一体。罗杰斯曾说过，施拉姆的传播思想形成于1942年和1943年间。彼时正是第二次世界大战期间，1941年底日本偷袭珍珠港之后，美国正式参与战争，并在全国范围内进行了战时总动员。施拉姆服务于华盛顿统计局和战时新闻局，担任教育主任一职，施拉姆直接参与战时宣传与分析的一系列工作。当时的战时需要、工作环境等经验孕育了施拉姆的传播观念。从此看来，施拉姆传播思想形成的起始点就离不开美国政府的意识形态。如果说，施拉姆的传播思想一直都是帮助美国政府实现对媒体和意识形态的控制，不如说，施拉姆一直是为美国政府献策，制定国家传播计划和策略。

（2）学者影响

除了战时美国政府意识形态的影响之外，美国传播研究领域的先行者、在战时一起工作的美国各学科的顶尖学者对施拉姆的传播学科思想的萌芽也产生了巨大的影响。

首先，美国传播研究领域的先行者对施拉姆的影响巨大，直接促成了施拉姆脑海中的传播学科图景的建立。如约翰·马歇尔最早使用了"大众传播"一词。此外，施拉姆在与马歇尔合作工作期间也深受他的行政管理方式的影响，间接地开启了施拉姆行政管理的职业生涯，学术和管理都兼顾的模式。"老爸"布莱尔的新闻学科意识思想的影响，也使施拉姆开始思索建立传播学科的可能性，这些进步运动的思想都影响了施拉姆。没有什么不可能，在"能够做"精神主导下，施拉姆开始运筹传播学科的建立并付诸行动。

其次，四大奠基人及其他的相关社会科学家对施拉姆所产生的影响是十分巨大的，他们几乎重塑了施拉姆的认知系统。李普曼的与统治者交流的观点经由拉斯韦尔发展成为将做学问的目的与服务统治阶级相结合的观点，拉斯韦尔的政治与学术相结合的做法让某些美国学者获得了意想不到的利益。这种利益不仅仅是爱国主义精神受到肯定和赏识，而且直接意味着科研经费的获得与各种研究的便利。同时，当权者给主流知识分子以更多的力量，使他们所在的学科领域迅速走向专业化，并提供了从精神到物质全方位的支持，还保证主流知识分子们的话语权，排斥非主流思想的威胁。当权者利用各种资源奠定了主流知识分子在学科中的核心地位。而施拉姆也深受拉扎斯菲尔德的将学术与商业相结合的观点的影响。学者、政治、经济三者的关系十分微妙，缺一不可。学者没有经济支撑，研究也不能继续下去；学者的研究不能得到政府或者社会的支持，研究也可能中断。在施拉姆的身体力行中，美国的传播学科研究把这三者紧密地联系在一起，并形成共振，使美国的传播学科研究开枝散叶、繁荣发展。

最后，在施拉姆之前，芝加哥大学图书馆也曾试图创建传播学科，但由于各种原因，未能成功。芝加哥大学是第一批创建传播学理论的学派，对施拉姆的影响也颇深。他们创建传播学科的观念及其先行实验的行动深深触及了施拉姆的灵魂。在施拉姆的传播思想开启之时，建立传播学科的思想及行为已经开始摸索、试行和运转了。

2）学科意识思想的分析

施拉姆认为，学科就是一群有相似的研究兴趣的学者，在各种研究机构中发展出一套体系性的研究成果，再通过高等教育的专门化训练手段，不断进行知识的生产和再生产。施拉姆将学科化进程推向极致。作为一个出色的组织者和策划者，施拉姆感觉到如果要让传播学成为一门现实的学科，就需要进一步强化传播研究与主流意识形态和公权力之间的关联。在他看来，以统治阶级对公共舆论的控制为核心内涵、以效果研究为主要领域、以实证研究为主要方法、以个体主义（形式主义）为主要框架、以服务于主流利益团体为价值立场的大众传播研究范式显然更符合当时社会背景下传播学科的利益导向，也更容易在此基础上形成传播学。只有这样的传播学，才能生产出被主流权利所消费的知识，才能获得较高的学科地位。①施拉姆非常清楚学者、政府、经济三者的关系，他一生都在身体力行地打造这三者良性的生态圈，完成得非常出色。

施拉姆的学科意识思想就是以他从宏观角度构架了传播学科开始。施拉姆的历史功绩不是从某相关学科出发为传播学做出某方面的贡献，而是"集大成"——将他人的贡献（成果）集中起来，进行整理，使之完善化、系统化，最终作为一门独立的学科，崛起于"学术殿堂"。这不是一项轻而易举的任务，但由他出色地完成了。换言之，他是第一个具有创建《传播学》这样一个独立学科的明确意识、并为之奋斗终生的人。②一般认为，施拉姆建构传播学科以《大众传播学》为起点。从此，施拉姆拉开了他宏伟的传播学大厦的帷幕。

1947年，《大众传播学》问世的前两年，施拉姆传播学科意识思想孕育阶段，施拉姆就已经开始思考传播研究的未来发展方向，并进行了详细的规划。他认为，传播研究应当是一种社会科学的研究，目的是采用社会科学方法理解传播的社会过程、社会控制和社会影响。传播研究所的目标就是要致力于研究现实社会中传播的控制和传播的社会效果。施拉姆肯定了以效果研究为主导的传播研究范式，而且强调规范性的实证研究，毕生都在开拓国际传播、发

① 胡翼青：《传播学科的奠定1922—1949》，中国大百科全书出版社，2012年，第266-269页。

② 张国良：《传播学原理》，复旦大学出版社，1996年，第22-23页。

展传播的研究领域，并把这些看作是主流传播学中最重要的理论领域和研究方法。施拉姆的传播学科意识思想在他传播思想中是非常重要的，在施拉姆开始实践他的思想，并把他的思想落实于地之前，他就需要提前构架各个环节、各个步骤，以及可能出现的结果，并制定出相应的几套方案。

（1）构建学科体系

《大众传播学》被认为是施拉姆建立传播学体系的基础，也是他所有著作中最有权威和引用最多的作品。施拉姆在此书中，首先定义了传播的概念、传播学的概念、规定了传播学的研究对象、明确了传播学的研究方法。全书共分八个部分：大众传播学的发展、大众传播的结构与作用、大众传播的控制与支持、传播过程、大众传播的内容、大众传播的受众、大众传播的效果和大众传播的责任。可以看出，当大多数人对传播学这个学科还不甚明白的时候，施拉姆通过这本695页的著作从8个方面建构了大众传播学的学科体系。不仅如此，这本书的权威性还在于几乎所有撰稿人都是当时的一流学者，除施拉姆本人外，包括R. 帕克、H. D. 拉斯韦尔、W. 李普曼、P. F. 拉扎斯菲尔德等三十多人。[1]施拉姆的传播思想在他的论著充分地显现出来。可以说，《大众传播学》的出版标志着施拉姆传播思想的正式启动，预示着施拉姆传播学宏图伟业的开启。

（2）确立研究对象

传播学所研究的，除大众传播之外，还有团体间传播、个人间传播，以至语言、文字、传播的起源、传播的模式、传播过程及其各个环节、传播对象的组成和传播效果等。传播学在研究和发展过程中，既吸收了美国学者在新闻学、政治学方面的研究成果，也吸收了心理学、社会学及自然科学中的信息论、控制论和系统论的一些概念和成果，因此被称为一门边缘学科。[2]此时，施拉姆界定的传播学科与政治经济的关系密切，它所服务的对象是当时的政治体制和商业体制，它的研究对象是与政治体制和商业体制密切关联的宣传、广告和媒介效果等具有现实意义的社会问题。

---

① 芮必峰：《传播学的视野：读E. M. 罗杰斯〈传播学史〉札记》。

② 威尔伯·施拉姆：《传播学概论》，陈亮译，新华出版社，1984年，第3页。

（3）研究方法

施拉姆的传播学科思想自萌芽时始，就致力于解决各种政治经济和社会问题。而当时整个美国科学界广泛采用的实用精神也渗透到施拉姆的传播思想之中。施拉姆继承并发展了传播研究领域先行者们的实证研究方法。当然，施拉姆重视实证研究，与它可能带来的资源不无关系。与实证研究方法相结合起来的是量化研究方法。拉扎斯菲尔德是最早将此方法引入传播学研究的学者。拉斯韦尔首先使用的内容分析法和勒温、霍夫兰最早在传播研究中使用的实验法也被施拉姆很好地继承并沿用。而这些学者在当时都是美国科学界的主流学者。施拉姆在与他们工作交往的同时，也深受他们的影响，以至于后来他与他的文学导师决裂，投向了定量研究的怀抱。

（4）研究框架

美国经验学派在第二次世界大战期间诞生。由威尔伯·施拉姆钦定的美国传播学具有明显的热战背景和冷战背景，其首要关怀是宣传、说服、舆论、民意测验、媒介内容、受众分析和短期效果，其哲学基础是实用主义和行为主义，其方法论是实证研究和量化研究，其研究对象是宣传、广告和媒介效果，其服务对象是现存的政治体制和商业体制。[①]同时，拉斯韦尔的5W框架迅速在研讨班和以后的美国传播学界取得了统治性的地位。自此，效果研究、受众研究、媒介研究、传者研究和内容研究便成为美国传播学天然的五个研究领域。[②]此后，施拉姆沿用并发展了拉斯韦尔的5W框架，在传播学领域中重点研究这些内容。

（5）规划学科边界

虽然施拉姆从一开始就强调传播学科的跨学科性，并在此后的研究中也一直重复这一点，并认为传播学科在将来还会被更大的人文社会科学学科所吸纳。[③]但是，1949问世的《大众传播学》一书中，施拉姆却有意无意地规划着

---

① ［美］威尔伯·施拉姆、威廉·波特：《传播学概论》，何道宽译，中国人民大学出版社，2010年，译者序，第4页。

② 胡翼青：《传播学科的奠定1922—1949》，中国大百科全书出版社，2012年，第175页。

③ Wilbur Schramm, *The Beginnings of Communication Study in the United States*,Edited by Dan. Nimmo,Communication Yearbook4,An Annual Review Published by International Communication Association,1980,p. 82.

传播学的学科边界。在此后岁月中，施拉姆梳理传播研究的历史及成果时，也不知不觉地运用了一些构成学科的标准。比如5W框架、四大奠基人等都无意之间框定了学科边界，同时他紧密地和政治、经济的连接也缩窄了学科边界，并没能使他最初传播学科统摄各学科的想法得到实现。

（6）提出"四大奠基人"

施拉姆划分了传播研究的"四大奠基人"：拉扎斯菲尔德、拉斯韦尔、勒温与霍夫兰。四大奠基人的影响在美国的传播研究领域是显而易见的，但是他们越来越倾向于融合。年轻的研究者趋向折中主义。他们结合霍夫兰和勒温的兴趣点，或者拉扎斯菲尔德的方法和拉斯韦尔的关注，或者形成一些其他的联合。但是传播研究的几个特征根源于传统方法的人来说是很明显的。一是，美国的传播研究是定量的，而不是思考推理的。它的研究者对理论深感兴趣，但是理论上，他们能测量并且他们想要测量它。因此，本质上，他们是行为研究者：他们试图发现人类的行为的缘由，传播怎样使人们更快乐和更有生产性地住在一起。因此，不用惊讶许多传播研究者近期已经转向研究世界上的国家怎样有效地进行传播，和传播怎样帮助他们互相理解和和平共处这样的问题。[①]四大奠基人的研究方法、研究立脚点深深地影响了施拉姆，影响了美国经验学派传播学科的建立者。

施拉姆在《作为行为科学的人类传播学：杰克·海尔盖德和他的委员会》一文中，追溯了过去半个多世纪对传播学的发展做出了重要贡献的学者，他们是哈罗德·拉斯韦尔、保罗·拉扎斯菲尔德、库特·勒温、罗伯特·默顿及卡尔·霍夫兰等。在《美国传播学研究的先驱：个人回忆》一书中，施拉姆大声疾呼，为拉斯韦尔、拉扎斯菲尔德、勒温和霍夫兰四位传播学教父盖棺定论。[②]美国传播学科的建立者施拉姆深受四大奠基人的影响，以至于传播学科的发展也被四大奠基人有意无意地左右着。

（7）传播制度和传播类型

施拉姆提出了四种传播制度和传播类型（见《报刊四种理论》一书）。《报刊四种理论》是对近代新闻事业兴起以来的四种传播体制及相应的四种传

---

①　Wilbur Schramm edited., *The science of human communication*, Basic books, Inc., Publishers, New York, London, 1963, p. 5-6.

②　柯泽：《社会心理学家参与美国传播学建设的历程》，《新闻与传播研究》2014年第9期，第25-31页。

播观念所做的比较研究，视野开阔、议论纵横，为传播研究开辟了新的领域，提供了新的范例。由美国教会全国委员会作为研究大众传播媒介的资料编辑出版后，曾得到美国领导集团的赏识和美国新闻学荣誉学会授予的奖章。该书所用"报刊"一词，是指一切大众传播媒介。施拉姆认为，世界各国的新闻传播制度与其社会政治制度是一脉相承的，基本上可以分为四种。即：集权主义理论、自由主义理论、社会责任理论、苏联的共产主义理论。书中的社会责任理论有一个不同于自由主义理论的大前提，就是它主张媒介的自由不是绝对的，"自由伴随着一定的义务，享受着政府赋予的特权地位的报刊，有义务对社会承担一定的责任，这就是作为现代社会的公众通信工具而执行一定的基本功能。"①施拉姆深知学者与政治经济的关系，政治需要经济支持资助研究课题，研究课题必然会受到政治经济的制约和调整。传播制度和传播类型的研究结果需要与当时美国的政治需要吻合，这就不难理解为什么施拉姆的传播制度和传播类型的研究带有一定的冷战思维。

（8）研究方向

在传播学研究方向上，美国传播学者强调传播研究的目的是探讨大众传播的自身规律，希望用实验和社会调查成果丰富传播学理论。在这方面美国也有两种意见：施拉姆从各个学科进行综合研究，呼吁提出一种综合理论，这种呼吁，对于建立传播学系统理论来说是极其重要的。但是鸟瞰传播学研究的历史，人们便发现，要实现这个目标是多么的困难，至少目前是不可能的，实际上施拉姆虽为之奋斗了30多年，两次修改他的著作，却越来越感到困难。斯蒂芬利特尔约翰主张允许跨学科的传播理论——各个学科对传播学提出自己的理论。这倒不失为有见地的主张。他在《人类传播概览》一书中提出传播无处不在，无所不包，领域广阔，无法用一种观点统率。复杂的传播应当允许多元理论，然后从总体上进行把握。接着他提出了自己的理论基础，以系统论和符号交流理论统率传播学研究。②从宏观的角度来看，施拉姆从最初的传播学科意识思想萌芽开始，直到生命末年的《人类传播的故事》一书的出版，他一直关注着人类传播思想的研究。施拉姆期望能通过研究传播与人类社会的关系，发

---

① Siebert, F. S, Peterson, T. B. & Schramm, W., *Four Theories of the Press*,ibid., Chapter 3.

② 戴元光、邵培仁、龚炜：《传播学原理与应用》，兰州大学出版社，1988年，第15-16页。

掘传播的规律，能普适于各学科，实现传播学科统摄各学科的这样一种研究方向，为此他努力终生。

2. 传播教育思想

美国之所以成为传播学的主要发源地和基地，并非偶然。[①]如同彼得斯(J. D. Peters)所说："一切学术事业的发展都往往具有某种弑父般的性质：陷入困境的理智之父受到贬抑，并被更受欢迎的后辈取而代之。大众传播的研究也是这样，只有在它的理论问题确立之后的相当长的时间内，它的机构才能够诞生。"[②]传播知识是传播学科的基石。施拉姆在其脑海中形成了宏大的传播学科意识思想之后，必然需要把它呈现出来，并完美成功地呈现出来。传播的教育思想就是施拉姆的学科意识思想的载体、具体体现、操作执行力。施拉姆着手将传播知识生产、再生产并延续存在下去，构建传播学科体系是他一生的追求。确立传播学专业理论知识、建构传播机构、培养传播研究人员，传播学研究才能进行知识的再生产、才能真正地延续发展。

1）传播教育思想产生的背景

（1）知识生产：知识等同于权力

美国传播学科神话的那些内容，除了主导话语的合法权外其实一无所有，但它可以通过"知识等同于权力"的这一铁律来操控传播学科的知识再生产。正是由于施拉姆追随美国的主流意识形态，为统治阶级服务，为此获得了大量的资金资助，为他下一步建立研究机构和开拓传播学教育专业提供了坚实的财政基础。相应的，大量的人才也进入到传播学领域，再生产出新的传播学知识。

（2）基金资助

施拉姆的传播意识思想得以实现，施拉姆的传播教育思想得以执行，施拉姆所创建的传播学科得以蓬勃发展，离不开大量的资金资助。而其中，马歇尔对施拉姆传播思想的形成提供了大量的基金资助。在施拉姆传播意识思想形成初期，马歇尔是洛克菲勒基金会官员，他每月组织探讨传播领域问题的研讨会。施拉姆从会中吸收了大量关于传播的知识，以及传播的研究方法、研究内

---

① 殷晓蓉：《战后美国传播学的理论发展——经验主义和批判学派的视域及其比较》，复旦大学出版社，2000年，第1页。

② Cf. Everett M. Rogers, *A History of Communication Study*, The Free Press, 1994, p. 445.

容的营养，为施拉姆传播意识思想提供了必要的构成要素。而在施拉姆创立传播学科开始后，马歇尔也对施拉姆进行了大量的资金支持，施拉姆传播教育思想的执行也得益马歇尔计划。

2）学科教育建设思想分析

施拉姆从1949年前后就已经开始推行传播学学科化工作，而且终其一生地推进着这一工作，他是所有传播学奠基者中的第一个政治家。施拉姆对传播学科的规划有着强烈兴趣，他为此甚至放弃了自己在理论建构方面可能取得的成就。这似乎已经成为施拉姆评价的刻板印象。施拉姆通过著书立说、建立机构、培养学者、设置课程、开拓新领域等推进传播学学科化工作。

（1）著书立说

施拉姆对传播学的巨大贡献在于他把美国的新闻学与社会学、心理学、政治学等其他学科综合起来进行研究，在前人传播研究的基础上，归纳、总结、修正并使之系统化、结构化，从而创立了一门新学科——传播学。他创立传播学的标志是1949年由他编撰的第一本权威性的传播学著作——《大众传播学》的出版。

施拉姆一生共写有30余部传播学论著，总计约500万字。施拉姆著作见表2。这些著作分为两大类：一类是理论型的，如：《大众传播学》《报刊四种理论》《大众传播的责任》《人类传播史》《传播学概论》《传播学手册》《人类传播科学：传播研究的新方向与新发现》《作为行为科学的人类传播学：杰克·海尔盖德和他的委员会》《美国传播学研究的先驱：个人回忆》等。

另一类是应用型的，如：《大众传播媒介与社会发展》《媒介与冲击》《大胆的实践》《传媒·教育·现代化——教育传播的理论与实践》《教育电视——未来的10年》《人们看教育电视》《通信卫星在教育与社会发展中的作用》《教育电视的质量》《从电视中学习：研究结论》等。

除了大众传播类的著作，施拉姆还撰写了有关人际传播和人类传播的著作，这最终影响了语言系朝向社会科学方面而不是修辞方法上面的发展。①施拉姆试图从人类关系、人类社会自然之间的关系探究有关传播的问题，他一直

---

① Wolfgang Donsbach, *The international encyclopedia of communication*, 2008, p. 4511.

不忘将传播学科作为人类社会科学方向发展。

（2）建立传播机构

除勤奋笔耕、著书立说外，施拉姆还积极建立传播机构，先后在伊利诺伊大学和斯坦福大学创建了传播研究所，同时并苦心孤诣地培养了一批传播学研究生。1934年建立了艾奥瓦民意调查中心[①]，1947年，施拉姆在伊利诺伊大学创办了第一个传播学研究所，并开设了硕士和博士学位教育课程。1950年，世界上第一个传播学博士学位在伊利诺伊大学获得通过，施拉姆成为该校传播系主任。1956年，施拉姆又创办了斯坦福大学传播学研究所[②]。1973年创立了夏威夷大学传播研究所，并出任该所所长，为使美国的传播学研究处于权威地位奠定了基础。[③]在与发展中国家合作过程中，他也积极地推进该国的传播机构的建立，帮助发展中国家建立学校教育体系等。

（3）培养传播研究者

施拉姆预见到传播学研究随着社会的进步将得到迅速发展。因此，培养从事传播事业和传播学研究的人才应与传播学科的建立同步。施拉姆培养了大批研究生，这些人都成了当时美国著名的传播学家。[④]

早在艾奥瓦大学任教时，施拉姆作为新闻学院的院长，就开始开设大众传播博士课程。1949年，伊利诺伊大学传播研究所创办了世界上第一个传播学的博士项目，招收研究生。1951年，该研究所开始授予传播学博士学位，此后每年都为传播学培养五至六名博士。由于研究所的特殊地位与建制，研究所的博士们可以跨学科地选择其他系科的课程，施拉姆履践着他社会科学多学科一体化的人才培养计划。[⑤]1955年，施拉姆担任斯坦福大学传播研究所所长，真正实现了以传播效果为核心的博士生培养计划。他在斯坦福大学期间，为学科培养了大批杰出的学者，并且为传播学在美国各大学生根发芽大学做出了贡献。施拉姆培养的这些博士，很快就形成一张同门网络，在很大程度上左右着美国传播学的发展。在夏威夷大学东西方传播研究所，施拉姆资助大量发展中

① 徐耀魁：《大众传播新论》，苏州大学出版社，2005年，第15页。

② 郭庆光：《传播学教程》，中国人民大学出版社，2005年，第263页。

③ 戴元光、邵培仁、龚炜：《传播学原理与应用》，兰州大学出版社，1988年，第12页。

④ 戴元光、邵培仁、龚炜：《传播学原理与应用》，兰州大学出版社，1988年，第12页。

⑤ 胡翼青：《传播学科的奠定1922—1949》，中国大百科全书出版社，2012年，第198页。

国家的学生来此学习。这些学生回国之后,积极地进行传播研究,在本国开设传播课程,建构传播学院。施拉姆的影响由他培养的学生在全世界辐射开来。

20世纪50年代以后,传播学作为社会科学的一个新学科逐渐建立巩固了自己的学术地位。目前,世界各国的主要大学一般都设有传播学的院系专业和研究机构。传播学之所以获得迅速发展,不光由于它适应了信息技术革命和信息社会发展的需要,同时与传播学家尤其是施拉姆的不懈努力也是分不开的。[1]施拉姆与他的追随者一起构成了"施拉姆学派",也就是现在欧洲传播学界所说的传统学派。

（4）传播课程设置

施拉姆在1943年到1947年间担任艾奥瓦大学新闻学院院长期间,他开创了第一门大众传播的博士课程。施拉姆提出,应将大学里传统上独立的几个系,如新闻系和演说系等合并为一,成为独立的传播学系。应把传播学列为大学教学大纲中的基础课程,至少应成为研究生教育的基础课程。施拉姆还设想,传播学研究生阶段的教育,应建立在本科生接受过一定的传播领域的基本应用训练,如:新闻实践、广播电视等的基础之上。即:本科生阶段应侧重传播技能的训练,研究生阶段则可以在此基础上更侧重于学术研究,教学和研究的内容还应包括新的传播技术等。[2]施拉姆根据不同的教育要求设置了不同的传播学课程。如本科生注重实践、研究生注重学术研究,开发新领域,以此能繁荣传播学科。

（5）开拓传播研究新领域

施拉姆一生编写了近30部论著,并开辟过几个新的研究领域,如电视对少年儿童的影响、国际传播中的信息流通、传播与第三世界国家发展等。[3]施拉姆积极地开展与第三世界国家的合作交流,并开拓应用型传播研究,媒介教育、社会发展、国际传播等课题都是在此基础上进行的。

施拉姆除了把自己的传播蓝图实施并发展壮大之外,在与第三世界国家的交流和合作中,他还对发展中国家的传播和社会发展提供了价值指向。施拉姆是影响中国传播学发展的第一位外国学者。施拉姆除了关注中国的传播之

---

① 郭庆光:《传播学教程》,中国人民大学出版社,2005年,第263页。

② 李琨:《美国传播学教育:由来、特性与现状》,《国际新闻界》1998年第3期,第70-77页。

③ 郭庆光:《传播学教程》,中国人民大学出版社,2005年,第263页。

外，在1960年先后为韩国、印度、印度尼西亚、以色列等国政府献策，并得到各国政府的支持和赞扬。

（6）指引未来传播方向

施拉姆对传播的未来发展非常乐观。早在1982年他应邀来华讲学时就曾大胆预言："在未来一百年中，分门别类的社会科学——心理学、政治学、人类学等——都会成为综合之后的一门科学。在这门科学中，传播的研究会成为所有这些科学见面的基础。因为要牵涉到这些基本的技术问题，所以综合之后的社会科学会非常看重对传播的研究，它将成为综合之后的新的科学的一个基本学科。"①施拉姆一直都为传播学科作为一门人类社会科学而努力，希望能形成统摄各学科的综合性的传播学。

（7）扩展传播理论

①把关人概念精解

美国学者勒温1947年提出的"把关人"概念在施拉姆那里得到了进一步的分析理解："在信息传播网上布满了把关人。在这些把关人中，记者决定对某次法庭审讯、某次突发事件或某次政治示威，报道哪些事实；编辑决定从电讯稿中选用哪些消息，摈弃哪些消息；……"②施拉姆也肯定了议程设置的作用，他认为在实践中，也有人发现："媒介很少能劝说人怎么想，却能成功地劝说人想什么。"③在传播过程中，每个环节都有可能设有把关人，都在根据自己的需要进行筛选。

②传播模式拓展

1954年，施拉姆在《传播是怎样运行的》一文中，在C. E. 奥斯古德的观点启发的基础上，提出了一个新的过程模式，即循环模式（见图7）。但是，这个模式也有其本身的缺陷。施拉姆本人也意识到了这些问题，于是，又提出了一个大众传播过程模式（见图8）。

---

① 沙莲香：《传播学——以人为主体的图象世界之谜》，中国人民大学出版社，1990年，第43页。

② 威尔伯·施拉姆：《人、信息和媒介：人类传播概观》，纽约1973年版，第138-139页。

③ 威尔伯·施拉姆：《传播学概论》，陈亮等译，新华出版社，1984年，第277页。

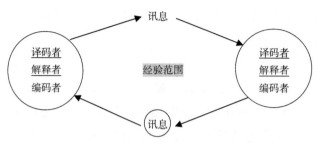

图7　奥斯古德与施拉姆的循环模式[1]

施拉姆的大众传播模式强调反馈的作用，他认为："如果不存在反馈，或者迟迟才做出反馈，或者反馈是微弱的话，那么，这种局面就会引起传播者的疑惑和不安，并会使传播对象感到失望，有时在传播对象中会产生对立情绪。"[2]反馈对于传受双方是非常重要的，传受双方只有接收到了对方的反馈信息，传播行为才会继续下去。

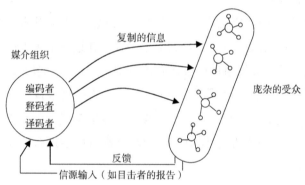

图8　施拉姆的大众传播过程模式[3]

施拉姆在《基本的人类传播》一书中，详细地描述了传播的过程，以及传播的各个要素。他构建的传播反馈模式如图9所示：

图9　反馈的传播模式

---

① McQuail, D. &Windahl,S., *Communication Models*, ibid., p. 14.

② 威尔伯·施拉姆：《传播学概论》，陈亮等译，新华出版社，1984年，第58页。

③ McQuail, D. &Windahl,S., *Communication Models*, ibid., p. 13.

在图9中，消息和反馈都是信息，但是自从信息被信源创造为消息，接受者作为反馈的消息，图表给人一种传播基本上是单向的、从信源到接受者这样的印象。

③大众传播社会功能总结

对于大众传播社会功能的概括，是施拉姆基于对拉斯韦尔和莱特的观点上，从政治功能、经济功能和一般社会功能三个方面进行了总结（见表6）。

施拉姆分类的重要贡献是明确提出了传播的经济功能，指出了大众传播通过经济信息的收集、提供和解释，能够开创经济行为[1]。施拉姆认为："采用机械的媒介，尤其是电子媒介所成就的一件事，就是在世界上参与建立了史无前例的宏大的知识产业。"[2]电子媒介的实用倍增了信息的速率，也扩大了知识生产的速度和广度。

表6 施拉姆的大众传播的社会功能[3]

传播的社会功能		
政治功能	经济功能	一般社会功能
监视（收集情报） 协调（解释情报；制定、传播和执行政策） 社会遗产、法律和习俗的传承	关于资源及买和卖的机会的信息 解释这种信息；制定经济政策；活跃和管理市场经济行为的洗礼	关于社会规范、角色等的信息；接受或拒绝它们 协调公众的理解和意愿；行使社会控制 关于社会规范和作用的规定向社会的新成员传承 娱乐（休闲活动、从工作和现实问题中得到解脱，无意义之的学习、社会化）

这就是说，大众传播的经济功能并不仅仅限于为其他产业提供信息服务，它本身就是知识产业的重要组成部分，在整个社会经济中占有重要的地位。施拉姆的这个观点，已经为信息社会和知识经济的发展所证实。[4]关于大众传播的政治功能，他认为："在我们的时代，监视（告知）的任务已有很大一部分被新闻媒介所接替。"[5]大众传播的产生是植根于政府需要，关于监测的功能、意识形态协调培养的目标也被大众传播所承载。

① 郭庆光：《传播学教程》，中国人民大学出版社，2005年，第114页。

② 威尔伯·施拉姆：《传播学概论》，陈亮等译，新华出版社，1984年，第155页。

③ ［美］威尔伯·施拉姆、威廉·波特：《传播学概论》，何道宽译，中国人民大学出版社，2010年，第31页。

④ 郭庆光：《传播学教程》，中国人民大学出版社，2005年，第115页。

⑤ 威尔伯·施拉姆：《传播学概论》，陈亮等译，新华出版社，1984年，第32页。

⑧评析传播理论

施拉姆的传播思想在美国的传播研究领域中占据绝对主导的作用，他作为传播学科创建者的地位也很超然。20世纪60年代到70年代，麦克卢汉的媒介理论在西方国家引起轰动，施拉姆在谈到他在传播学研究史上的地位和作用时说，说不定正是由于麦克卢汉，才使得"媒介这个曾经主要是艺术家、细菌学家和大众传播学家才使用的词风靡一时"。但是，施拉姆同时又指出，麦克卢汉的理论缺乏逻辑性，含义隐晦，措辞不是让人震惊就是令人困惑；学术态度玄妙，就像古希腊的教士一样，观点具有"神喻"的性质。①施拉姆不认可麦克卢汉的"媒介即信息"这一论断，他认为："讯息是讯息，媒介是媒介，二者相互影响但并不相互排斥。譬如讲，有谁能论证肯尼迪总统遇刺的新闻的效果主要取决于它是由电视、广播、印刷媒介或口头传播的？又有谁能论证肯尼迪的新闻和某有关家务的电视连续剧效果的不同主要是人们通过印刷媒介获悉那条新闻通过电视看到这部连续剧的？"施拉姆对麦克卢汉的"冷""热"媒介也存怀疑态度，对于麦克卢汉把电视和有声电影归为冷媒介这一论断，施拉姆说："为了把印刷的文字符号转化成现实的图像所需要的想象力，难道不比电视观众所需要的想象力更大些吗？""无声电影难道不是比有声电影更能触发想象吗？"②

施拉姆承认："以赫伯特·席勒为著名代表的一批人数虽少，却很有权威的美国传播学专家，多年来一直认为，美国的大众传播媒介作为'文化帝国主义'的工具，已经阻碍并且扭曲了新兴国家的发展。"

施拉姆评论数学模式乃是信息论模式，它同人类传播是极为相似的。并认为它对于传播研究有两大作用：第一，它从传播工程和技术的研究中提供了一些可以比拟之处，来说明社会规律中的许多传播概念；第二，它提供了一种新的数学方法，可以应用于人类及电子通信的某些部分。施拉姆认为无论是拉斯韦尔模式还是香农—韦弗模式都是直线的、单向的，它们明确地固定和区分了传送者和接受者的作用，这是不符合人类传播的实际情况的。③根据他们的

① 郭庆光：《传播学教程》，中国人民大学出版社，2005年，第151页。

② Schramm, Wilbur and Porter, William E., : *Men, Women, Messages and Media:Understanding Human Communication,* Harper and Row Publishers, New York, 1982, Op. Cit., p. 117-118.

③ 张隆栋：《大众传播总论》，中国人民大学出版社，1995年，第36页。

模式，施拉姆创建了具有反馈互动关系的大众传播过程模式（见图8）。

关于新闻工具的客观报道理论，施拉姆认为："在美国新闻界中，客观报道的加速发展，是由于报刊中政治党派性的衰落以后，报纸由表示意见的刊物变为传播新闻的工具所造成。广告的增加和销路的扩大，有利于报纸处于客观的理想地位。报纸记者认为他们的工作需要一种超然的态度。他们成为当代争论的旁观者而不是参加者……新闻是单纯的纪事，意见必须与新闻明确地分开，在美国大部分报纸中，意见仅在社论版表示。"①施拉姆大力赞赏沃伦·布里德的《新闻编辑部的社会控制》一书，认为其对于报纸的研究足以发人深省。②广告和商业的介入，使得新闻工具摆脱对政治的依赖；另一方面又有可能会受到商业主意识的制约。新闻是一种报道纪事，意见评论需要与新闻区别开来。新闻需要的是客观的报道，就事论事；而意见评论则有评论人的主观意识掺杂其中，必然会受到评论人态度的影响。

关于"魔弹论"，施拉姆认为，此观点不是一种学者的理论，它虽然曾广为流行，但从未得到第一流学者的拥护，"而只是一种记者的'发明'（贬义）"。但此后10年间，"魔弹论"就失去了影响，成了一种被抛弃的模型。"魔弹论"强调的是在传播过程中媒介的强大作用，随着技术的进步、人类认知的提高，在传播过程中，人的主观性加强，"魔弹论"就成了末路狂花、销声匿迹了。

关于使用—满足理论，施拉姆在谈到这一模式时说，很明显，大众传播效果部分是由传播对象怎样使用它们来决定的。为了逃避现实，是一种效果；为了解现实，也是一种效果。为了消磨时间，是一种效果；为感情和知识上的原因，则又是另一种效果。这也就是说，受传者出于不同的原因和动机来向大众传播媒介索取信息，如果得到满足，传播就是有效的。施拉姆认为，使用—满足说不是一种理论，还不能算是一种理论的概括。因为这一研究，大多集中于对文娱节目、儿童看电视的问题等方面，并且大多集中于从受传者个人的角度出发，围绕着个人的需求和动机。同时，施拉姆也认为这个模式令人鼓舞的特点是它强调了传播过程中有一个活跃的受传者的观点，这已成为考虑传

---

① 威尔伯·施拉姆：《报刊的四种理论》，新华出版社，1980年，第70-71页。

② 威尔伯·施拉姆：《传播学概论》，陈亮等译，新华出版社，1984年，第165页。

播效果时必不可少的因素之一。不过，与此同时，人们还应注意到，在传播活动中，还有一个居于更加有利地位、更加活跃、有时甚至是极其固执的和独断的传播者。[1]新事物的产生和使用都源于需要，在使用过程中，根据需要不断地进行着调试和改进。在传播过程中，媒介使用理论亦是如此。

关于劝服理论，施拉姆认为，在已有的理论研究中，卡特莱特的劝服研究是一种简单的和有用的模式，它无论在实践上还是在理论上都是有意义的。尽管它同创新—扩散论相比较，两者有很多相似之处。它的缺点在于，忽视了环境和社会等因素对受传者接受信息采取行动所产生的影响。[2]一件事物的成功肯定不是单方面的，必定是多方协调共同合力作用形成的。

施拉姆的学科思想在施拉姆的传播思想当中充当着开山的作用，他的学科意识思想的丰富构建和教育思想的持续执行推动着施拉姆传播思想的不断深化和丰富，也促进着美国传播学科的发展。

---

① 张隆栋：《大众传播总论》，中国人民大学出版社，1995年，第181-184页。

② 戴元光、邵培仁、龚炜：《传播学原理与应用》，兰州大学出版社，1988年，第282页。

四、施拉姆传播媒介思想

  媒介研究是传播学研究的主要内容之一。施拉姆的传播学开创之初，拉斯韦尔的内容分析方法深刻地影响了施拉姆，同时拉扎斯菲尔德的5W传播过程也启发了施拉姆，媒介效果一直是施拉姆关注的核心内容。施拉姆传播媒介思想也充分地体现在他的一些著作当中。例如，在他的《青少年生活中的电视》一书的引言部分，他强调是儿童在使用电视，而不是电视在使用儿童。[①]施拉姆深刻地理解着传播的主体是人，没有人，任何传播媒介承载的信息都是没有意义的；没有人，任何媒介传递信息的过程都是没有意义的。

  关于传播媒介，施拉姆指出："书籍和报刊同18世纪欧洲启蒙运动和人民是联系在一起的。报纸和政治小册子参与了17世纪和18 世纪所有的政治运动和人民革命。正当人们越来越渴求知识的时候，教科书使得举办大规模的公共教育成为可能。正当人们对权力分配普遍感到不满的时候，先是报纸，后来是电子媒介使普通平民有可能了解政治和参与政府。""大众传播媒介在历史上对国家发展有特殊的重要性。它们是伟大的增殖者。"[②]媒介技术的发展在政治经济、文化生活和教育领域等各个社会方面带来了不可估量的影响，直接或间接对社会发展起到了巨大的推动作用。媒介在传播过程中扮演着重要的角色，由于施拉姆的参与，传播媒介的思想也逐渐受到人们的关注。

（一）传播媒介思想

  传播媒介思想是施拉姆传播思想体系中非常重要的一个部分。早在1948年他撰写的《现代社会的传播》一书中就有所涉及，而在1949年《大众传播

---

① Wilbur Schrmm,Jack Lyle,Edwin B. Parker,*Television in the lives of our children*,Stanford University Press,1961,p. 1.

② 威尔伯·施拉姆：《大众传播媒介与社会发展》，华夏出版社，1990年，第82-83页。

学》一书中更是详述了他宏大的传播思想体系，阐述了他的传播媒介思想，并划分了传播的功能。在施拉姆定义的大众传播的四项功能：雷达功能、控制功能、教育功能和娱乐功能中，教育和娱乐功能更是直接体现了他的传播媒介思想。当然，随着时间的推移，施拉姆的传播媒介思想也在与时俱进，在历史的长河中随着社会、经济、科技的发展，随着自身阅历和知识的不断丰富，他的传播媒介思想也进行着更新、完善和与社会相匹配。

纵观施拉姆著作，施拉姆的媒介思想主要表现在媒介娱乐、媒介舆论、媒介广告与公共关系、媒介权利、媒介效果、媒介延伸、媒介效果、媒介新概念的构建、媒介教育等方面。

1. 媒介娱乐：释放情绪

娱乐功能是大众传播的重要功能之一。随着工业革命的展开，科技的发展，大众媒介越来越普及。大众媒介承载着许多消息、信息和新闻。施拉姆认为，几乎一切新闻都来自大众媒介；很大一部分娱乐节目是通过这些媒介渠道来传送的。填满我们休闲时间的媒介有一半充斥着娱乐。[①]商品要适应大众媒介的广告，人们的爱好至少在一定程度上是由媒介提供的形象形成的。[②]科技技术的发展，媒介多样化，媒介承载着绝大部分娱乐节目；而娱乐节目的传递又影响着人们的爱好，帮助人们缓解压力、释放情绪。

在《青少年生活中的电视》一书中，施拉姆认为，青少年观看电视主要是因为电视可以提供给他们能自由掌握的最好的娱乐方式。他们可以从电视娱乐中获得消极的快乐、生活在幻想中、在兴奋的戏剧中感受乐趣、认同有吸引力的人、逃离现实问题和逃避真实生活中的烦恼。[③]而根据Herzog的深度调查数据显示，女人收听日间连续节目有三种原因。一是情绪释放——有机会去哭，从知道其他人也有麻烦当中感受好些。二是能从心存幻想希望当中获得满足。三是能从节目中获得建议。无论是青少年还是女人，人类天性都喜欢轻松的生活，但现实往往是残酷的，媒介的娱乐功能会帮助人们解压，更好的生活。正如Heinz Dietrich Fischer说，娱乐是传播被低估的中心功能。

---

① Wilbur Schramm,*The story of Human Communication*,Harper&Row,Publishers,Inc,1988,p. 264.

② [美]威尔伯·施拉姆、威廉·波特：《传播学概论》，何道宽译，中国人民大学出版社，2010年，第15页。

③ Wilbur Schrmm,Jack Lyle,Edwin B. Parker,*Television in the lives of our children*,Stanford University Press,1961,p. 57.

很清楚的是，大众媒介娱乐不仅局限在我们描述的传统的娱乐（愉悦、放松、兴奋和从无聊中解放）上。具有讽刺意味的是，最频繁用来研究娱乐的方法在近年来得到的结论理论上是如此的不同。一方面，一组心理学和传播学者已经检测出普遍认同的观点，电视（也可能其他媒介）可以通过展示暴力行为来让儿童学到暴力行为；另一方面，另外一组学者得到了大众媒介娱乐的功能主要是逃避——如Van den Haag指出的那样，"从生活中分离"而不是"展示生活"。这两种调查的途径没有怀疑这样的观点，即，大众媒介娱乐可能对儿童有潜在的不良影响，或者可能使成人观众从他们真实生活中的问题中分离出来。一个人自愿放弃自己真实的世界，短期内，为了富有幻想地享受媒介内容也是一种玩耍。谁能说一个人在玩耍中没有花费这种时间，或者说它不会从根本上获得更好的精神健康和快乐呢？就如同Herzog的深度调查那样，女人收看连续节目除了心理娱乐需求的满足以外，还有心理压力的释放需求，这样更能使心理精神得到健康的发展。

任何事物都有两面性。鉴于媒介的娱乐功能，娱乐的负面性也逐渐地凸显出来。各方学者都开始着手重视娱乐带来的负面效果，力图使负面能力减小。像Payne Fund，哈钦斯委员会和Surgeon General委员会的研究显然并没有给媒介带来任何显著的改变，虽然他们鼓励节目制作的完善和修订。他们至少刺激了关于媒介娱乐的大量思考。如何寓教于乐一直以来都是十分有意义的研究，这是非常现实的问题。

2. 媒介舆论：建立强大的环境图景

由于大众媒介是信息的承载体，任何在大众媒介上传递的信息都有可能被歪曲、被放大或者被强化。如同Napoleon Bonaparte所说，我害怕3份报纸要比成千上万的刺刀还要多得多。媒介的特殊性使媒介拥有巨大的影响力。

大众媒介在某个时间和空间可以形成一定的公共领域，在这个公共领域中媒介上传播的消息更会被强化，公众进行讨论后形成舆论。传播、公共舆论和政治几乎能在更狭小的空间体现传播的某些特征。一方面，观点存在于各个层面，从社区（甚至可能是家庭）到国家和全球组织，这些不同的层面并不总是完全相同的。当遥远的关系在我们生活中变得越来越重要时，新闻媒介就变得越来越有能力来塑造那些关系。关键是现在更有可能通过某种媒介而不是个人经验来决定公共舆论。不仅通过我们自己建立的环境图景，也通过我们决定在环境中哪些是值得我们注意的来进行传播的。Max McCombs和他的同事做的议程设置，意味着媒介有能力设置讨论的议题和在某种程度上引导讨论的方向。新闻当中强调的个人和时间也同样可能在之后的讨论中被强调。因此，我们让大众媒介做什么，是站在山顶向下看山谷，正如我们和1.5万年以前的观看者一样。我们让他们去看，我们没有时间和机会去看，去警醒我们自己，去尽可能地学习更多的我们的环境，给我们自己一些小的暗示和建议，能帮助我们更自信地做决定。我们正在给媒介赋予多么大的力量啊！①在施拉姆看来，传播可以塑造和维持人际关系，并通过媒介从中找到共同意见的平衡点。议程设置建立的环境图景从某种角度显现了媒介的强大力量。

3. 媒介广告与公共关系：凸显内在理念和劝服

媒介在广告与公共关系的力量也不容忽视。一方面，媒介能凸显所需宣传物的内在理念；另一方面，媒介能在一定程度上刺激消费者的欲望、劝服消费者购买产品。

《总统售卖》（*The Selling of the President*）一书，并不主要是关于广告的，它暗示了媒介的广告功能。Zechariah Chafee 说，报纸就像一个大学或者大型私人公司的联合体，某人为公众奉献了教育，其他人为一小部分拥有者赚钱。在我们的系统里，这也没有本质上的错误。因为报纸主和广播主必须要有足够强的经济能力以至于他们能独立于政府并报道出来。大众媒介在售卖方面有非常强的技能，在选举中，对大众媒介有目的地运用已经变成美国政治和其他国家政治的标志了，选举的结果依赖于通过对投票行为的公共观点的表达。在选举准备初期就开始监测公共观点，评估对投票者有强烈的吸引力，投票者知道问题和被选举人的情况，知道团体和各类投票者最喜欢或者有点喜欢的被选举人。然后就像那些广告经理人一样做出非凡的决定。对于选举人和问题售卖的非凡的广告技巧和经验的转化是现代政治媒介较为明显的结果之一。媒介对政治有这样的警惕控制作用：媒介可以隔离任何一个不能进入到被要求的金钱水平（此金钱要求相当高）的重要的候选人资格。媒介的特殊属性、媒介承载信息的全面性，使得在媒介上的承载物或多或少地具有广告宣传的效果，减少了隔离的成本。

---

① 　Wilbur Schramm,*The story of Human Communication*,Harper&Row,Publishers,Inc,1988,p. 290-291.

Norman Douglas Southwind说，你可以通过一个国家的广告识别它的理念。施拉姆在《报刊的四种理论》一书中认为，苏联媒体的发展是为了反映苏联官方的意识形态、苏维埃国家和苏联的"理想人格"。苏联的传播概念和苏联国家概念的一个内在组成部分。[①]Ortega Y Gasset说，在这个地球上，从来没有一个人基于他的原则而不是公共舆论的原则来进行管理。公共关系的任务，现代从业者可能会说、会评估、会解释和会改变公众观点。这既包括内在方面和外在方面。媒介上承载的所宣传物的广告和公共关系凸显着所宣传物的内外理念；同时媒介具有的议程设置功能，在某种程度上形塑了公众对所宣传物的态度和观念，使公众与所宣传物达到有效沟通，在一定程度上两者达到吻合，这样才能获得良好的宣传效果。

广告和公共关系在大众媒介中代表了强大的劝服者角色。众所周知，广告是一种传播手段。Fryburger给广告下了一个宽广的定义，他说，广告是一种传播形式，试图促进产品或服务的销量，影响公众的观念，赢得政治支持，提升某一特点，诱出其他的渴望，达到劝服的效果，最终促使消费者购买。

一般而言，广告的任务比公共关系的任务更简单一些。广告主设计和发布一则广告，在印刷媒介上、在广播中、在标示牌上、在包装盒上、在T恤上，或者其他任何可能吸引潜在客户的地方。当广告人被要求售卖一个被选举人或者议题给投票者的时候，这样的工作变得更加简单和直接。关于公共关系的社会效果，同样，也有两种不同的观点。一方面，新闻媒介经常厌恶他们所看到的，当公共关系人通过制造假事件让新闻机构作为新闻报道，或者通过提供新闻让新闻媒介因为它们是新闻而不去探究就通常印刷的而获得免费广告的努力的时候。另一方面，没有经验的记者会认为，从公共关系部门得到的新闻对新闻工作者来说通常是没有用的。当公共关系对外公开的时候，会执行嵌入式的障碍来弥补怀疑和不相信。这种挑战实行的是一种它的辩解者和解释者已经改进的相当理想化的视角。社会科学家而不去公共关系人，Leila Suaaman支持这种观点，"公共关系者的工作是保持信息频道双向的开放，以便在公众和管理者之间不产生误会来打扰利害关系的和谐"[②]。无论是广告还是公共关

---

① 威尔伯·施拉姆：《传媒的四种理论》，戴鑫译，中国人民大学出版社，2006年，第103页。

② Wilbur Schramm, *The story of Human Communication*, Harper&Row, Publishers, Inc, 1988, p. 315.

系，都需要对顾客进行某些方面的劝服。劝服可以说是传播的最终效果之一，可以改变人们的刻板意见，可以重新建立顾客对产品的认识等，继而获得他们的支持、促进购买、培养忠诚。

4. 媒介与权力：大媒介、小人类

媒介可以承载一切它想承载的信息。媒介的主体是人，人有意无意地进行着议程设置，在媒介舆论中也已经显示了强大的力量。正是由于媒介的特殊化，媒介承载信息也多样化。伴随着信息的权力，可能要比伴随着信息的其他资源更甚。信息要求更高的技术，要求政治和经济系统适应加工和稽核信息的速度。①个别的信息革命混合着社会问题。许多国家政府都希望运用媒介的权利来达到进行意识形态控制的目的，来进行社会改革的目的，来进行解决社会问题的目的。

在传播时代，国家政府都面临同样的问题。信息传递得如此快以至于传统的外交政策指挥时间几乎被缩减至零。普通大众几乎和他们的领导一样快的知道正在发生的事情。事实上，我们不得不发展更快速的方法来进行现实测试，在非常快速传播流的时间里，为了知道哪部分是值得我们重点关注和关心的。政府和公民分享的另一个问题就是隐私。我们生活中的细节越来越多地被存储在电脑的记忆里，当我们从银行数据和信用卡数据发现的时候，已经远离坚不可摧了。任何电脑代码可能被摧毁，任何记录系统的内容可能被提供给政府部门、商业或者新闻和销售组织。这让我们心神不安，不仅因为某人可能会告诉其他机构我们是否有过期的账单，而是因为我们生活的细节都会在哪些没有权利知道的人们面前排列出来。这可能在有如此多电脑需求的社会是不可避免的。政府必须有记录大量信息的方法，同样的私人商业机构、科学和教育机构也需要如此。毫无疑问电脑正是做这样事情的机器。它将可能成为新时代伟大的传播机器，因为只有它能处理如此大量的信息。在媒介面前，人们的隐私得不到保护，人类第一次感到无助，感觉渺小。

施拉姆在《报刊的四种理论》一书中承担第四部分"报刊的苏联共产主义理论"的写作。当谈到苏联和美国互相指责对方的报刊不自由、不负责任的问题时，他认为，这种根本性的意见冲突的缘由在于对自由、控制这一类词

---

① Wilbur Schramm, *The story of Human Communication*, Harper&Row, Publishers, Inc, 1988, p. 347-348.

语的解释。他引用阿历克斯·英克尔斯的观点说："在我们国家都尊重表达自由的抽象的权力，除了涉及国家安全或人权的重大问题外，我们通常不容许限制我们行使这种权力的任何考虑。苏联发言人说我们的报刊是不负责任的，其道理在此。我们说他们的报刊是受控制的，因为决定什么是'符合劳动人民的利益'和'什么是巩固社会主义制度'的不是通讯工作者本身，而是其他人。总之，苏联的报刊首先应该被期望——实在是被强迫——去负责的。而英美的报刊，则首先应该被期望——其实是被责成——去自由地发表言论的。""……在苏联这种对自由的考虑和报刊的责任比较起来是第二位的，而且在必要的时候，可以牺牲这种考虑。在美国是强调自由而不强调责任，表达的自由至少对有表达意见的工具的人来说，是有绝对的价值的；如果他们在表达意见的时候，促进了公众的福利，或者以其他行动推进了某些社会任务，并且履行了对社会的责任，那也是很好的。但对于公众福利的这种考虑和表达自由比较起来，又是第二位的，而且在必要的时候，也可以为那种自由而牺牲的。"①这一段话在谴责苏联的媒介制度的同时，也表达了施拉姆本人对于报刊的社会责任的基本看法。其要点是：就美国这样的国家来说，在关于什么是符合人民利益的问题上的决定者是报刊、是媒介本身，"表达自由"对于大众传播工具来说，具有绝对的价值。②表达自由是媒介的权利之一。

　　同样的，施拉姆在《大媒介与小媒介》一书中认为，在一些国家引荐大媒介的决策仅仅只是表面上为了教育优势，真正的原因是声望或社会控制。③媒介的显现的力量，诸如议程设置和广告等的权利如此之大；而媒介潜在的力量更大。在科技发展的初期，人类没有多少经验，对于媒介的权利只能逆来顺受。人类在媒介的面前显得如此弱小。所幸的是，随着人类得到的经验越来越丰富，人类处理媒介的事情越来越得心应手。就如同施拉姆所预言的那样，点对点传播，相比大众传播而言，将来可能会广泛地运用。换句话说，大媒介和小人类的日子似乎要接近结束了。④大众媒介具有的传播速度快、信息承载

①　威尔伯·施拉姆：《报刊的四种理论》，新华出版社，1980年，第159-160页。

②　殷晓蓉：《战后美国传播学的理论发展——经验主义和批判学派的视域及其比较》，复旦大学出版社，2000年，第125页。

③　Wilbur Schramm, *Big media Little media*, Sage Publications, Beverly Hills, London, 1977, p. 22.

④　Wilbur Schramm, *The story of Human Communication*, Harper&Row, Publishers, Inc, 1988, p. 351.

面广、信息暴露容易度高、自由表达的权利多、社会控制的力量强等无不彰显着大众媒介的权利，但是，随着人们认知的提高，技术运用的熟练等因素的影响，在传播过程中占主导地位的人类不会再被媒介的节奏带走，会根据自己的思想来恰当地运用媒介。

5. 媒介效果：研究重中之重

施拉姆非常重视传播效果的研究，他认为大众媒介的传播效果是长期的和潜移默化的[①]。早期传播效果研究往往是某一门学科研究项目的副产品或手段，这是施拉姆对美国早期传播学者的研究工作做的生动形象的概括和描述。

施拉姆1949年编《大众传播》的20篇论文集中，效果和责任研究占了7篇[②]。施拉姆在关于传播效果研究前言中说："无论在何种传播研究的场合，关于传播效果的问题，都是学者的主要研究动机。当学者考虑并研究某种传播现象时，经常在他们的心目中反复提出这样一些问题：它对人们起什么作用？它对哪些人、在何种条件下起作用？哪些人怀有好感？它会诱导出怎样的态度或行动？这样一些问题，在发信者编制传播内容并发送出去的时候，也经常纳入考虑之列。"[③]罗杰斯在《传播科技学理》一书中，将1940年以来的传播效果研究的历程分为三个时代，其中，他把施拉姆归为条件效果时代的研究者里面。以此说明施拉姆的效果研究也得到了学界的认可。

对于"魔弹论"的形容，施拉姆认为它可以把"各种各样的思想、感情、知识或动机从一个人的头脑里几乎不知不觉地灌输到另一个人的头脑里"。只要受传者被新闻工具传播的观念击中，他们就会接受。"魔弹论"正是媒介权利大行其道的时候，在第一次世界大战中得到极大的渲染。随后十年，人类重新回到传播过程中的主导地位时，"魔弹论"的影响也逐渐消弭。

关于有限效果论，施拉姆认为，根据社会学家保罗和拉扎斯菲尔德领导的哥伦比亚大学应用社会学研究部对1940年和1944年两次美国总统竞选运动做的调查研究结果，真正影响人们投票行为的，一般来说是个人之间的接触交谈

---

① 张隆栋：《大众传播总论》，中国人民大学出版社，1995年，第185页。

② 沙莲香：《传播学——以人为主体的图象世界之谜》，中国人民大学出版社，1990年，第9页。

③ 威尔伯·施拉姆：《大众传播》（论文集），伊利诺伊大学出版社，1960年。

和面对面的劝导。①个人的思想和行为除了受到媒介武器的影响外，还受到个人自身的认知、家庭和群体行为、阶级和社会组织的影响。有限效果论直接推翻了"魔弹论"的论调。

关于劝服模式，施拉姆强调论点本身之论据②。他也曾经感叹地说亚里士多德所提到的问题"正是卡尔·霍夫兰和他的耶鲁大学小组在20世纪50年代所研究的……他真是一位了不起的人物"。他认为亚里士多德对劝服要素的分析显示了在许多传播的基本点上③，"世世代代的智者都会取得一致的意见"④。而这个传播的基本点就是说服力，信任、情感、说服手段都是十分重要的。

关于使用与满足模式，施拉姆认为，人们看不到报纸使他们觉得若有所失，觉得同他们习惯了的那种生活脱节了；还有大部分妇女则把日间广播连续剧作为提供指导处世的信息源来使用，听了这些节目使她们自己知道该怎么处理生活中发生的事情。⑤施拉姆和波特在《传播学概论》中对接收目的总结为：为了逃避现实，为了说明现实，为了消磨时间，为了感情和知识上的原因等几个方面。⑥

关于大众传播的效能，施拉姆认为，无论大众传播是作为强化现状的辅助动因，还是导致变化所引起的直接效果的动因都受媒介和传播本身各个方面和传播情景（如文章的结构，信息源和媒介的性质，现存的舆论气氛等）的影响。⑦

关于大众传播媒介的社会影响，施拉姆认为，商业化的大众传播媒介（主要是电视的节目）产生了无法控制的社会影响，又难以充分发挥其教育和促进国家发展的作用。⑧

---

① Schramm, Wilbur and Porter, William E. :*Men, Women, Messages and Media:Understanding Human Communication*, Harper and Row Publishers, New York, 1982, p. 174.

② Schramm, Wilbur and Porter, William E., Op. Cit., p. 188.

③ 张咏华：《大众传播学》，上海外语教育出版社，1992年，第138页。

④ Schramm, Wilbur and Porter, William E., Op. Cit., p. 189.

⑤ Schramm, Wilbur and Porter, William E., Op. Cit., p. 178-179.

⑥ 戴元光、邵培仁、龚炜：《传播学原理与应用》，兰州大学出版社，1988年，第268页。

⑦ Schramm, Wilbur and Porter, William E., Op. Cit., p. 176.

⑧ 威尔伯·施拉姆：《传播学概论》，陈亮等译，新华出版社，1984年，第3页。

媒介效果研究一直都是美国传播研究的重点。从早期的芝加哥学派到耶鲁学派、哥伦比亚学派，效果研究历来就是学者们关注的焦点。施拉姆的传播思想源于美国的传播研究，效果研究也成为施拉姆的重心。

6. 媒介的延伸：知识产业

媒介研究一直是施拉姆重点的研究内容之一。对于媒介他有自己的见解和看法。他提出：知识产业就是媒介的延伸。对此，施拉姆有一段很有预见性的文字，他说："采用机械的媒介，尤其是电子媒介所成就的一件事，就是在世界上参与建立了史无前例的宏大的知识产业。"[1]大众媒介的广泛使用帮助知识产业形成了世界性的网络，随着大众媒介技术的不断发展，这一网络范围之大、关系之紧密史无前例。

正如施拉姆在30多年前预测的那样，如今社会，电子媒介正在进行大量的知识生产，并形成多样知识的聚合、融汇成新的知识。新的科技促生了新的媒介，新的媒介又产生了新的知识，新的知识融合形成了新的知识产业。媒介的延伸就是知识产业的扩展。

7. 媒介新概念解析：媒介谱

施拉姆继承了前人对媒介的概念和内涵，在他研究传播的同时，其对媒介又有了新的观点，并提出了一些媒介新概念的看法。

首先，关于"大、小媒介"概念。1964年联合国教科文组织曾邀请他写作了《大众传播媒介与社会发展》一书，在书中他提出了"大媒介"和"小媒介"概念。"大媒介"指那些需凭借大量资金才能建设的电影、电视、电化教育手段等；"小媒介"则指那些资金投入较小而见效快的幻灯、广播、通俗读物等。同时，他主张第三世界国家应首先致力于小媒介的建设，解决当务之急，而不应一味地追求西方速度，进行那些脱离国情的媒介建设。[2]施拉姆认为可以把教育媒介分为大媒介和小媒介。他认为大媒介是复杂复合的、昂贵的媒介，如电视、电影、计算机。小媒介我们认为是简单的媒介,如广播等。单位价值和操作难度是我们心中区别大小媒介在一个明显的持续性而不是分叉性的范围内。大媒介是很有魅力的，它们主要吸引未受教育者对教育媒介的注意

---

① 威尔伯·施拉姆：《传播学概论》，陈亮等译，新华出版社，1984年，第155页。

② 段京肃、罗锐：《基础传播学》，兰州大学出版社，1996年，第22页。

力。对于班级和老师来说，教育电影是第一批提供最好试听感觉的媒介。

其次，施拉姆构建了新的媒介概念——媒介谱，用来理解传播媒介的教育领域。他认为，当我们在谈论指导性媒介或者教育媒介时，目前我们仅仅注意到我们正在研究媒介的教育领域，即媒介谱。[①]他认为媒介谱是通过信息从娱乐延伸到教育。也就是说，媒介谱是一种网络似的发散图谱，从信息这一原点出发，途径娱乐，扩散到各种教育知识。这整个系统才是媒介谱，涵盖信息、娱乐和知识各要素的联系互动。

最后，施拉姆还建构了受众选择概率公式，即：

可能得到的报偿÷需要付出的努力=选择的概率

此公式以经济学"最省力原则"，表述受众为什么选择某种媒介为信息来源，以及某种媒介被受众选择的可能性的大小。关于受众接触媒介的主动程度，施拉姆等人认为，接触电视的时间在平均线以上、接触印刷物的时间在平均线以下的，为空想型；反过来，接触电视在平均线以下、接触印刷物在平均线以上的，为现实型。[②]

施拉姆的传播媒介思想包含的内容非常丰富。传播领域研究的先行者对施拉姆的传播媒介思想的影响也比较深远。施拉姆继承和发扬了先行者的媒介思想，更可贵的是在此基础上，结合当时的科技水平、政治经济环境对媒介有了自己新的解读和观点。而这些观点又进一步影响着全世界的传播媒介的发展及一些的国家教育和改革发展。其中最重要的就是施拉姆的媒介与教育思想。

（二）媒介教育思想

当我们谈论指导的或教育的媒介，我们仅仅注意到目前我们正在致力于媒介谱的教育结果，它是从娱乐延伸到信息的指导。教育媒介的根源迷失在历史的迷雾中。但据我们所知，很早就存在教育技术。如洞穴人用石头的边缘描绘和练习消减和塑造的技巧，骨针用来缝纫，小弓箭用来狩猎。最早的现代教育媒介是印刷。至少印刷表明了大众媒介的教育，他们能给更多的人们带来学习机会，并且要比其他可以选择的媒介达到更高的水平，不用去挑战特权阶

---

① Wilbur Schramm, *Big media Little media*, Sage Publications, Beverly Hills, London, 1977, p. 12.

② 宋林飞：《社会传播学》，上海人民出版社，1995年，第159页。

级，他们也可以做到这一点。教育媒介的源头可能很难追溯，但是媒介的教育作用却是人们无法忽视的。

1. 媒介教育思想的产生

1）年代背景

20世纪60年代是一个比较特殊的年代——它在后来的研究文献中被称之为"动荡时期"，又称为"混乱时期"。由社会动荡及传媒技术的进步所导致的美国的政治文化生活方面的变化，在某种程度上既促成了社会对于马尔库塞及其批判思想的需要，也使始终处于主导地位的经验主义传播学研究相对来说进入了一个"繁荣期"。动荡年代的美国媒介研究的一大特色是政府的参与。这一时期主要的媒介研究、课题的制定、研究人员的构成、研究报告的完成及送交程序等，都是在有关政府机构的参与和促进下得以进行的；传播研究的方向也在某种程度上受到政府和基金会资助方式的影响。前所未有的政府参与不仅使50年代开始的对于电视的早期研究得以继续和达到高潮，而且促成了一大批研究成果，使整个社会议论纷纷，不同的人根据各自的利害关系，对之做不同的理解。可以说，在这个时期，政府官员、研究者和普通市民以从未有过的密切程度共同关注着媒介及其有关媒介的研究。经验主义方法受到了极大的重视。①可以说，实用主义哲学、经验主义方式是当时社会所选择的，是与当时社会相匹配的。

2）传播学科发展困境

传播研究自20世纪初期开始，在芝加哥学派的努力下，传播领域的研究发展进入了小高峰时期。第二次世界大战客观上推动了传播领域的发展，美国许多各专业学者出于各自的科研目的开始关注研究传播。随着施拉姆《大众传播学》的问世，传播学科的搭建，传播领域研究到达了高峰时期。但随着四大奠基人逐渐离开传播研究领域，传播领域的研究后劲不足。

在1959年，贝雷尔森教授指出传播学研究正在枯萎，而施拉姆则认为传播学正朝气蓬勃、如日方升。正是在这种学科研究的背景下，施拉姆积极地拓展传播学的研究领域，寻找新的研究方向。应用型传播学研究方向正是施拉姆

---

① 殷晓蓉：《战后美国传播学的理论发展——经验主义和批判学派的视域及其比较》，复旦大学出版社，2000年，第59-64页。

开辟出来的新的方向，结合战后第三世界国家的国情，传播媒介与教育研究方向在传播学科中占有重要的地位，此后的二三十年里媒介与教育研究一直是他的重点研究项目之一。

3）资金资助

新课题研究的顺利进行离不开资金的支持。施拉姆所关注的研究的课题经费都比较充足。这一方面得益于施拉姆的慧眼，能找到与政治经济相联系的研究方向，自然就能得到相关部门的支持。另一方面也得益于施拉姆的交往能力，正是他的温和谦逊才能和许多基金会的主要负责人交往紧密，得到赏识之后才能获得资金，用于他感兴趣的课题研究。这就是一个良性循环的系统。

如施拉姆的"青少年生活中的电视"得到了国家教育电视和广播中心的支持。国家教育电视和广播中心是这项研究最主要的财政资助，并且中心的官员也慷慨地给予了帮助和咨询。"教育电视的影响"也受到了国家教育电视和广播中心为期4年的资金资助。国家教育电视和广播中心也资助了"人们看教育电视"这一研究项目。福特基金会和美属萨摩亚政府资助了"大胆的实践——美属萨摩亚教育电视的故事"项目。

在施拉姆的众多课题研究中，没有政府部门和基金会的资金资助，课题的研究就不能顺利地进行和开展。我们在梳理这些项目的同时，也发现了一些有趣的事情，如"大胆的实践——美属萨摩亚教育电视的故事"项目中，有众多的政府官员直接参与项目的研究，或是对某一内容进行指导，或是对某些方面直接提供数据支持等。这也从某一侧面可以知道，任何课题的顺利开展、完美结题都离不开各个方面的通力合作，资金、人脉、能力缺一不可。

4）政府部门的支持

媒介与教育传播课题是施拉姆的研究重点，此类课题能够顺利地展开也需要得到相关部门的支持。如施拉姆的"印度尼西亚村庄的卫星电视——社会影响研究"得到了印度尼西亚信息部门的极大支持，同时，印度尼西亚国家经济和社会研究机构也与东西方研究中心开展合作，制定研究框架。最重要的是为此次为期6年的研究提供了总共大约25万美元的资金资助。印度尼西亚科学机构LEKNAS/LIPI和东西方中心对这次项目也给予了一定的财政贡献。①

---

① Godwin C. Chu, Alfian, Wilbur Schramm, *Satellite television comes to Indonesian villages——A study of social impact*, preface.

另外，美国国家科学基金会为了支持这次国际合作研究也给予了补助（two grants）。国家教育电视和广播中心多次资助了施拉姆关于教育媒介的研究项目，包括"青少年生活中的电视""教育电视的影响""人们看教育电视"等。施拉姆的其他研究，如"大媒介与小媒介——教育的工具和技术"和"大胆的实践——美属萨摩亚岛教育电视的故事"等项目都受到了当地政府部门和基金会的资助，包括资金支持、行政管理支持、科学研究支持等。施拉姆熟知科学研究与政治经济的关系，一般情况下，施拉姆的项目都离不开相关政府部门的大力支持。有了政府部门的支持，有了经济方面的资助，研究项目才能顺利进行下去，才能圆满地完成。

2. 媒介教育思想的分析

施拉姆对媒介与教育方面的研究著作颇丰，在其一生中有关于此方面的书籍有12本之多，占据其所有著作的三分之一，足见其对于此的兴趣和探索。施拉姆关于媒介与教育的著作见表7。

表7　施拉姆关于媒介教育的著作

序号	出版时间	编著	作　者	书　名	中文名
1	1960	编	Wilbur Schramm	The impact of educational television	《教育电视的影响》
2	1961	合著	Wilbur Schramm, Jack lyle, Edwin B. Parker	Television in the lives of our children	《青少年生活中的电视》
3	1962	合著	Wilbur Schramm,	Educational Television——the last 10 years	《教育电视——未来的10年》
4	1963	合著	Wilbur Schramm, Jack lyle, Ithiel de Sola Pool	The people look at educational Television	《人们看教育电视》
5	1963	合著	Wilbur Schramm,	Learning from the Television	《从电视中学习：研究结论》
6	1968	著	Wilbur Schramm,	Communication Satellites for Education,Science and Culture	《通信卫星在教育与社会发展中的作用》
7	1971	汇编	Wilbur Schramm,	Quality on Edcational Television	《教育电视的质量》
8	1976	著	Wilbur Schramm,	Television and the test scores	《电视和教育》

续表

序号	出版时间	编著	作　者	书　名	中文名
9	1977	著	Wilbur Schramm, Wilbur Lang	Big media, small media-Tools and Technologies for instruction	《大媒介与小媒介——教育的工具和技术》
10	1981	合著	Wilbur Schramm, Lyle M. Nelson, Mere T. Betham	Bold experiment,the story of educational television in American Samoa	《大胆的实践——美属萨摩亚岛教育电视的故事》
11	1985	合著	Godwin C. Chu, Alfian,Wilbur Schramm	Satellite television comes to Indonesian villages——A study of social impact	《印度尼西亚村庄的卫星电视——社会影响研究》
12	1988	合著	Wilbur Schramm,	Communication,Education,Modernization	《传媒·教育·现代化——教育传播的理论与实践》

（李艳松 制）

从表7中，我们可以看到，施拉姆从1960年开始关注媒介与教育方面的研究，并取得了一定的成果。其中，以主编《教育电视的影响》开始，以《传媒·教育·现代化——教育传播的理论与实践》结束。而在这些媒介与教育方面的成果中，施拉姆曾多次表明其1961年出版的《青少年生活中的电视》一书，是他一辈子最能称得上具有理论贡献的著作。[①]除了《青少年生活中的电视》，施拉姆有关教育媒介方面的著作都蕴含了丰富的理论，有些理论是他原创性的并对当今的世界各国的大众媒介使用和青少年使用大众媒介的心理都具有一定的启发意义，可以用来探讨青少年的心理问题，并制定出相应的媒介使用策略来规避一些可能出现的问题。

下面我们就来探索施拉姆的媒介与教育思想的发展脉络。

1）观察点：生态循环理论

纵览施拉姆的媒介与教育方面的著作，不难发现，施拉姆采用了循环理论来阐述他媒介教育的见解，解释他构建的教育新媒介的概念，详述他从研究中得出的媒介教育的理论。

（1）反复互动，是循环理论的基本特点之一。例如，在他的《青少年生活中的电视》一书中，他说在所有文化变化中都存在大量的循环。特定的需求

---

① 戴元光：《影响传播学发展的西方学人（2）》，中国大百科全书出版社，2015年，第47页。

引发新技术的发展，新技术的发展反过来又鼓励新需要的产生。① 对于需求和改变，施拉姆认为，他们之间是循环反复互动和共生共荣的。需求需要新的变化，新变化又产生了新的需求。在《大媒介与小媒介——教育的工具和技术》一书中，对于媒介选择理论，施拉姆认为任务导向、媒介导向和价值导向是循环反复，相互影响的。

（2）因果联系，循环理论的另一个特点是原因结果关系。正如施拉姆在《青少年生活中的电视》一书中提道："原因和结果，在印刷时代，新技术对于迎合那个时代人们的需要有着更快、更广、更灵活的交流的巨大帮助。"② 正是基于因果关系，施拉姆在本书中认为青少年使用电视是因为电视满足了他们的需要。

（3）融合共生，这是循环发展的最终目标。在《人们看教育电视》一书中，施拉姆认为，教育电视意义重大，但是最基本的是它依赖于文化节目、智力启发、严肃新闻和教育机会。在某些方面，它意味着一种实际的帮助——如何去做等。而在《教育电视的影响》一书中，施拉姆认为，教育电视在使人们接触到、激发兴趣、教授知识和开启民智方面有着惊人的能力。施拉姆认为，不管媒介是如何进入教育领域的，青少年为什么使用和选择媒介，或者是政府机构进行怎样的媒介策略等，媒介最终的目的就是告诉人们怎么去做、怎么样人们能接受新的知识。也就是说，在媒介教育系统中，诸如媒介、教育知识、青少年、政府等各要素之间是循环反复、互动发展的，最终的目标就是融合共生，政府合理地运用媒介传递新知识，激发人们的兴趣爱好，这样就能使各要素之间形成良好的生态循环系统，生生不息地进行良性互动。

不仅在《青少年生活中的电视》一书中，在《大媒介与小媒介》《大胆的实践——美属萨摩亚岛教育电视的故事》等著作中，施拉姆都是采用循环理论来阐述自己的观点，分析他所提出的原创性理论。可以说，循环理论是施拉姆思想的特征之一，其贯穿整个施拉姆思想发展的始终。

---

① Wilbur Schrmm, Jack Lyle, Edwin B. Parker, *Television in the lives of our children*, Stanford University Press, 1961, p. 62.

② Wilbur Schrmm, Jack Lyle, Edwin B. Parker, *Television in the lives of our children*, Stanford University Press, 1961, p. 62.

2）实践

以施拉姆为主导建立的美国传播学是以科学主义和实证主义为旗号的。20世纪美国的科学研究都是以定量研究为主，施拉姆关于媒介与教育的科学研究也不例外。

施拉姆在研究传播理论的同时，也不忘对传播实践的关注，很好地做到了理论与实践的统一。20世纪50年代至60年代施拉姆等人在研究传媒接触方面中发现，青少年的电视接触行为与他们在家庭、学校中的处境有着密切的关系。那些家庭处境不顺或者与同学关系不融洽的青少年倾向于喜欢看打斗暴力场面多、富于刺激性的节目，而且主要是从冒险情节或场面的紧张感中得到"满足"；而那些伙伴关系融洽享有家庭温暖的青少年则不同，他们更喜欢看一些轻松、快乐、有趣的节目，而且在观看节目的同时，往往还会联想如何把节目内容应用到与伙伴们的游戏之中。[①]施拉姆等人关于电视对青少年生活影响的研究，从"使用与满足"的角度对少年儿童的电视接触行为进行了详细调查，揭示了电视在儿童的生活、学习和社会化过程中的功能、影响和效果。施拉姆获得的媒介教育理论是建立在大量的实践数据分析的基础之上的。

关注媒介效果的社会科学定量研究方法深刻地影响了施拉姆，1961年施拉姆所著的《青少年生活中的电视》一书为这种研究方法设定了一个方向，并且在世界各地流行起来。[②]此后，他在进行其他课题研究的时候，也采用了这种科学定量的研究方法，在与第三世界国家合作与交流的时候，这种方法也传递给了发展中国家的科研人员，此法在世界各地开始流行。

从施拉姆编写《教育电视的影响》一书开始，其有关媒介与教育的著作都含有大量的实践内容，大量的数据表格佐证他得出相关的结论。例如，在《教育电视的影响》一书中，有波士顿的实践案例、电视课堂教育两种研究的对比等；在《青少年生活中的电视》一书中，更是历经3年研究了美国和加拿大10个社区的电视对儿童生活的影响，对书中大量的图表进行分析；在《人们看教育电视》一书中，施拉姆通过分析几大广播电台来阐述什么是教育电视、教育电视受众的测量、受众的范围和人们如何看待教育电视等内容；在《大媒

① 郭庆光:《传播学教程》，中国人民大学出版社，2005年，第183页。

② Wolfgang Donsbach, *The international encyclopedia of communication*, 2008, p. 4511.

介与小媒介——教育的工具和技术》一书中，施拉姆用实验证据、教育证据、经济证据、国家教育改革项目证据、作为补充学校的媒介、延伸学校教育的媒介和非正式教育等几个方面论述了媒介的教育工具和技术；在《大胆的实践——美属萨摩亚岛教育电视的故事》一书中，施拉姆专门就美属萨摩亚岛为案例进行了分析。

从施拉姆的原著中，我们不难看出，实践、数据、表格就是施拉姆进行分析的立项之本、核心之源。没有实践、数据和表格，施拉姆就不能对媒介与教育的关系进行分析，不能探讨出他们之间的相互影响，他们之间的循环共生。

3）目标：关系

施拉姆开发传播媒介与教育的课题最主要需要解决的问题就是弄清楚传播媒介与教育的关系。传播媒介如何影响教育？传播媒介对某一地区的教育提升是否有帮助？传播媒介对具体的教育内容是如何影响的？传播媒介对人们旧的价值观念是否有摧毁作用？传播媒介能够帮助人们重构新的价值体系？传播媒介能否帮助某一地区重新构建教育模式和教育体系。

在这一系列的问题中，最主要的就是理清媒介与教育的纠缠互动关系，从中找到潜在的规律，并且在下一个研究项目中进行检验并改进。传播媒介与教育研究课题由于历时时间较长（短的有4年，长的有6年左右），从某种程度上说，对当地的教育模式和教育水平有一定的影响。

在理清传播媒介与教育的纠缠互动关系中，核心点就是人。人是在任何社会活动中占据主导地位的，正是人的参与，活动才有意义。媒介教育传播过程中，人的反应和感受才是研究者最为关心的问题。正在与现在已成为考虑传播效果的必不可少的因素结合起来：传播关系中有一个活跃的接受者。[1]20世纪60年代初期，施拉姆、莱尔（J. Lyle）和帕克（E. Parker）公布了关于美国儿童使用电视情况的首次大规模的调研报告。在名为《青少年生活中的电视》一书中，研究者们最感兴趣的问题是弄清儿童如何利用他们在电视上看到的东西。他们的结论是，儿童使用电视的方式主要有三种：幻想、消遣和指导。此外，施拉姆等人还发现：儿童对电视的使用情况与其家庭等社会关

---

① 威尔伯·施拉姆：《报刊的四种理论》，新华出版社，1980年，第212页。

系有关。比如说，子女与父母冲突越厉害，寻衅的次数就越多，也就越喜欢看电视上的幻想节目，以便达到逃避现实的目的。[①]1980年，施拉姆本人对这此书极力赞赏，认为大多数学者接受了此书中的一个观点，即："从某种意义上来说，'效果'这个词是引人误解的，因为它意味着电视对儿童在'起某种作用……'。没有什么比这更脱离现实的了。在这种关系中，证实儿童是最活跃的。是他们在使用电视，而不是电视在使用他们。"

受众说他们得不到满足的，主要不是任何特定的哪一类的和特定问题的新闻。人们说，没有报纸，他们感到奇怪地"离开了世界"，好像他们"不在"这个世界上；好像帷幕放下来使他们看不见外面了，尽管他们并不是常常看外面的。获得受众与媒介关系的恰当认知是研究者们需要解决的问题之一。

3. 媒介教育理论贡献

从施拉姆所著的媒介与教育方面的书籍的数量和质量两方面来看，施拉姆对于媒介与教育方面的研究倾注了心力、孜孜不倦，到生命终结之时都不忘继续研究媒介与教育的内容。可想而知，他是认可并愿意在此领域做出贡献的。

1）媒介存在理论：满足—需要

在《青少年生活中的电视》一书中，施拉姆首先提出大众媒介存在理论——满足需要理论，即人们使用大众媒介是因为它们满足了人们的需求，人们使用电视，并改变了儿童的生活，因为电视比其他可知的选择更好地满足了这些需求。[②]施拉姆是美国学界较早探究电视在青少年生活中存在的理论的学者之一。他认为，青少年使用电视就是为了满足他们的需求和欲望。

2）青少年使用电视理论：幻想—现实

在美国，施拉姆最早对青少年使用电视形态进行了考察。施拉姆认为，在儿童的眼中，世界分为幻想世界和现实世界。他认为，儿童每天花2～3小时看电视，就必须在幻想世界和现实世界之间来回穿梭。这就是电视对儿童意义的核心。而在幻想世界和现实世界来回穿梭的行为是一种不容易学会的行为。

① 殷晓蓉：《战后美国传播学的理论发展——经验主义和批判学派的视域及其比较》，复旦大学出版社，2000年，第160页。

② Wilbur Schrmm, Jack Lyle, Edwin B. Parker, *Television in the lives of our children*, Stanford University Press, 1961, p. 73.

这是成长当中非常重要的部分。如今，这对中国的青少年的成长来说也是非常重要的。电视是青少年生活中不可避免的媒介，如何使青少年分清幻想世界和现实世界的区别，如何使他们自由地切换是非常有重要意义的。

　　施拉姆把大众媒介的内容标签分为幻想型内容和现实型内容。如表8所示。在表8的基础上，施拉姆提出了儿童使用电视的理论，即幻想导向和现实导向。在书中，施拉姆展示一些证据表明，电视满足儿童最主要的需求是那些幻想需求，而不是我们所认为的现实需求。换句话说，电视在儿童生活中起到的最主要的作用是刺激儿童对幻想的寻求并产生了幻想行为。由于青少年处于人的生命周期的成长期，其心智还没有完全成熟；而幻想型内容相对于现实型内容而言更加轻松、更容易接受，青少年更愿意寻求幻想型内容的需求满足。但长期沉迷于幻想型内容的需要满足会使青少年逐渐脱离现实世界，造成他们对世界、对社会的认知失调，会产生一系列的问题。如何把现实型内容在寓教于乐中体现出来，让青少年自愿并有兴趣地接受是非常关键的。

表8　施拉姆的大众媒介内容分类

幻想型内容	现实型内容
逃避现实世界的问题和困难	面对现实世界的问题和困难
放弃、松懈、消极	警惕、努力、积极
情感	认知
主要通过废除现实世界的规则来工作	主要通过现实的条件和情况来工作
采取行动消除、至少暂时性、威胁和焦虑、心满意足	更倾向对威胁的察觉、可能更焦虑、作为更好地面对解决问题的回报
愉快	启发

　　在青少年使用电视理论的提出过程中，对于现实和幻想，施拉姆也认为他们之间是具有循环性的。他说，大众媒介的特征之一就是它有能力同时使两种领域存在。现实的建议可能来源于幻想，现实的物质又开启幻想的进程。[①]所以说，循环理论是施拉姆传播思想的核心之一。

---

① Wilbur Schrmm, Jack Lyle, Edwin B. Parker, *Television in the lives of our children*, Stanford University Press, 1961, p. 64.

3）媒介选择理论：任务—媒介—价值三位一体

随着技术的发展，媒介的形式多种多样，如何在众多媒介中选择合适的媒介来进行教育，这也是施拉姆研究的课题之一。在《大媒介与小媒介——教育的工具和技术》一书中，施拉姆就详细地探讨了如何选择合适的媒介。他说，理解媒介选择是一个优先主题。大媒介我们认为是复杂复合的、昂贵的媒介，如电视、电影、计算机。小媒介我们认为是简单的媒介，如广播等。单位价值和操作难度是我们心中区别大小媒介在一个明显的持续性而不是分叉性的范围内。大媒介是很有魅力的，它们主要吸引未受教育者对教育媒介的注意力。对于班级和老师来说，教育电影是第一批提供最好试听感觉的媒介。在我们的时代，创造性是一个魔力的词汇，教育是持续不间断地挑战它。[①]无论是在施拉姆所处的20世纪还是我们现在所处的21世纪，创造性一直都是各行各业为之奋斗的目标，而在施拉姆的观点中，教育和教育媒介也帮助我们不断地进行着创造。

关于媒介选择的过程：教育者和策划者，学校和政府，怎样来选择教育媒介？施拉姆认为，首先，决策是必要的，无论是在教室或者是在教育部做的决策。没有媒介选择的决策配方会自动地提供给每个教育系统，决策者们必须仔细地考虑本地的需要、环境和资源，然后按照既存的指导方针进行整合。至少这是合乎逻辑的方法。不幸的是，有理由相信选择不总是完全专业和科学的。正如我们所说的，有时它依赖最容易得到的什么，或者捐助者提供金钱的媒介系统。有时，它也依赖于非教育的理由，诸如，政治动机、声望考量或者提供大众娱乐的吸引，推荐大众媒介以致兼职的为教育使用成为可能。环境适应于非常大的项目，包括整个国家和领土。[②]

关于媒介选择，施拉姆认为可以用三个决策导向来制定决策，并提出了任务导向、媒介导向和价值导向三位一体的媒介选择理论。在此理论的提出过程中，施拉姆也采用了循环理论来进行阐释。他说，无论任何水平的决策制定都必须明确要做什么任务，评估不同媒介可能产生的效果和运用不同媒介的价值。因此，媒介选择要求从三个不同来源获得信息，教育学、经济和媒介研究

① Wilbur Schramm, *Big media Little media, Sage Publications*, Beverly Hills, London, 1977, p. 15-16.

② Wilbur Schramm, *Big media Little media,* Sage Publications, Beverly Hills, London, 1977, p. 263-264.

与经验。但是，这使它看起来更简单。植根于教育的任务导向，真正的要求三重的分析：相对需求和教育任务完成可能产生的利益，完成任务所需要的心理步骤；学生的需要和能力；行动的优先次序，包括覆盖率、质量、局部控制量的初步决策等。（如图10）

图10　任务学生行动关系图①

媒介导向也是一个相互互动的过程，如图11：

图11　媒介导向互动图②

施拉姆认为可以从研究报告和实地项目中的经验进行评估效果。对于一个国家或者大型的系统，大多数媒介是可以被运用的。因此，必须考虑运用不同媒介的要求。图12包含三种大小媒介的运用要求。显然的，满足这些需要的难度在于可行性的计算。

价值导向在每个任务中根据资金、技术和人力必须考虑资源和价值。如图12：

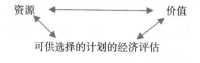

图12　价值导向互动图③

三个主要的活动，如果分开执行的话，应该会导致一系列的事情，需要做的任务，需要执行任务的媒介，根据经济效能评估可供选择的媒介方案，如图13所示：

① Wilbur Schramm, *Big media Little media*, Sage Publications, Beverly Hills, London, 1977, p. 265.

② Wilbur Schramm, *Big media Little media*, Sage Publications, Beverly Hills, London, 1977, p. 265.

③ Wilbur Schramm, *Big media Little media*, Sage Publications, Beverly Hills, London, 1977, p. 266.

图13　任务媒介价值互动图①

施拉姆同样也认为，所有的这些都可能融合在一起。媒介分析会从任务分析中得到线索，价值分析从媒介分析中得到线索。但是价格数据可能改变媒介优先次序的想法，并且给定媒介的非可行性可能会修改任务优先次序。在理论上，整体产品会是某种需要—价值—效果评估体系，该体系能使老师或者策划者得出结论，对于给定的优先任务根据价格和效果某种可用的媒介可能是最好的。施拉姆的任务导向—媒介导向—价值导向三位一体的媒介选择理论从某种意义上是一种需要—价值—效果评估体系。他认为，从任务的需求来选择合适的媒介达到目标价值，相应的目标价值的获得又满足了任务的需求，这三者之间又形成了循环互动的良性生态系统。

4）媒介运用理论：适合—品质

施拉姆在《大媒介与小媒介——教育的工具和技术》一书中强调，在研究者中一个普遍的认知是，他们发现在媒介意义当中有更多的变化使学习看起来更多地受到了所传递的内容而不是传播系统的影响。如果运用的覆盖率或者试听材料的需要不能指导一个特定而不是另一个媒介家庭的需要，那么，怎样运用媒介要比媒介的选择更重要。也就是说，如何使媒介最有效地适合学习任务是至关重要的。这样也加强了对教育媒介内容的研究，学界开始着重研究教育媒介内容，如对电视节目的研究。

另一方面，在媒介的运用当中，适合和品质要比"大""小"更重要。也就是说，在弄清楚教育媒介的类型和各种媒介的特征之后，再结合某一特定的教育系统的需要，预估各种教育媒介的品质效果，选择与之适合的媒介来进行教育，以此来达到媒介教育的作用。

4. 媒介教育的效果

媒介教育的效果从不同的角度划分，可以分为不同的类型。如果从认识角度出发，媒介教育效果可以分为生理效果、情感效果、认知效果和行为效

---

① Wilbur Schramm, *Big media Little media*, Sage Publications, Beverly Hills, London, 1977, p. 266.

果；如果着眼于具体效用角度，媒介教育效果又可以分为时间效果和知识效果。

1）认识角度

施拉姆在《青少年生活中的电视》一书中，就从四个方面分析了电视对儿童的效果影响，生理效果、情感效果、认知效果和行为效果。

（1）生理效果方面，施拉姆主要回答了这两个问题：一是看电视会使儿童的视力下降吗？二是看电视会让儿童在学校上课时打瞌睡或者疲惫吗？

关于第一个问题，施拉姆[①]认为，只有当儿童坐得太近并在很黑的房间里看电视才会伤害视力。施拉姆认为，目前没有研究表明电视比其他专心用眼的行为，诸如阅读更伤害视力。给予合适的观看条件，不用害怕电视会伤害儿童的视力。

关于第二个问题，施拉姆认为看电视有时会让儿童在学校上课时打瞌睡或者疲惫。几乎所有的老师都举出了儿童上课心不在焉或是打瞌睡的例子，老师们把儿童的这些行为归咎于晚上看电视了。但是，另一方面，没有迹象表明，看电视的就寝时间比平均就寝时间晚很多。施拉姆发现，看电视的就寝时间只比听收音机的就寝时间晚13分钟。并且在其他的研究中，有证据表明晚睡倾向于出现在父母控制不严、智力不高、学校表现不好的家庭中，而这种观点被认为理所当然。这意味着，即使没有电视，儿童也可能在上课时打瞌睡和心不在焉。

（2）情感效果方面，施拉姆主要关注电视是否会使儿童害怕和过于兴奋。在以下三种情况下，电视可能会使儿童感到害怕：一是，当他们非常认可或是感到特别热爱的人物形象受到伤害威胁时。二是，当儿童想起他自己真实生活中的害怕，犹如黑暗和孤独。三是，小孩太小而去面对紧张的情形或局面时。关于电视是否会让儿童过于兴奋？施拉姆认为，这一问题的关键在于"过"字。施拉姆认为我们应该认真地对待我们怎样制作商业电视要求的对儿童有吸引力的电视节目，运用的诉求点是在边界之内可以保持兴奋的节目而不是无边界的有暴力倾向的。

---

① Wilbur Schrmm, Jack Lyle, Edwin B. Parker, *Television in the lives of our children*, Stanford University Press, 1961, p. 147.

（3）认知效果方面，施拉姆主要从以下六个角度阐述了这一问题。

① 电视可以让新一代消息更灵通吗？

施拉姆认为，电视可能帮助一些儿童更好地成长为消息灵通的大人。高智商并高于观看电视平均频率的儿童，可能要比其他儿童更少地获取信息；高智商并低于观看电视平均频率的儿童，如果他们选择现实的经验的话，可能会获得更多的信息。中等智力的儿童可能没有太大差别。低智力并高于观看电视平均频率的儿童，可能会略多的获取信息，低智力并低于观看电视平均频率的儿童可能没有太大差别。

②电视在学校有帮助吗？

电视更可能会帮助聪敏的儿童在学校表现良好。

③电视可以激发智力和创造性活动吗？

相比激发活动和创造性活动而言，电视可能在激发儿童新兴趣和提升已有的兴趣方面更有效。施拉姆认为，电视对增加持续性智力或创造性活动、连续的系统性学习是真的有效，在我们社会中关注这些活动的组织必须调整电视使其适应于这些活动中。

④电视会降低孩子的品位吗？

只要电视提升了儿童的品位，我们不得不认为儿童从电视渲染强化的任何一种品位中得到了满足。施拉姆引用英国Himmelweit团队的发现，当儿童只有一种电视节目的选择时，他们会喜欢电视节目，不过，如果他们有其他的选择，他们根本也不会选择那些特别的节目。施拉姆的发现也支持了这一观点，他认为，儿童几乎完全不会觉得有变化——只有他们特别喜欢的某类电视节目他们才会察觉变化。当今电视通过形塑儿童的品位得以长久，这如果是真的话，对电视有着比当今水平更高期望的人们来说是个相当悲伤的消息。

⑤电视是否会传递成人世界不正确的信息？

儿童观看成人世界的视角是好奇的，并受到限制。他把他的父母看作是父亲和母亲，而不是丈夫和妻子。这样的话，如果儿童正在吸收引人注目的成人生活的画面，显然这对于儿童的社交方面没有积极的作用，之后可能会需要更为深入地调整适应。

⑥电视会让孩子早熟吗？

施拉姆引用Klapper的观点，持续地暴露成人环境可能在不自觉中加速对儿童的影响，并迫使认同进入一种早熟的情形，同时伴有对成人世界的迷惑和不安，表面上接触到了成人的问题，或甚至不愿意长大。Himmelweit发现，青春期的观众，尤其是女孩子，要比不看电视的人更害怕长大，害怕离开学校离开家，害怕从事她们的第一份工作，也害怕结婚。

（4）行为效果方面，施拉姆主要从四个方面论述这一问题。

①电视会使孩子消极吗？

在某些情况下会。只有长期的研究才能确定效果的量级和持久力。但是，避免给儿童过度消极的方法不是在他们很小的时候作为妈妈让他们看电视，而是要让他们感受到爱和温暖，尽可能地用朋友和活动包围他们。

②电视是否教会孩子暴力并产生青少年罪犯吗？

我们认为有许多情况电视可能会展示暴力。有些孩子会混淆幻想世界和现实世界的规则；对电视有冲动的孩子更可能记住电视中的冲动行为；孩子想要成为他们所看见的成功人士，不管这些成功人士是好人还是坏人等。但是只有非常少的青少年犯罪是直接被电视所影响的。青少年犯罪是一种复杂的行为，通常是有许多根源慢慢成长起来的。最主要的是孩子们生活当中巨大的缺失——破碎的家庭、父母或同龄人的拒绝。电视充其量只是外部刺激作用。

③电视会导致孩子逃避生活吗？

在大多数情况下，儿童逃避生活只不过是寻求幻想，可以在正常的行为准则下行事。如果父母给他们的孩子温暖、安全和有趣的家庭生活，他们也就不会害怕，也就不会逃避去寻求幻想了。但在少数案例中，这可能会发展到严重的程度，孩子们需要得到治疗。

④电视会让孩子成瘾吗？

当一个孩子习惯于高度的兴奋，一旦兴奋水平降低，他的行为会混乱、坐立不安、烦躁、容易生病，直到他回到那种兴奋水平，他的行为恢复正常时，这种情况说明他有电视瘾了。毫无疑问，电视瘾确实存在。通常情况下，儿童如果没有很好地扎根于现实世界，不能够对现实和幻想有清楚的区分的话，在电视的兴奋刺激下，他会有电视瘾。

2）具体效用角度

在《大胆的实践——美属萨摩亚岛教育电视的故事》一书中，施拉姆提出了家庭电视的四种效果：时间效果、知识效果、模型效果、重构效果。[①]

（1）时间效果

人们能够发现什么样的家庭电视的效果？可能最明显的就是时间效果。一般来说，我们知道观看者花在电视上的时间是一天几个小时。我们认为，最主要的时间变化可能是参加家庭和社区活动。

（2）知识效果

同样，知识效果也是肯定的。校外的和校内的一样。世界上遥远地方的新闻事件，描绘在其他文化和国家中的人们生活方式，新的人物和时间每天都传递到萨摩亚观看者面前。因此，电视会帮助人们重建对世界的看法，聚焦于他们可能没有意识到的和在他们的观念中没有建立的新的非常重要的人物，用来和他们的领导人比较。

（3）模型效果

电视同样也能为行为提供模型。在萨摩亚，电视帮助孩子们学会社交，让他们对成人世界有所期待。

（4）重构效果

施拉姆认为，更基本的，电视肯定有助于在年轻的萨摩亚人中形成一套新的价值系统。这是非常重要的，因为在萨摩亚，看电视代表国外文化和价值的最重要的部分。施拉姆通过一系列的数据，相当确定，电视帮助年轻的萨摩亚人重构了新的价值系统。例如：变得不那么保守；重视成功的少了；变得更加独立；变得更加有竞争力；对权威不再那么尊重；认为家庭不再那么重要等。[②]

5. 媒介教育的社会影响、意义和功能

1）媒介教育的社会影响

传播媒介教育由于是在某一特定地区进行的历时较长的课题研究，不能忽视的是，经过几年的媒介宣传相应的教育内容，肯定会对这一地区造成一定社会和文化上的影响。例如在《印度尼西亚乡村的卫星电视——社会影响研

---

① Wilbur Schramm, Lyle M. Nelson, Mere T. Betham, *Bold experiment—the story of educational television in American Samoa*, Stanford University Press, Stanford, California, 1981, p. 158-160.

② Wilbur Schramm, Lyle M. Nelson, Mere T. Betham, *Bold experiment—the story of educational television in American Samoa*, Stanford University Press, Stanford, California, 1981, p. 168-169.

究》这一项目中，详细地描述了媒介教育对当地的社会影响。

（1）电视对推进发展项目的影响

在提供发展信息方面，施拉姆认为电视已经被证明是极好的。在印度尼西亚卫星电视案例中，6年的研究表明，电视观看者要比不看电视者获得3倍多的发展项目知识。①电视在传播基本知识和使它的观看者认识到新的实践和发展项目方面发挥着重要作用。

在施拉姆关于电视的影响力方面的研究显示，电视对印度尼西亚大约四分之一的村庄有潜在的影响，可能覆盖2500万人们。相较于不足6%的不看电视的人来说，大概21%的电视观看者学到了发展项目的八项原则，这样的事实是电视在学习方面发挥着重要作用的有力证据。更主要的是，大部分人们已经学到了新的知识，并且大多数人们采用了农业改革。在这项研究的6年中，运用现代医疗和专业护理呈现稳步和持续的增加。电视对分娩医疗救助也起到了重要作用。观看电视有助于人们接受预防接种。电视观看者对家庭计划的接受是戏剧性的。观看电视的妇女接受节育器是不看电视妇女的3倍，观看电视的妇女使用药片避孕是不看电视妇女的2倍。电视提供的信息能使观看者重新评估他们的环境，并且在经济可行和文化合适的条件下对农业和医疗实践做出改变。②

（2）电视对国家发展的影响

施拉姆等人通过研究，得出电视对印度尼西亚有两种经济影响：一是一般的经济改善，通过大约国民生产总值的翻倍和石油收入的增加测算得知。二是通过广泛的国家发展计划，构建整体的媒介策划，尤其在卫星电视方面，印度尼西亚有助于其自身的改变，并且指导社会和经济系统的现代化发展。

（3）电视对文化的影响

电视对村庄合作有巨大的影响，能帮助农民解决供给和信用的实际问题。在所有的地区组织中，都能发现电视对合作关系的影响。家庭计划社团通过观看电视已经促进了成员之间的关系。从电视中获得的发展和教育信息能够

---

① Godwin C. Chu, Alfian, Wilbur Schramm, *Satellite television comes to Indonesian villages——A study of social impact*, p. 83.

② Godwin C. Chu, Alfian, Wilbur Schramm, *Satellite television comes to Indonesian villages——A study of social impact*, p. 105-110.

刺激人们的兴趣和提升社区组织的参与度。村庄合作的影响显然对印度尼西亚乡村的经济生活起着越来越重要的作用，农村妇女社团和家庭计划组织对于教育、福利和妇女健康是极为重要的。电视的潜在作用可以缩小乡村精英（受过良好教育和更富足的人们）与普通民众的差距。电视也能帮助提高普通民众的文化程度，并且在一定程度上可以改善普通民众的经济生活。

价值和态度是文化最基本的部分。施拉姆等人认为，决定使用卫星电视是文化的一种价值选择，主要强调经济和社会发展是价值决定，从电视中去掉所有的广告肯定是一种价值决定。新闻品位的改变是从对待新价值的态度改变中发展出来的。不止一位哲学家说过，价值是文化的血液，是衡量人生目标的尺度。

在印度尼西亚案例中，研究初期，只有极少数的人认为成功需要计划，而超过10%的人认为成功是运气。但是，6年后，研究表明，人们认为成功需要计划的人数已经超过了6年前认为成功是运气的人数。在1982年，最主要的增加是对计划的信赖，电视观看者要比不看电视者更支持计划。这种变化不能仅仅归功于电视，它是国家发展努力的额外结果，是通过所有媒介和所有的正式与非正式的人际渠道传递的。教育对村民如何看待成功也起了一定的作用。更现实的是职业教育的改进。世界上的许多国家都担心电视对年轻人信仰和行为的影响。印度尼西亚儿童认可他们父母的信念吗？总的来说，他们好像是认可的。

在施拉姆等人的实践研究中，也表明这样一种观点，即：电视信息似乎也影响着另一种传播行为——书信。更多的电视观看者开始愿意书写书信。[1]

（4）电视与国家一体化

在一个多样性多文化的国家，上百个岛屿的大量的人们说着上百种方言，此时印度尼西亚需要国家一体化。电视不仅作为一种在不同文化和语言群体中的不可缺少的传播方式，还是提供文化识别和国家目的的公共承载工具。学习印尼语对国家一体化而言是至关重要的。电视作为大众媒介的一种方式，对印尼语的普及发挥了重要的作用，也帮助印尼在语言方面完成了国家一体化。

---

[1] Godwin C. Chu, Alfian, Wilbur Schramm, *Satellite television comes to Indonesian villages——A study of social impact*, p. 559.

把电视与国家一体化考虑在一起似乎是很奇怪的。电视更广泛地被看作是私人的媒介，尤其在工业化国家。它不鼓励交流和社交。它从戏院和视听室把娱乐带回家里。它的观众在房间里选择他们喜欢的节目。尽管如此，在印度尼西亚的乡村，电视还是有助于国家一体化的形成。首先，电视对国家语言的联系。通过卫星电视的传播，6年时间，相较不看电视者，印度尼西亚乡村的电视观看者能理解国家口语的人数大约上升了17%，能阅读国家书面语言的人数达到了32%。有此良好的结果，政府为了给村庄获得印刷资料也做了特别的努力。而且，电视观看者从电视中学习到的新单词和句子，他也可能在对话中练习着说出来。其次，在印度尼西亚的乡村，电视帮助刺激了关于国家发展的公共联系和讨论。电视刺激了人们和他们的朋友邻居讨论发展项目，并且他们从中学到了许多。从电视中学到的发展信息可能会建立传播的第二种链条。观看者们知道发展项目，因此，更可能地和别人分享知识。这种个人对个人的传播在印度尼西亚乡村非常明显。最后，电视也会缩小乡村精英（受教育程度高者、经济基础好者）和普通民众的差距。总之，电视加速了国家语言的学习、扩散了国家发展项目的知识、刺激了对发展问题讨论的公共联系、帮助不同阶层的民众缩小信息鸿沟、加强人际交往刺激讨论。电视对印度尼西亚国家一体化的建设有着不可忽视的作用。

（5）卫星电视和印度尼西亚的国家发展

在石油收入增加的基础上，取得了惊人的经济成就之后，印度尼西亚政府开始修正发展概念，不仅追求经济增长，而且着重公平平等。明显的，卫星电视有助于村庄的社会和经济生活平等化的进程。电视上承载的信息使人们拥有平等的获取的权利，在获得这些信息之后，人们又会反馈给社会，这样促进了印度尼西亚国家的发展进程。

有效的传播对于国家发展是至关重要的。在印度尼西亚案例中，为了把广大的乡村人口带到国家的发展中，鼓励他们积极参与，有效的传播是必须的，有效的传播渠道是关键的。电视被用作是信息的原动机。在印度尼西亚，发展已经被主要的政治变革启动和恢复，不是被具有政治现状的大众媒介启动和恢复的。

电视使印度尼西亚乡村变成越来越明智。村民从电视中获得具体的信息，并且把它们运用到实际生活中，如财务管理和乡村发展项目。他们也能获得世界上其他国家正在发生什么。已经有证据表明村民正变得越来越关心社会。人们获得了信息，扩宽了知识面，开阔了眼界，提高了社会的参与度，建设了一个开明的社会。

电视能促进国家发展，印度尼西亚的卫星电视更是如此。我们也应该知道，改变最主要的动力来自政治层面，而不是电视。但是，电视是政治意志表达的具体部分，在变革进程中发挥着重要的作用。电视不仅在乡村的边界内改变社会和经济结构，而且更重要的是，紧密联系乡村生活与政治传播。每一种不同目的的传播过程，人都是具有绝对的主导作用的。在促进社会进步的这种传播过程中，国家政府的意志是占有主要地位的。只有国家需要，才会发动由上至下的关于社会发展的传播活动，提高本国人们的认知，推动社会的进步。只有在国家的主导下，才能有步骤、有节奏地达到教育的目标。

2）媒介教育的意义

学校真正赶上大众媒介发展是在19世纪中期，或者，更准确点，是印刷和印刷媒介，那时，只有唯一的一种大众媒介的存在。媒介技术的发展某种程度上变革了教育方式和系统，带给社会巨大的变化。

在《人们看教育电视》一书中，施拉姆等人认为，教育电视意义重大，但是最基本的是它依赖于文化节目、智力启发、严肃新闻和教育机会。[①]在某些方面，它意味着一种实际的帮助——如何去做等。人们认为教育电视不如商业电视那样有趣，但是关于哪种媒体是更令人满意、使人更有兴趣和更外行方面有不同意见。起先，人们花费大量的时间观看商业电视，但是，过了一周或者更多的时间之后，商业电视的陈词滥调开始让人扫兴。人们转向教育电视，另一方面，它提供人们真正想要看的东西。因此，教育电视让人兴奋并且很少让人厌倦。

显然，教育电视在未来会比以往覆盖更多的人群。在未来5年，教育电视一个最容易可见的命运是需要大量的财政支持用于节目的制作，但是，这不是唯一的决定因素。教育电视不同于其他媒体，它的命运依赖于它自身的节目，而它的节目依赖于它的财政。任何关系都需要达到多方的均衡，文化节目亦是

---

① Wilbur Schramm, Jack Lyle, and Ithiel de Sola Pool, *The People Look at Educational Television*, Stanford University Press, 1963, p. 168.

如此。文化节目需要与财政、人们的需要、国家的意识形态等因素相吻合，才能形塑人们的观念，以此符合多方面的需求。

然而，媒介有时也不能起到什么作用。以暴力研究为例，60年代初期，施拉姆等人进行了有关儿童使用电视情况的首次大规模调研报告，得出的结论是这样："对于某些情况下的某些儿童而言，某些电视是有害的。对于同一情况下的其他儿童而言，或对于其他情况下的同类儿童而言，电视可能是有益的。对大部分情况下的大部分儿童而言，大部分电视或许既不是特别有害的，也不是特别有益的。"①

可不知为什么，教育电视不能完全满足受众的需要，可能是因为它发挥着专门的作用仅仅满足人们一部分的需要。被吸引观看给定的教育节目的各类观众群之间是有巨大差别的。我们知道什么样的人群选择某种节目越多，越容易设计和联合节目能吸引不同的潜在受众，因此，逐渐扩大电台的覆盖面。施拉姆在他的《大媒介与小媒介》一书中，首先表明，这本书是关于媒介教育的。②教育媒介是教师的延伸。无论教师是谁，他都能运用媒介扩展学习的机会。教育媒介能和教师做的一样好，有时更好。这取决于教师的表现、媒介内容、教授的是什么和对谁教授。教育媒介要发挥作用，只有在找到目标人群之后，根据他们的需求设计出符合他们需要的电视节目，才能起到智力开发的作用，才能真正为他们提供教育的机会。

3）媒介教育的功能

施拉姆认为，媒介教育的功能非常强大。在《教育媒介的影响》一书中，他说，教育电视在提高人们接触率、激发兴趣、教授知识、开启民智和重构社会等方面有着惊人的能力。③

首先，接触率提高。最令人惊奇的结果就是从电视中学习到的人们的数量。在印度尼西亚案例中，经过6年的学习，超过3倍的电视观看者要比不看电视者学习到核心的发展项目。在这些发展项目的其他部分，这个结果也是非常明显的。接触率的提高也表明了电视激发了人们观看的兴趣，正是有了兴趣，

---

① E. E. Dennis, *The Media Society*, WM. C. Brown Company Publishers, 1978, p. 28.

② Wilbur Schramm, *Big media Little media, Sage Publications*, Beverly Hills, London, 1977, p. 12.

③ Wilbur Schramm edited, *The impact of educational television*, University of Illinois Press Urbana, 1960, foreword.

人们才能从电视中获取自己想要的信息和知识。

其次，教授知识。在研究案例中，施拉姆等人发现，人们从电视中新获得的知识被实际运用。[①]虽然有关家庭计划实践采纳的总体水平不高，但是电视观看者，男人和女人提高了他们的采纳标准。电视对现代医疗使用的描述对当地电视观看者起到明显的作用。相比不看电视者，电视观看者更愿意从传统医疗转向医生和诊所。电视信息已经改变了村民的经济行为。电视教导村民把他们不用的资源和财物储存起来。在富裕的人群中，越来越多的人开始习惯储存。从电视中获得的信息提高了观看者在村中的社会地位。更多的观看者变成了意见领袖，在某种程度上他们指导他们的同辈处理有关乡村生活的大部分问题。

再次，开启明智。施拉姆等人在项目研究过程中发现：卫星电视提供的信息似乎开始重构村民对世界的认知。新闻和发展活动的节目明显地改变了他们的认知领域的知识。这些认知改变有功能性的意义。某些传统的信念正在被现代知识所替代，正如我们所见的传统医疗向现代医疗护理转变一样。另一种认知改变正如对成功理解的改变，由运气转向了更为信息导向基础的计划。

最后，重构社会。施拉姆等人认为，一方面卫星电视有助于重组乡村社会结构。村长的地位仍然相对强势，但是作为一种信息资源，村长让位于电视。另一方面，电视似乎有助于新的乡村精英的出现，缩小民众之间的社会和经济鸿沟。从电视中获得信息可以帮助人们从低的阶层中上升。电视观看者在村庄中作为意见领袖已经提高了他们的地位。

6. 媒介教育评析与趋势

1）媒介教育评析

施拉姆是美国学界最早开展研究媒介教育的学者之一。国内外有些学者给予了施拉姆媒介教育研究的一些评价。德弗勒认为施拉姆在20世纪60年代关于儿童与电视的实证研究可以看作是美国传播研究的十三座里程碑之一。而胡冀青则认为，在此研究中，施拉姆得出的"对于某些情况下的某些儿童而言，某些电视是有害的。对于同一情况下的其他儿童而言，电视可能是有益

---

① Godwin C. Chu, Alfian, Wilbur Schramm, *Satellite television comes to Indonesian villages——A study of social impact*, p. 555-558.

的。对大部分情况下的大部分儿童而言，大部分电视或许既不是特别有害的，也不是特别有益的" 这一结论是令人抓狂的，是一个众所周知的常识。他还分析了产生这一结果的原因：一是对儿童复杂的电视使用行为和心理特征，无法进行可操作化的界定；二是没有办法将儿童的收视行为放到日常生活和历史的空间中进行全面的考察；三是简化原则无法在儿童复杂的收视行为面前将各种因果关系统合成为一个整体。他认为，尽管研究者的目的是进行科学的论证，寻找儿童看电视的规律，但它的结论完全是反知识和反科学的常识。[①]

施拉姆在20多年有关媒介教育的研究中，在与发展中国家的合作交流中，对发展中国家出现的一些问题，也提出了自己的看法和建议。

首先，教育产出的红利没有被挖掘。发展中国家把新媒介看作快速提高教育质量的一种方法，而不是被教师队伍用作对教学资源的增加和升级，用来补充甚至更好地教育和学习经验，并且延伸到教育所能到达的地区，而这些地区的学校和教师没有其他可用的地方。如果在没有大量增加教学预算和要求建设大量学校、装备和员工的条件下，新技术能提高教育产出的话，它实际上能提供有关创造性的巨大红利。

其次，媒介特性分析。施拉姆在《大媒介与小媒介》一书中认识到，在我们处理和（涉及学习和教学要素的）教育学理论一样微妙的媒介特性之前，我们必须进入到媒介符号系统层面。直到我们那样做了，我们才知道什么样的媒介经验最合适所给定的学习需要。甚至轻微的关注我们都能赋予媒介符号编码系统，然而，普遍认为那样是有效的。一方面，模拟代码（音乐、芭蕾等）作为补充资源在教育中显示有效，除了别人教授模拟代码，如音乐和芭蕾。另一方面，模拟代码资源可能增加通过其他媒介代码所提供的学习的细微差别、力度和愉悦感。似乎同样清楚的是，数码（印刷、言语、数学）通过教育事件和基本智力技巧的学习是非常广泛有用的。结合了一些图标资源，他们能在教育领域做他们被需要做的任何事情。图标代码可能没有数码那么广泛有用，但是在某些任务中它们是非常有效的。例如，它们在吸引注意力，在回想先前的学习过程，在展示主要的刺激材料方面等是有效的。

再次，根据需要合理选择媒介类型。对发展中国家而言，决定配给稀少

---

① 胡翼青：《传播学科的奠定1922—1949》，中国大百科全书出版社，2012年，第210页。

的资源给非传统的方法是不容易的，但是很容易运用小媒介来达到目标。如泰国决定用低成本的广播来均衡大都会和小城镇及乡村的某些机会等。富裕国家对大媒介越来越感兴趣有以下两个因素：一是扩展学习机会的需要；二是教育大媒介已经成为有普遍公共教育和试图满足低阶层和少数群体的教育需要的国家的问题，这看起来更难。施拉姆同样看到另一种机构面临决策时必须要买教育资源。我们以印度为例，印度已经运用我们称之为最小的媒介——木偶、幻灯和收音机来使大量的没有文化的村民接受教育；面对媒介比较级决策的国家，像伊朗决定扩大教育优势，并且计划建设教育电视的全国系统（用或不用卫星）；印度尼西亚在1976年决定安装全国卫星；韩国开始着手修订全国的课程，充分利用教育项目和教育电视来在离地球两英里的系留气球接力。

同样地，施拉姆也注意到了人力、技术和经济在媒介选择决策中的作用。在《大媒介与小媒介》一书中，施拉姆认识到，在其他条件相同的情况下，策划者可能会选择电视而不是广播来进行远距离教学，因为电视会允许现场的视听资料的展示。出于经济方面的考虑，一些国家可能会选择用其他方法而不是通过电视来传递视觉体验，并且用五分之一的价格来最大化地运用广播的效能。任何学校系统或者任一国家开始远距离教学必须意识到这样的系统会逐渐成长为真正的多媒介系统这样的趋势。设计远距离教学的问题不是一个精心设计的系统是否有效运作的问题，而是使系统怎样稀少或者丰富的这样实际的问题。一个有效的系统能被广播和通信所设计，或者它也能被电视、辅导中心、装备、计算机辅助教育和其他的装备所设计。人力资源、技术和经济的能力是决策中的重要因素。

接着，不同受众媒介运用不同。施拉姆采用工程通信原理阐述了他的理解。"理论上，我们在研究与理论文献中发现某种同样精确的指导，那就是可用于工程方面的通信：发射重量需要有推力火箭的卫星，给定力量的传送器，我们能期望在里程范围内传送磁场强度的信号等。"也就是说，我们希望能够这样说，在三年级，教授一定数量学生的数学，电视是比广播、教育项目或者其他手段更好的投入。那种知道并不以任何可靠的形式存在，相反的，研究证据要求我们考虑学习的环境和条件，尽管那样给我们相当少的具体指导。在某种程度上，媒介选择是一种理性行为，决策者可能必须考虑一些复杂的信息。一般而言，对于智力的研究在媒介中没有区别，但在其他条件相同的情况下，智力高的学生要比智力低的学生从任一媒介中学到的东西更多。事实是，如果有需要的话，电视可以现场直播，当老师在课堂上展示电影的时候，老师对操作展示电影的控制越大。

随后，区分教育方式和教育媒介。媒介技术发展产生的计算机辅助教育CAI（computer-assisted instruction）和程序教育实际上是教育方式，而不是媒介。它们各自运用计算机和印刷作为媒介传播。这种方法也能有效地适用于其他媒体。学生们能从任何一种媒介学到很多东西。在大多数测试条件下，关于许多主题，他们能像面对面教学中学到的一样多。作为课堂教学的补充，教育媒介是有效的。它们能提高课堂体验，并且能从日常教学的常规中带来节奏的改变。区别并不存在于媒介而是在于教学方法。只要能获得知识，学到有用的东西，新型的教育方式、教育媒介和传统的教育方式可以联合起来运用。

然后，信念的推动作用。关于学生能否从大媒介中学到更多，施拉姆仅仅只看作是一种趋势，而不是结论。在现有文献中，在教育者之间，一直存在着一种信念，就是两种教育感觉通道要比一种学得更多。这种信念也在某种程度上推动了教育电视和教育电影的运用。

最后，教育质量难以掌控。施拉姆经过多年的实践分析得出，事实上，长期的教育媒介实验最令人遗憾的特点是它们的宏观质量。他们反复地证明，学生们能从给定的媒介中学得更好，因此，把媒介当作一个整体，通过研究一个班级完整的时间或学期，把所有各种教育媒介整合在一起。这可能对大量的微观研究——为某一特定的目的试图分辨给定媒介的独特的优势和弱势更有用，试图从特殊媒介中最大化学习效果，并因此考虑如何运用和如何运用得最好。在经受住了多个长达数年的媒介教育研究的项目之后，施拉姆感慨道：对于教育媒介的实验，没有做田野研究，众所周知是因为它太难控制了。

教育媒介系统给社会带来了不可估量的价值。对此，施拉姆说道：越来越多的经济学家对研究教育媒介系统做出了贡献，越来越多的项目被设计带来了在价值方面有用的数据，我们现在至少开始了解在不同环境下和为了不同目的的媒介价值行为。我们能够发现教育媒介系统经济学强化了媒介策划人被要求所做的两种决策的重要性。一种是，他想要系统服务的用户数量；另一种是，要求媒体教育资源的质量水平。因此，一般而言，范围和质量的交互作用将决定运用给定媒介的价值。但是，在大媒介和小媒介之间（电视对广播、电影对幻灯、计算机辅助教育对教育项目），可比较的使用范围和产品质量的费用比率通常是5∶1甚至更多。小的试听媒介的一个优势不仅是因规模经济而价格便宜，而是因本地的需要和目的可以用最少的价值而使之有效。实地项目的数据支持我们所讨论的关系。一种结论是系统形成是建立在用经济结果运用广泛的媒介以此来延伸和扩展学习机会。在这种情况下，媒介价值不仅作为正常教育价值的附加（可能作为教育媒介的补充），而且能够和传统的教育方法直接对比价值。

教育媒介系统的建立离不开国家的支持。国家改革项目能够带来重要改变，拓展学习机会，有助于教育质量的提升。施拉姆利用韩国的案例解释了他的论点。在韩国，现在的证据仅仅表明电视作为国家教育改革的一个重要部分被运用起来了。它也能证明其他的教育媒介也能做到。韩国的计划将告诉我们如何在不是中心和前方城市的其他地方投放电视。教育电视广泛改革的有效运用的结论如下：①没有大量的外部支持——财政、后勤和技术支持，这些计划不能圆满完成。②没有上层强有力的支持，这些计划不会存在，也不会持续这么久。③每个计划在它们自身的进程中的某些时候都遭遇到了强有力的阻力。④在对电视、电视与电视的小玩意的使用的新奇感消失之后，至少有个合理的假设，可以有些许的改变。⑤很清楚的是，这些计划并不是真正意义上的电视计划，除了电视是主要的组成部分。电视几乎不是自我满足的教育工具，它需要老师的指导、学生的学习资料、教室的运用等。⑥如果某人推介这样的电视系统要比一次一个年级快的话，他会冒管理难度的风险。⑦如果期望一个国家教育改革计划继续、达到国家层面、吸收国家预算和计划，它需要从最初开始整合，不仅是本土文化，而且还需要本国的统治阶层支持。

教育媒介在大多数时候是有助于教育的，可以作为一种非正式教育方式出现。大多数的发展运动都是信息和说服的结合。在信息方面，本质上，他们是非正式的教育。①所有的媒介都是运动媒介。②广播，因为它覆盖面广泛、相对低廉的单位价值、超越文化和主流的能力，已经成了一种用来发展运动的优秀媒介。③媒介的联合可能要比任一单个媒介完成得更多更好。④然而，人际传播，无论是从组织到潜在的接受者、从朋友到朋友，还是在团体内部，都是发展传播不可或缺的元素,不管是否运用了大众媒介。⑤因此，媒介联合和人际传播可能要比任何单独的媒介更有效，在任一媒介当中的信息可能会通过人际渠道传递。由此，典型的发展运动依靠人际渠道来延伸媒介，并且通常以工作场合、组织团体或者会议来形式化人际构成成分。⑥不管媒介和人际传播的形式，如果是以实现社会变革的运动，社会环境必须有利于所期望的变革类型。证据表明，教育媒介有助于大多数非正式的教育，但是它们也不总是必需的。

2）媒介教育的趋势

教育媒介的趋势在以下几个方面得到体现：①在我们看来，越来越关注价值—效果、多媒介教学和在教育中本地参加与控制，将会使小媒介要比它们过去看起来更加具有吸引力。②研究和理论可能会转向更深入的探索媒介的差别和特色，尤其是更好地了解人们怎样从不同教育资源的符号代码系统中学习。毫无疑问，我们在一段时期内会改变传播体验，如同教育经验来理解心理和社会效果一样，从符号代码中获取大量信息也很重要。③由此类推，研究和实验将会在更大的程度上着重教育媒介的内容。媒介效果看起来更多地依赖媒介如何运用和它的传播系统。④大多数的媒介教学实际上至少是多媒体的教学。联合媒介体验的技巧很少被了解。努力选择最具创造性的教育媒介联合在世界各地持续不断，在教育和投资的每个阶段，在巨大的压力下，没有多少人知道决策是如何制定的。⑤不仅在学习如何利用既定的媒介让特定的目标最大化方面，而且在探索除表面方法之外寻求其他效果的学习目标方面，许多研究可能会指导未来十年。一些学者把这认为是人文主义方法而不是科学方法。尽管那样，它也是优秀的教育法和传播心理学。

媒介教育研究的意义确实重大，施拉姆某些媒介教育理论对当今的教育模式都能起到一定的触动作用，某些研究如青少年的电视使用理论、如何使青少年在幻想与现实之间来回切换，如何让青少年在他们的成长周期内获得正确的认知等，让当下世界各国的教育机构和教育部门都感到茫然，这样才能推动相关部门进行一定的社会研究和变革。

五、施拉姆社会发展传播思想

传播的基本原则表明在传播的过程中的参与者的一些改变是不可避免的。[①]

对于美国来说，在发展传播学的理论研究方面，坐落在夏威夷大学校园内的东西传播研究所具有相当程度的重要性。它是由联邦政府所创建的，旨在促进美国和亚洲的知识交流和合作。70年代，施拉姆曾任这个研究所的所长，他和他的同事们在这里为亚洲学生提供奖学金、组织亚洲和美国的传播学学者的会议、从事研究、发表著作和研究报告。[②]施拉姆相关的社会发展传播理论的产生与第三世界国家的学者密不可分，正是与发展中国家的紧密合作，社会发展传播理论才得以出现并在一定程度上启发了发展中国家，在实际运用中使发展中国家得到相应的借鉴和指导价值。

传播的结构和内容不但同经济是密切联系的，并且有一定的依赖性。无论是历史上还是今天，传播信息对经济生活都是极端重要的。传播学的发展一方面使国家的国民生产总值不断增长——距离缩短、空间位置活化、情报传递准确而迅速；另一方面，传播事业本身也是一股很大的经济来源。研究传播学与经济学的关系主要是研究传播对经济发展的促进和推动，以及传播与经济的某些内在联系，即国家发展如何对传播事业以支持，传播如何为经济服务，也同时研究传播的发展同经济发展的关系及互动作用。[③]施拉姆的社会发展传播思想紧紧与发展中国家联系在一起，以期帮助发展中国家解决在发展过程中出现的问题。

---

① D. Lawrence Kincaid, Wilbur Schramm, *Fundamental Human Communication*, East-West Center, East-West communication institute, Honolulu, Hawaii, 1975, p. 127.

② 殷晓蓉：《战后美国传播学的理论发展——经验主义和批判学派的视域及其比较》，复旦大学出版社，2000年，第213页。

③ 戴元光、邵培仁、龚炜：《传播学原理与应用》，兰州大学出版社，1988年，第28页。

（一）社会发展传播思想的产生

经过芝加哥学派二传后的社会进步观念可能是芝加哥学派贡献给美国主流社会科学体制的第二个思想要素。这种要素经过统治阶级的处理，由社会进步转化为国家进步，成为后来美国社会科学的主要意识形态。[①]在这种国家意识形态的主导下，美国政府需要加强与第三世界国家的合作与交流，获取信息、制定策略、意识同化等，施拉姆的课题研究得以展开。

1. 时代背景

第二次世界大战的重要后果之一，就是为战后的民族解放运动创造了条件。在20世纪中期，先后诞生80多个新国家。这些新独立的第三世界国家的崛起是这一时期国际政治中的大事。在冷战期间，第三世界国家成为东西方争夺的主要对象。所以冷战双方都制定了针对第三世界的外援计划，双方机构都组织了各种各样的传播活动，如在大使馆建立图书馆，发行电影，交换学生和学者，巡回演讲等，通过这些活动进行公共外交。这些活动在一定程度上促进了发展中国家的发展。[②]在冷战背景的笼罩下，美国为了争夺第三世界国家，采用了多样化的传播策略对第三世界国家进行意识形态的输出，期望通过意识同化达到和平演变的目的。

随着世界范围内的民族解放和民族独立运动的日益高涨，发展中国家面临的最紧迫的任务就是寻求适合自身的发展道路，尽快缩短与发达国家的距离；信息处理技术和传播技术的迅猛发展为第三世界国家的经济、政治和文化等方面的建设提供了机遇和希望。在这样的背景之下，研究传播与国家发展的问题具有一定的意义。于是，二战之后，有关发展传播学的研究率先在美国开展起来并很快引起其他西方国家和第三世界国家的重视，成为传播学研究的一个新领域。[③]冷战双方的政治意图和第三世界国家的自身发展需要的碰撞促使了发展传播学的产生。

从战后美国传播学的理论发展这个主题来说，"发展传播学"这一新领

---

① 胡翼青：《传播学科的奠定1922—1949》，中国大百科全书出版社，2012年，第65页。

② 刘笑盈、何兰：《国际传播史》，中国传媒大学出版社，2011年，第40-41页。

③ 殷晓蓉：《战后美国传播学的理论发展——经验主义和批判学派的视域及其比较》，复旦大学出版社，2000年，第185-186页。

域是值得高度重视的，因为它的论题在空间上覆盖到地球的每一个角落——从最发达的国家到最落后的地区，因而在异常广泛的意义上联系到了当代人类生活的本质，联系到了人类在世纪之交所面临的紧迫问题。经过勒纳、施拉姆、罗杰斯、席勒等人的工作，这个领域已经有了一定的理论基础，而世界范围内的传播与国家发展的现实课题又突出了对之进行深入的理论研究的紧迫性。发展传播学这个新领域在美国等国的形成和演进，有着不可忽视的国际背景，后者最为突出地体现在联合国教科文组织、与之相关的国际会议和一些大专院校的国际性传播研究中。它们为大众传播和国家发展的讨论提供了重要的论坛和推动力。①发展传播学不可忽视的推动力量之一就是政府部门，在政府部门的鼓励下，各大高校的传播机构开始展开关于发展传播的研究，并举行相关会议论坛进行交流。

胡冀青认为，施拉姆对于传播学领域的拓展，如国际传播和发展传播这两个领域，并非以理论取向为主导。它们和美国国家发展与外交政策紧密相关，都是应用型的研究领域，其价值主要体现在政治层面。②

2. 美国观念的转变

第二次世界大战之后，美国的意识形态发生了转变。基于美国的冷战意识形态，美国的传播学研究以及施拉姆的传播思想开始朝向社会发展方向进行。以期通过传播美国的意识形态同化第三世界国家，强化以资本为中心的西方发达国家主导的世界秩序。

而传播正是美国进行悄无声息的意识形态渗透灌输的重要方式，美国的传播学者正是执行这一策略方针的关键人。从这个角度就不难理解为什么施拉姆是具有意识形态的传播者了。

美国国内与国际政治这一系列的观念转变，尤其是自由主义意识形态扩张的现实需要，都导致美国社会科学知识生态的剧烈变化。任何一种统治都需要与特定的知识和技术紧密地结合在一起。在这种情况下，实用主义和实证主义科学就应运而生。如何能够运用各种手段，将美国的意识形态传播到世界各地，并形成相应的正面效应，从而使其他国家效法美国，认同美国及其领导

---

① 殷晓蓉：《战后美国传播学的理论发展——经验主义和批判学派的视域及其比较》，复旦大学出版社，2000年，第205页。

② 胡冀青：《传播学科的奠定1922—1949》，中国大百科全书出版社，2012年，第208-209页。

下的世界格局与世界秩序，开放门户，甚至因此瓦解他国原有的异质政权，为美国创造一个和平安定和顺应美国意志的国际环境成为美国当政者最关心的问题。在美国政权及其主导意识形态的指引下，具有强烈意识形态取向的发展理论应运而生。发展传播学就是美国政府的意识形态的表现物，施拉姆的传播学思想离不开美国政府的相关支持。

3. 学者的影响

哥伦比亚学派的第二代学者勒纳在1958年的成名作《传统社会的消逝——中东的现代化》一书中证明了传播系统和社会其他系统在发展上的显著相关性，并最终得出了人类社会的所谓普遍发展规律：传统社会必将走向现代社会，这一过程可以被称为现代化的过程，这个过程与大众传播媒介的发展息息相关，因为现代化是城镇化、教育普及、大众传播发展和人的社会参与四个要素相互作用的结果。此书最重要的结论是：要实现现代化唯一的办法就是在政治上认同美国或西方社会的价值观，在经济上采用美国或西方的门户开放政策和自由市场经济模式，在人格上转向西方现代人格。也就是说，希望不发达国家能够以美国为榜样来进行国家建设。这种纯粹的行政研究用学术的外衣包装意识形态渗透的本质，很容易被美国冷战时期的国际国内政策所利用，为美国的后殖民政策鸣锣开道。勒纳的这种并非以学术价值为先导而是以雇主为利益先导的研究目的、学以致用的治学观标志着哥伦比亚学派在二战以后的主导性路径：做美国统治阶级的智库。勒纳的传播观点及其治学观点对施拉姆也影响极深，施拉姆与勒纳合作多次，并发表了多本有关传播现代化理论（发展理论）的著作。施拉姆的社会发展传播思想深受勒纳思想的影响。

4. 学科建设需要

施拉姆从理论传播学研究转向应用型传播学研究方向的背景是20世纪50年代末60年代初传播学争论时期。本书第四部分所说的传播媒介与教育思想是施拉姆基于当时学科困境所开发出来的新的研究课题，而社会发展传播是施拉姆在当时开发出的应用型传播学方向的第二个新课题，并紧密地与当前的国际政治经济联系在一起。传播发展研究课题由于所研究的是第三世界国家的传播问题，必然会延伸到国际传播研究，有了这三足鼎立的应用型传播学研究，构建了施拉姆的传播思想的骨骼。

5. 自身职业发展需要

20世纪60年代对于施拉姆来说是关键时期。彼时他需要解决传播学科的发展困境，虽说他在与雷尼尔森争论时信心满满，但也需要实际的新的传播研究方向的出现来佐证他的观念。幸好施拉姆是一个精明人，他敏锐地意识到了政府的需要，并积极响应。找到了应用型传播研究的三个主要方向（传播媒介与教育研究、传播发展研究、国际传播研究），施拉姆对于国际传播和发展传播领域的选择是因为出于自身职业发展的需要，出于对资金的需要，从而服从于美国政府的意识形态。20世纪60年代之后，施拉姆都在为他所开发的应用型传播进行着研究。

（二）社会发展传播思想的分析

关于国家发展，施拉姆认为："在为国家发展服务时，大众传播媒介是社会变革的代言者。它们所能帮助完成是这一类社会变革：即向新的风俗行为、有时是向新的社会关系过渡。在这一类行为变革的背后，必定存在着观念、信仰、技术及社会规范的实质性变化。"[①]

表9 施拉姆社会发展的著作

序号	出版时间	编/著	作 者	书 名	中文名
1	1964	合著	Wilbur Schramm	Mass Media and National Development	《大众传播媒介与社会发展》
2	1975	合著	D. Lawrence Kincaid, Wilbur Schramm	Fundamental human communication	《基本的人类传播》
3	1976	合编	Wilbur Schramm, Daniel Lerner	Communication and change, the last ten years-and the next	《传播与改变——过去十年和未来》
4	1977	著	Wilbur Schramm, Wilbur Lang	Big media, small media	《大媒介与小媒介》

---

① 威尔伯·施拉姆：《大众传播媒介与社会发展》，华夏出版社，1990年，第121页。

续表

序号	出版时间	编/著	作 者	书 名	中文名
5	1981	合著	Wilbur Schramm, Erwin Atwood	Circulation of news in the third world, A study of Asia	《第三世界的新闻传播——亚洲研究》
6	1985	合著	Godwin C. Chu, Alfian, Wilbur Schramm	Satellite television comes to Indonesian villages-A study of social impact	《印度尼西亚村庄的卫星电视——社会影响研究》

（李艳松 制）

施拉姆关于社会发展传播的相关著作见表9。从施拉姆的论著中，我们不难看出施拉姆的传播思想通过其理论性的著作表达出来，但他也注重理论与实践紧密的结合，如他的应用型著作，让传播学真正地落到实处，真正地为人类文明进步做贡献。施拉姆的社会发展传播研究是基于传播理论与实践的综合运用，理论是实践的基础，实践是理论的试金石，在这互动过程中又产生新的理论，进行不断的修正，为社会的发展做贡献。施拉姆的思想宽度、高度、深度令人赞叹、佩服。

施拉姆在其《基本的人类传播》一书中阐述了一系列的发展模型。他认为此系列模型一方面是理论的，另一方面是实践应用型的。在此系列模型中，研究的是人们如何进行传播，我们期望从传播中获得哪种效果，当我们用语言或者大众媒介进行传播时会有哪些不同，传播如何散布观念和新的实践等。施拉姆在此书中还强调：科学家们认为好的理论是最好的实践知识，因为它能把一般的和广泛的适用于具体的情况（具体问题具体分析）。[①]施拉姆认为此模型介绍了学者从传播的艺术和科学中学到的一些广泛有用的知识，以便我们能运用这些知识到日常任务和传播决策当中。

对于社会变革和社会转型，施拉姆做了如下概括，他说："在这种变革中，取代暴力的是倾向于劝说和提供机会；取代文化移入的正常的节奏，是大

[①] D. Lawrence Kincaid, Wilbur Schramm, *Fundamental Human Communication*, East-West Center, East-West communication institute, Honolulu, Hawaii, 1975, introduction.

量增长的信息流。"①媒介持续不断地传播信息，对社会变革产生巨大与深刻的影响。

在传播社会问题的研究上，施拉姆曾研究过大众传播的社会功能，探讨过大众传播对儿童成长、社会教育、社会生活和国家发展的影响，分析过不同社会制度下的不同新闻体制的区别和作用等问题，内容十分丰富。②

1964年，施拉姆为联合国教科文组织撰写的研究报告《大众传播媒介与社会发展》，对战后发展中国家的大众传播事业这一关系国家发展、影响社会进步的问题进行了深入的探讨。施拉姆关于发展传播新领域的研究引起了热烈的讨论，在构建了更好的理论的同时也促进了实际的应用。③20世纪60年代，诞生于美国的有关发展传播的概念及其理论也引起了拉丁美洲一些大学和发展机构当中的传播学者的极大兴趣。在当时，没人质疑，相反，一些学者在发展理论的基础上展开了他们的研究。④至此，由施拉姆引导，关于社会发展传播理论的研究开始流行起来，许多学者逐渐加入了此课题的研究。

1. 观察点：革命视角和意识形态视角

1）革命视角

从第三世界国家自身来说，它们成立初期，百废待兴，希望继续进行国家的社会发展。正如施拉姆看到的，"最近若干年中，要求大众媒介参加的社会变革中最引人注目的一章，是在现时称为'欠发达国家'的大约50个国家进行的经济和社会发展工作。"⑤

Everett Kleinjans说，所有的国家都是在发展中的国家。发展是一种过程，通过社会运动获得提高人们生活质量的能力。Ithiel De Sola Pool说，社会和经济发展是人民的发展，它要求学习、动力和有效传播。纵观历史，我们称之为经济和社会发展的社会变革和我们称之为传播的社会过程相互一起已经以缓慢的步伐向前进了。⑥施拉姆引用上述两位学者的论述阐述了国家发展的社

① 威尔伯·施拉姆：《大众传播媒介与社会发展》，华夏出版社，1990年，第122页。

② 邵培仁：《传播学导论》，浙江大学出版社，1997年，第55页。

③ Wolfgang Donsbach, *The international encyclopedia of communication*, 2008, p. 4511-4512.

④ Wolfgang Donsbach, *The international encyclopedia of communication*, 2008, p. 1252.

⑤ 威尔伯·施拉姆：《报刊的四种理论》，新华出版社，1980年，第287页。

⑥ Wilbur Schramm, *The story of Human Communication*, Harper&Row, Publishers, Inc, 1988, p. 321.

会革命性。国家发展需要社会不断的变革，递进式的社会变革推动国家的持续发展。两者相互缠绕、合力作用共同促进国家的健康繁荣。

19世纪晚期和20世纪早期，人们以一种新的视角看到了发展。所发生的可能称之为从进化视角向革命视角的转变。它从哪里开始不是很清楚，但是很清楚的是，它是从政治变革和工业技术提升开始发生的。地球上的人类（尤其是北欧和北美）开始询问一系列新问题。他们自己能否控制和指导这些社会变革？已经证明了世界上某些部分他们能开垦新土地、种庄稼、制造机器为他们工作（不久之后，载他们飞向月球），增加没有经验的人们参加政府工作，甚至在某些地方改变政府的形式，以此来安排人们更喜欢的方式——在几个世纪以来，人们已经在做这样的事情了，他们开始询问，他们能不能做更多，为更多的人们，做得更快？这已经被称为发展理念。它代表了在人类历史上的一种希望、兴奋时期。发展是一种不断持续的过程，从事物的发展规律角度来说，任何发展都是递进式的，都是没有尽头的，都是无限的。国家的发展也是如此。

正如施拉姆所说，一些事件的发生遭遇了新版本的发展。第二次世界大战之后，超过60个新国家独立，他们有自己的雄心，有工业化国家样本鼓励他们去朝着自己的目标发展，他们渴望着发展带来的机遇。同时，大众媒介（视觉和电子媒介）已经准备就绪。这些具有极大的吸引力和相当明显的效果的新媒介是电视，但是电影和收音机也展示了人们被它们吸引和能从它们之中学到东西。高效传播对发展的联系也被广泛认知。这看起来就像来自天堂的机会让发展可以传输信息，而这正是发展所需要的。像那些新国家的需要，像那些新媒介技术的运用，发展理念突然之间看起来就像它能变成现实！[①]科学技术的发展激发了新生国家的发展渴望，西方发达国家的发展路径刺激了新生国家的发展需求，便利了新生国家的发展道路，在整个大的国际政治环境下，第三世界国家的发展需求被彻底打开，在内外合力的作用下，第三世界国家开启了社会发展之路。

2）意识形态视角

从第三世界的角度来说，它们是从革命的视角来看待发展传播的。但是

---

① Wilbur Schramm, *The story of Human Communication*, Harper&Row, Publishers, Inc, 1988, p. 324.

从输出国美国的视角来说，它们有一定的意识形态。尤其是在冷战时期，为了在与苏联的意识形态战争中取得胜利，美国急迫地需要把自己的意识形态输出到第三世界国家，希望能在无形之中、潜意识之中同化第三世界国家，认同并且重构与美国相一致的价值体系，进行无声硝烟战场式的和平演变。美国政府的政治意图通过制定一些相关的国家策略进行推进，强烈带有美国国家意志的传播策略也是其中之一。在施拉姆的认知里，非常清楚学术、政治、经济三者之间的关系，并不断努力地寻找三者的平衡点。事实上，他也做到了，施拉姆的一些传播媒介与教育、发展研究的课题、国家传播课题确实做到了这一点。

2. 实践：社会发展的必备基石

实践是国家发展课题研究必不可少的一部分，实践是社会发展传播理论的必备基石。关于社会发展，施拉姆强调：发展是第一次运用新媒介来传输信息，用一种新视角来解决问题，效法发达国家，加快学习、培训、改编、机械化和工业建设等来进行发展。因此，发展者们关心的一件事就是发展中国家如何运用传播，如何运用传播来加速发展的效果。

20世纪60年代施拉姆对大众传播与社会发展问题进行了专题研究。他根据联合国教科文组织于1960年至1962年间召开三次大众传播媒介专家、职业性组织和政府代表参加的区域性会议的材料和其他调查，完成了名为《大众传播媒介与社会发展》①的研究报告，在大量事实的基础上提出了关于发展中国家传播事业发展和传播科学发展的主要问题②。发展传播理论在拉丁美洲也得到了认可，并有一些学者在此基础上展开了研究。③《大众传播媒介与社会发展》是施拉姆关于社会发展传播思想的重要著作之一，这本书的发展传播理论在发展中国家得到了高度的认可，同时也影响了其他的发展中国家。

《传播与改变——过去的十年和未来》一书也充分地体现了施拉姆的社会发展传播思想。1964年夏天，一群学者，代表心理学和社会科学领域，相聚在东西方中心讨论传播的运用在经济和社会发展方面。那次会议的修订论文由勒纳和施拉姆整理成《传播与改变——过去的十年和未来》一书，由东西方出版社于1967年出版，几个版本广泛流传。在20世纪70年代，这个话题又有了

---

① 威尔伯·施拉姆：《大众传播媒介与社会发展》，华夏出版社，1990年，第19—20页。

② 段京肃、罗锐：《基础传播学》，兰州大学出版社，1996年，第334-335页。

③ Wolfgang Donsbach, *The international encyclopedia of communication*, 2008, p. 1252.

重要的新信息，环境的变化也如此显著，1964年的结论在10年后需要被重新审视。1975年一月初，第二次会议在东西方中心同样的房间召开，除了同样的主席和1964年的参与者之外，还有其他的学者参加。目的就是获得10年内有关发展传播使用的学习内容、发展中国家为了传播支持正在改变的需求、传播专家优先需要考虑的新的事情、传播研究和现代传播技术。[①]《传播与改变——过去的十年和未来》著作的出版离不开对发展中国家大量的实地研究，包括不同时间下环境比对、传播技术前后时间比对等。

许多大学的发展部门进行开展业务的训练用于支持发展传播工作，并且进行传播研究。不断增长的发展项目，如农业、家庭计划等等都已经建立了专业的部门来执行。发展中国家用一种比他们的人口增长率快得多的速度扩张他们的传播系统，并且跳过传播技术的某些阶段。韩国为了教育电视建造了气球装置用来服务于2英里高的传送设备。《传播与改变——过去的十年和未来》出版之前，印度正在使用一种实验卫星要把电视节目带给它的2500个村庄。印度尼西亚、伊朗、巴西和其他的一些国家，正在计划发射传播卫星。毫无疑问，相较于1964年发展传播的使用，环境要更有利。[②]施拉姆的社会发展传播思想来源于与多个发展中国家的合作和交流中，来源于对多个发展中国家的实地的数据分析，来源于整理多个发展中国家的媒介使用前后的信息处理和整理。用数据说话，用实践来证明施拉姆的社会发展传播理论。

3. 目标：社会发展与社会变革

新兴国家开始运用社会科学理论来进行社会发展。来自经济学家最首要的建议就是发展中国家应该储蓄和投资。这从来就不是问题，所有的古典经济学家，从亚当·斯密、戴维·理查德、约翰·斯图尔特·密尔和卡尔·马克思都推荐过。关于在哪里投资和怎样投资是个问题。Nurske建议均衡发展，另一方面，Hirschmann赞成不均衡发展。他说，在一个区域过度投资，会让那个区域羁绊别的区域的发展。一些国家遵照第一种建议发展，一些国家按照第二种

---

① Wilbur Schramm, Danniel Lerner edited, *Communication and Change*, The University Press of Hawaii Honolulu, 1976, p. 1.

② Wilbur Schramm, Danniel Lerner edited, *Communication and Change*, The University Press of Hawaii Honolulu, 1976, p. 3.

发展。但是，如果投资被集中在一个区域，最通常的选择是工业。[①]工业发展是发展中国家的首要目标，只有工业的发展才能带动经济的发展，才能触发社会的变革。经济基础决定上层建筑，发展中国家正朝着这一方向前进。

媒介引发社会变革。正如涂尔干和Talcott Parsons所认为的那样，并不是被几个指标或者少数像GNP和ACH那样测评的就是成功了。施拉姆也认为，大众媒介能促进社会变革。在《传播学概论》一书中，施拉姆引用哈罗德·伊尼斯的论述来论证这一点。哈罗德·伊尼斯说："乡村生活从口头文化进入媒介文化之后，就偏重空间而不是偏重时间，其关注重点就是现在和将来可能变得如何，而不是过去的情况究竟怎样了。"[②]故此，变革的轮子就被驱动起来了。今天，在发展中地区，信息媒介促进了雄心勃勃的革命；与此同时，信息媒介自身也成为这些雄心勃勃的目标之一。

带有强烈意识形态的发展理论，在发展中国家发挥了重大的影响。现代化理论（发展理论）的目的并不是让各发展中国家像殖民地时期那样被武力征服，而是试图让各发展中国家在感叹美国奇迹的同时心悦诚服地认同美国的道路，把美国的今天看作是本国的未来。[③]对于输出国美国来说，它乐于将自己作为发展中国家的范本，勾画自己就是发展中国家的未来，在和平中进行演变，同化发展中国家。

时间维度不同，发展策略也应进行相应的调整，做到与各方因素相适应与吻合，这样发展中国家在进行社会发展的同时才能够不断持续地发展下去。相比1964年，1975年的有关发展中国家的传播研究和经验更加丰富。正如Oshima描述的新的发展策略："总之，大众传播的作用极大地提高了劳动密集策略，因为在偏远地区更多的受教育程度低的人们必须比资本密集策略更容易达到。新策略的问题是贯彻执行，以至于它的成功可能会严重依赖于大众媒介告知、劝说、教育的能力。大众传播可能是教育最重要的媒介，无论正式还

① Wilbur Schramm, *The story of Human Communication*, Harper&Row, Publishers, Inc, 1988, p. 325-326.

② [美]威尔伯·施拉姆、威廉·波特：《传播学概论》，何道宽译，中国人民大学出版社，2010年，第15-16页。

③ 胡翼青：《传播学科的奠定1922—1949》，中国大百科全书出版社，2012年，第226页。

是非正式的。"①这些积极的言语必然会引起1964年会议的乐观，那就是传播有助于发展。当然，与会者还认识到，它还有助于发展中国家的许多改变，例如扩展学习机会、扩大视野、期望的改变、设置新的国家努力议程等。社会和国家都在不断发展中，不同时期的发展策略随着科技的进步也会与时俱进，在时间的维度中，结合各自的影响因素不断地纠正自己、调节自身发展中国家的发展策略。

（三）社会发展传播思想的理论贡献

《大众传播媒介与社会发展》全面论述了利用大众传播促进第三世界国家发展的理论和策略，他后来总结说这是他最有影响的著作之一。关于传播与发展中国家的问题，施拉姆从以下几个方面进行了理解。

施拉姆认为发展中国家的人口长期处在保守、封闭环境中生活造成了观念上的落后。"一些百废待兴的国家是享受不起这样一批无活力的群众的。他们需要得到村里人和城里人积极和明智的合作……因此，他们将不得不加速信息的流通，向那些从来没有得到教育机会的地方提供教育。广泛地传授文化和技艺知识。这是他们能够唤醒和准备带领民众去攀登经济高峰的唯一办法，使他们能够做到这一点，并能按他们的设想如期实现这一点的唯一办法，是充分利用现代的传播事业。"

施拉姆指出信息在国家发展中是非常重要的，用现代传播方法为落后地区提供各种有效信息，将使之发生明显的变革。"对于任何社会来说，不论是否发展中的，传播都是处于生存的正中心的位置。""在一个发展中国家，一种适度的信息流动，比从政治统治集团的上层向社会底层的……信息流动更为必要。"同时，施拉姆也指出，在发展中国家中，"在信息已经是最少的地方，信息的流动也是最少的。"信息相对流动的机会很小导致信息损失很大。大众传播在发展中国家的社会变革中起重要的作用。传播研究对于发展中国家具有现实的意义。②

---

①　Wilbur Schramm, Danniel Lerner edited, *Communication and Change*, The University Press of Hawaii Honolulu, 1976, p. 4-5.

②　威尔伯·施拉姆：《大众传播媒介与社会发展》，华夏出版社，1990年，第19-20页。

1. 发展趋势和新发展模式

1）发展趋势：所有的国家都是发展中国家

在《传播与改变——过去的十年和未来》一书中，施拉姆反思发展理论和策略。他认为，所有的国家都是发展中国家。发展是一种过程，通过一个社会获得提高人们的生活质量的能力，主要是通过解决问题来获得能力的。我们能够借用、输入和采用国外的科学和特定的技术，但是，发展的最终创造性必须从内容上产生这是唯一的答案。本质上，发展不是技术和国民生产总值的问题，而是新意识的发展、人类观念的进步、人类精神的上升、人类信心的提升。我们必须认识到国家的发展并不仅仅影响国家本身，实际上它还影响所有的国家。①

2）新发展模式：要求人类和社会的联动

在研究新兴国家进行社会发展的案例过程中，新的发展模式要求人类和社会的联动，如同经济和资源一样。任何事物都不是孤立存在的，都是与其他事物有着或多或少的联系。事物就如同一个点，与其他事物一起连接成一张立体、动态的网络。发展中国家在进行社会发展的时候，也需要发展中国家的人们与社会进行或多或少的联系，并发挥或大或小的作用，才能形成良性互动的社会发展网络，整个国家的发展才能顺利地进行。

在探讨发展的新模式时，施拉姆强调发展的新模式需要解决2个基本问题：一是社会科学如何工作；二是恰当的社会科学工作是什么样子的。对于第一个问题，持续性是所有社会科学工作的属性。对于第二个问题，恰当的社会科学工作是在人类条件下规则性的结果，这些普遍的特征统一各地的人类，尽管这些特征可以区分它们。正如伟大的人类学家所说"普遍的人性、多元的文化"。我们对于发展理论和研究、发展政策和策略最核心的需要不是文化特有，而是文化互动。②文化是一个国家的核心，国家拥有什么样的文化，国家的人们呈现什么样的状态，国家的发展就是什么样的模式。发展中国家正因为是新兴国家，文化需要重塑，需要与发达国家的文化进行碰撞，建立适应当前

---

① Wilbur Schramm, Danniel Lerner edited, *Communication and Change*, The University Press of Hawaii Honolulu, 1976, foreword.

② Wilbur Schramm, Danniel Lerner edited, *Communication and Change*, The University Press of Hawaii Honolulu, 1976, p. 60-64.

新兴国家发展目标的核心文化，从内推动新兴国家的社会发展。新兴国家的发展新模式的核心要素就是文化互动，只有发展中国家与发达国家之间能够进行良好的文化互动，双方能够吸收对方先进的部分，才能促进发展中国家进行持续性的发展，也能让发达国家反思一些部分，使双方互相打磨，更加完善。毕竟社会发展不是一蹴而就的，也不是只进行一个阶段就完成的，它是无始无终的。

2. 发展模型建构和运用重点

1）发展模型

通过近30年左右时间对发展中国家的研究，施拉姆推演出三种发展模型，西方发展模型、亚洲发展模型和人类模型。

（1）西方发展模型

在西方发达国家之间的发展中国家也存在着社会发展的需要。在西方知识分子社会发展的观念开始有了明显的改变，虽然这些新观念只是少数人的观点。新的观点在三个方面不同于老的西方的发展概念。①相较于西方国家，达到富裕物质水平的传统的目标不再认为是现实和理想的了。现在更多关注的是消除贫困而不是创造财富。在发展中国家和发达国家，强调厉行节约，出让资源确保在发展中国家获得，强调发展红利的分配。②分析不发达的原因有了转变，从一个社会纯粹的内在的（西方发展文化的传统考虑）转变到了诸如国际力量构成、国际贸易形式、跨国公司影响等外部因素。③发展策略重点的转变。新的趋势强调自我依靠和本国化直接正面地消灭贫穷，而不是向下。这些变化可能会减少东西方文化的传播障碍，支持共鸣的发展。

（2）亚洲模型

亚洲是新兴国家的诞生地之一，施拉姆与亚洲新兴国家开展的合作非常多。施拉姆了解到以消除贫困为目标的思想可以吸引和获得选票。没有技术、工业化的程度、社会变革的伴随物，庞大的人口不能从亚洲现在无法忍受的贫困中释放出来。如果将来用传统的影响来定义亚洲发展的最终目的会是极少的，同样也适用于西方模型。然而，人们需要辨别几种构成来评估他们对未来亚洲发展可能的影响。首先，西方模型中最核心的文化成分强调理智社会行动：分析—经验的方法来理解自然、社会和自己；普遍的世俗观；对技术的持续提升和完善的探索。其次，植入了自由民主的机构组成。资本经济的组织框架和民族国家的主权。第一种组成已经逐渐从第二种当中分离出来并且传遍世界各地。亚洲的知识和政治精英已经接受了，尽管他们的思想有分歧。它为发展计划者和执行者提供了文化的基础。西方模型的元素不可能被亚洲人所抛弃，除非他们同样抛弃发展自己的承诺。①

（3）人类模型

从进化论的角度来看，发展是一种持续的过程；从联系的角度来看，发展必须要与周围的环境相吻合、相一致，多方形成一张良性的互动网络，才能推进发展的不断前进。随着发展中国家在进行社会发展时产生的一些问题，人们现在越来越接受外部环境对发展中国家的作用。不能创造有利的外部环境，在欠发达国家中不可能产生发展。关键的问题是重构国际政治经济关系平衡人类社会的发展。在欠发达国家，都市化并没有像它在西方国家那样发挥现代化的作用。相反，在许多欠发达国家，都市化的影响已经使发展达不到预期的目标了。事物的发展都是需要与自身相联系的因素配合，配合程度高，发展就能顺利进行；配合程度低，发展就会受到阻碍。发展中国家在进行社会发展的时候，需要重新认知国际的政治经济关系，认知自身的情况，选择适合自己的发展模式。并不是越好的、越高质的发展模式就一定会加快促进自身的发展，适合的才能加速发展中国家的发展。

2）发展运用的重点

（1）发展模型的选择：合适—匹配

施拉姆从人类发展模型角度来探讨发展中国家如何恰当地选择适合自己的模型。适合发展中国家的发展模型肯定是能够实实在在执行实施的。一个可被接受的模型是现实可行的，能够有助于现代科学、技术、工业的使用。日本是唯一成功地结合西方文化态度和资本自由民主的亚洲发展案例。正因为日本选择了适合它自身特点的发展模型，发展模型匹配日本本国的政治经济文化等要素，两者很好地融合共生，才有了20世纪中后期的经济快速发展、繁荣时期。

---

① Wilbur Schramm, Danniel Lerner edited, *Communication and Change*, The University Press of Hawaii Honolulu, 1976, p. 247-248.

（2）传播对发展模型的影响：塑造和歪曲

在过去的四分之一世纪里，传播对于塑造和歪曲发展模式有重要的作用。施拉姆早期的评论："在发展中国家的过去十年已经是收音机的十年。"施拉姆进一步暗示，在未来十年可能会变成卫星的十年。

传播普及了文化，扩宽了人们的知识面。从这个角度来说，传播对文化的塑造有利于发展的深化。施拉姆通过对发展中国家持续的研究，了解到：过去十年，使得在许多发展中国家明亮地区变暗的因素是人口快速的增长。这使它变得困难。只要人口增长的速度超过了经济发展的速度，真正的发展不可能发生。[①]关于人均课，直接与传播有关而不是经济增长，是文化课程。在欠发达地区，人们被引导比他们能得到的要得更多。这一部分归功于大众媒介的传播，它向人们展示和告诉各处都有生活中好的事物。人们学会想要这些事物，从物质商品到精神事物，如给孩子提供高等教育，这仅仅是人的本性。正是比较了富裕和贫穷国家，这样就对大众的观念产生了不安定的影响。对于这样的现象，廉价公共交通工具的发展如同大众媒介一样有用。这并不是说在这十年间，没有相当数量的成功案例。有精心的计划和全身心的努力，成功是可能发生的。但是所有的十年发展结果，尤其是我们提到的环境，帮助我们解释为什么我们听到更多的是生活质量，更少的是经济增长；更多的是乡村发展，更少的是工业化；更多的是发展条件，更少的是单一发展模型；更多的是技术的转化，更少的是技术的转让；更多的是相互依赖，更少的是利益竞争。

传播研究开始展示它对发展项目直接的效用，可能比十年前更广泛地指导计划和执行。我们同样知道，很好地运用大多数媒介有助于发展，不仅是电视，还有村庄会议的幻灯片和邮政，东南亚传统媒介如舞蹈和木偶，和所有的人际交流、面对面谈话。小的、便宜的媒介在发展项目中要比大的、贵的媒介更有效果。任何媒介在联合两种传播方式的时候可能会更有效。在东南亚，本地和人际传播要比大众渠道对教育项目更重要。在中国，传播的主要目标就是对应本国的发展释放本国的能力。这同样也是韩国的目标。任何事物都有两

---

① Wilbur Schramm, Danniel Lerner edited, *Communication and Change*, The University Press of Hawaii Honolulu, 1976, p. 340-342.

面性，传播的使用也不例外。①当各方因素恰当地配合时，传播能发挥积极的作用，塑造关键要素，完善发展模型，促进发展的顺利进行。当各方要素不在同一步调时，传播可能会歪曲信息，带给人们错误的判断，阻碍发展过程。在发展中国家的社会发展过程中，相关人员需要不断地监督、控制这个态势，预先准备备选方案，实时地进行调整。只有各方完美地配合，传播的正面效果才能体现。

3. 发展理念及结果

施拉姆非常赞同勒纳的传播社会理论，他在《人类传播的故事》一书中是这样描述的：Daniel Lerner的线性传播社会理论是这样描述社会发展的，城市化进程提高人们的文化水平，文化水平的提高增加了媒介的曝光度，媒介曝光的增加促进了经济和政治更广泛地参与。②为了解释他的理论，勒纳提出了"现代人"理论，他说，"现代人"有适应性人格，有一种能承担新任务和学习新经验的能力。勒纳用的是"共鸣"一词，意味着"现代人"能想象自己在其他人的角色、位置和责任，并且同时能对新问题和疑难形成观念，那是传统人不能想到的。他说，现代人能移情，有共鸣，对发展来说是最基础的品质。这些理论明显地富有暗示而不是规定的。那就是，它们暗示了在发展的过程中可能会出现什么情况，而不是告诉发展者出现这些情况正确的做法。但是，它们也帮助制定了一份发展处方。

1）发展理念

在《人类传播的故事》一书中，施拉姆认为发展的理念包括以下几个观点：

（1）经济首要的原动力是工业。国家投资最主要的部分是工业，国家最重要的部分就是为工业发展提供原材料、交通运输和装备等物质。

（2）工业需要专家，发展中社会的其他部分亦是如此。因此，对每个部门——制造、服务、农业、商业、建造、健康医疗等都必须提供培训。

（3）除此之外，也需要公共教育来提升劳动力的能力并且鼓励更多的市

---

① Wilbur Schramm, Daniel Lerner edited, *Communication and Change*, The University Press of Hawaii Honolulu, 1976, p. 343.

② Wilbur Schramm, *The story of Human Communication*, Harper&Row, Publishers, Inc, 1988, p. 327-328.

民参加决策、政治、计划等其他现代化行为。

（4）对发展而言，有效传播是必须的。所有可用的渠道应该被用于传播必要的信息和劝服人们。因此，大众媒介是系统的必要组成部分。推广服务、社区专员、有组织的群体和核心骨干在诸如农业、健康、教育领域可能被用来增补媒介。

（5）为了效率，应该尽可能地最大化实施集权式的计划。然而，这并不表明本土组织不应该参加发展决策。

（6）从发展活动得到的红利，尤其是从集中化拥有和管理工业中得到的红利，应该尽可能地平均分配。这通常假定集中红利会从系统的中心流向系统的边缘——从工业和中心市场流向农业，从城市流向乡村。后者的假设成为疑问最大的假设之一。①

参加了早期的发展计划和帮助的人中，没有人会完全满意那个模型的完整性或者是所有的具体部分。但至少当人们谈论旧模型时，它给出了一些批评建议，并且，在20世纪50年代，发展国家的经验能够教给发展中国家。

2）发展结果

发展中国家进行社会发展可能产生的结果，施拉姆认为会有以下几种发展运动的结果。

（1）发展运动的结果是混合的。让每件事都运作得令人满意这将是很好的，但也不真实。一些项目运作得很好，一些不好。

（2）一些发展创新能运用并直接传输给新国家。就绝大部分而言，20世纪中期美国最受欢迎的发展传播类型是扩散模型。

（3）最值得称赞的创新之一是开放大学模式。②

总之，从发展中国家最有效地传输过来的模式是媒介，媒介用来传递新知识、新观念、更好的教育和方法。因此，在发展中各行各业（如农业和健康服务行业）专家的影响力通过媒介呈几何数的增强。正如我们所见的，观点和劝服可以被输入到发展中国家的人们能接触、谈论和一起制定计划和决策的地方。这种平凡的发展方法通常好像比精致的方法完成得更好。传播媒介的影响

---

① Wilbur Schramm, *The story of Human Communication*, Harper&Row, Publishers, Inc, 1988, p. 328-329.

② Wilbur Schramm, *The story of Human Communication*, Harper&Row, Publishers, Inc, 1988, p. 329-330.

力也体现在对经济制度的影响上。它承认报刊有为经济制度服务的作用，但是它也不愿意把这一任务置于促进民主和启发公众的作用之上。它也接受报刊有供给娱乐的作用，但是附有条件，即这种娱乐必须是好的娱乐。它承认报刊作为一个机构需要保持财政上的自给自足，但是它认为在必要的情况下，某些个人的通信工具不一定要在市场上寻求出路。[①]发展方式、发展模型的选择是非常重要的，普通的、适合的发展方式远比精致的、不适合的好得多，更能推进社会的发展进程。

在与发展中国家开展的发展合作中，也有一些失败的案例。但是，发展中国家的发言人很少把项目的失败归咎于传播，而是归咎于国际政治和经济关系。从发达国家继承过来的发展项目——旧范例也遭到批评。[②]国家的发展不能只取决于一种因素，它需要多方的共同配合。在国家的发展过程中，媒介虽然是至关重要的环节，但是与之联系的国际政治、经济、本国国情、本国特点也是非常重要的，有时也能起到关键的作用。

发展中国家进行社会发展项目是希望能带来经济的迅速发展，提高国民收入等。新兴国家乐于有更好的收成，送孩子们去更好的学校，使他们的家庭摆脱天花和小儿腹泻的苦恼。在他们的发展过程中，对传播运用最大的失望是他们曾经希望壮观的新媒体会缩短发展道路的时间。未成熟的工业化国家缓慢的发展步伐已经引起了社会变革和提高人类生活的大众媒介运用的反思。传播媒介能推动社会变革，能使发展中国家朝着自己的目标进行。

5. 发展的效果和趋势

20世纪60年代，各国学者和发展专家聚会檀香山的东西方文化中心，讨论传播与发展的问题，整个会议洋溢着一片乐观主义的气氛。然而，这种乐观的情绪并没有延续很长时间，因为与之相应的实践提供的基本上是令人失望的经验。20世纪70年代，人们已经看到，利用现代媒介所实行的西方的技术、文化和思想的转让并没有起到预期那样好的作用。[③]"虽然许多发展中国家的平均国民总产值像预期的那样有了增加，发展中国家的出口增加了一倍，但发展

---

① 威尔伯·施拉姆：《报刊的四种理论》，新华出版社，1980年，第85-86页。

② Wilbur Schramm, *The story of Human Communication*, Harper&Row, Publishers, Inc, 1988, p. 333.

③ 殷晓蓉：《战后美国传播学的理论发展——经验主义和批判学派的视域及其比较》，复旦大学出版社，2000年，第196页。

中国家的贫困和无地的人民，并没有像预期的那样，而只有很少的经济上的改善。尤有甚者，发展中国家急剧增加的人口吸收了收入平均增长中的大部分。有文化的人的百分比上升了，但由于人口的增加，发展中地区的文盲实际上比10年前还要多。"①虽然发展中国家在进行社会发展的过程中出现了这样或那样的问题，发展的效果甚至不如预期。但是，在某些方面，某些地区和国家发展传播还是取得了一定的成果。事物的发展进化都需要一定时间的积累，都需要不断地纠正和完善，发展传播也适用于这一规律。

1）发展效果

发展传播在东南亚取得了明显的效果，主要在传播学科建立、政府支持、传播能参与决策等方面得以体现。

首先，传播作为专业的可接受度。在20世纪70年代，传播作为研究和专业领域的正在改变的想法已经非常明显了。在一些东南亚国家新的新闻学校和传播机构已经建立起来了。老的学校也加强了他们的课程项目，通过附加一些研究、科学写作和社会科学方向的课程。同时，在亚洲地区，亚洲大众传播研究和信息中心、亚洲新闻基金会、东南亚国家联合会开始举办传播媒介研讨会和会议。②东南亚各国开始接受传播作为一门专业，在院校开设传播课程、培养学生等。

其次，政府支持信息工作。从1970年到1975年，随着发展努力的加快，媒介工作人员的经济环境有了提高。这一部分要归功于东南亚一些国家的政府机构的信息教育传播办公室。该办公室处理扩展农业、人口计划、健康、营养、社会工作等发展方面的事务。这些办公室有一份完整的信息补充方案。社会发展离不开国家政府的支持，由上而下地开展社会发展过程会比较容易进行并取得一定的成绩。

最后，参与决策制定。媒介从业人员已经接受了在大众传播和交叉学科（社会科学或艺术和人类学）的正式培训。这种培训提高了传播人员参与各种各样发展活动的能力，在农业、科学、工业、商业、教育和文化事务方面。传播普及了文化，提高了受教育人员的认知，专业人士能够参与到决策制定是对

---

① 威尔伯·施拉姆：《报刊的四种理论》，新华出版社，1980年，第288页。

② Wilbur Schramm, Danniel Lerner edited, *Communication and Change*, The University Press of Hawaii Honolulu, 1976, p. 193.

他们价值的最大肯定。一个国家发展能够得以顺利进行离不开人，人员素质能力的普遍提高会加快社会的发展建设。

在讨论了东南亚过去10年的传播发展，施拉姆等人得出下述结论。一是，传播与发展有联系。研究数据表明，相比10年前东南亚今天的发展速度更快。发展似乎伴随着东南亚政府对传播媒介的大量使用。二是，对东南亚国家来说，媒介成长的定性测量或者媒介福利要比既存的数值尺度更有效或者更合适。区域的传播环境、行为和时间证明了这点，虽然需要更多充足的和确凿的数据。三是，传播研究开始显示对发展项目的效用，通过引起媒介有助于改变过程的注意，作为倡导者、执行者和参与者。[①]在这三个功能中，考虑到当今东南亚亟待发展，参与者似乎承担更大的意义。

2）发展传播未来研究的重点

国家发展是个漫长的过程，从发展规律角度来说，无始亦无终。正如施拉姆认为的，任何国家都是发展中国家。根据国际政治经济环境的不断变化，发展传播未来的研究也需要不断变化。施拉姆认识发展传播未来研究的重点体现在以下几个方面：

（1）跨国公司的角色：发展的新动力。在世界上，大型的全球化公司代表了一种新的力量。毫不夸张地说，它们对现代人来说意味着产生了一种组织革命，就如同工业革命一样重要。它们推动我们重新思考发展。毫无疑问，全球公司有巨大的力量来塑造发展中国家的社会。它们通过控制经济生活的四项基本元素：技术、金融资本、劳动市场和市场意识形态给世界经济带来了一场革命。当然，这些公司的管理者坚持他们就是发展的引擎。他们的论点是这些公司是发展中国家所需要的资本的一种来源，他们雇佣并训练成百上千的劳动者，提供他们高于平均水平的工资，他们给发展中国家带来新技术，刺激这些国家的生长。国家的发展离不开公司的发展，发展中国家的社会发展进程很多都是本国的公司推动的。

（2）对过去的运用。对每个国家来说，有创造性、有选择性和技巧性地运用过去的经验是有利并重要的理由。Eisenstadt告诉我们每个国家都有一套

① Wilbur Schramm, Danniel Lerner edited, *Communication and Change*, The University Press of Hawaii Honolulu, 1976, p. 202.

处理他们自己问题的方法。国家的社会发展并不是要完全抛弃过去的东西，新兴国家的建立也不是凭空而出的，是在推翻旧政权的基础上创建的，是有基础的。国家的社会发展也是如此，需要摈弃旧的、陈腐的、无用的东西，但最主要的是，运用千百年来经过时间岁月打磨的有价值的东西，这是精髓，是发展中国家根据自身的国情合适运用的精华，再借鉴发达国家的模式，才能使国家的发展顺利进行。

（3）种族的问题。种族问题在发展研究中并没有受到它该值得的注意。随着发展的进行，这个问题会一直伴随着我们并且可能会变得越来越糟。种族问题一直以来就是敏感问题。国家发展过程中不可能绕开，发展中国家在与发达国家进行合作和交流的过程中，这一问题会随着时间变得突出，需要加强种族问题的研究和探索。

（4）冲突的概念和观念的进步，最后一个基本问题：谁？做了什么样的发展计划？为了谁的利益？面临什么样的问题？得到了什么样的结果？怎样做的？为什么？发展可能对某个团体来说意味着生存，对另一个团体来说是成长，对其他团体来说是生活质量。观念的进步对研究西方化发展的学生来说更具有吸引力。不同的人有不同的认知，不同的国家有不同的观念。在进行社会发展时，观念的冲突肯定是必不可少的，关键是如何平衡，找到一个切入点来均衡各方的关系是至关重要的。

在发展传播未来的研究重点中，我们需要考虑国际政治经济因素的影响，需要考虑本国国情、本国公司的竞争力，需要考虑国家合作交流时的种族问题，需要考虑文化和观念的冲突等非常现实的问题。只有把这些问题解决，不断地调试自己的发展方式，适合地运用和匹配相关要素，国家的发展才能得以顺利进行。

施拉姆的社会发展传播思想在施拉姆的传播思想中占有非常重要位置，除了他的发展传播理论之外，他提出的发展传播模型和发展策略运用的重点、发展的途径对当时和当下的许多发展中国家都具有现实的启发和借鉴意义。

六、施拉姆国际传播思想

传播学不是政治学的分支，也不是政治学的附属物，更不是政治的结果。但传播学作为一个整体和政治难分难解。不承认政治学和传播学的互动关系，就不能解释某些政治现象，也无法解决传播存在的问题——传播学与政治学有割不断的联系。①施拉姆的国际传播思想是与他的社会发展传播思想交织在一起的、密不可分的。

（一）国际传播思想产生的背景

一般而言，国际传播是在19世纪中期以后才出现的。②第一次世界大战是国家重视国际传播的开始，而国家之所以重视国家传播，主要是因为战争。不过，当时的传播手段主要是印刷传播。随着电子媒介——广播的出现，国家对舆论重视开始常态化。20世纪20年代以后，国家传播进入到现代发展阶段。第二次世界大战期间和冷战时期，国家之间迫于政治的较量，极度重视国家的宣传和国际间的传播。

1. 国际政治经济背景

一般学者认为，国际传播的现代发展阶段是从一战开始到20世纪80年代末冷战结束为止的。在这一阶段，国际传播的首要特征是政治性，为国家利益服务。从一战到二战到冷战，国际传播最突出的功能是激烈的战争动员、对敌国进行意识形态的渗透。二战中宣传战达到登峰造极的程度，发展成了心理战。在冷战时代，宣传仍然是各国政府进行国际政治斗争的重要手段。不过从20世纪70年代开始，国际传播逐渐由宣传向传播转变。各国采用传播策略、利

---

① 戴元光、邵培仁、龚炜：《传播学原理与应用》，兰州大学出版社，1988年，第24页。

② 刘笑盈、何兰：《国际传播史》，中国传媒大学出版社，2011年，第5页。

用各种传播方法、借助多样传播媒介进行着悄然无声的战争，都试图通过文化输入、价值同化来进行意识形态的重塑，和平演变。

传播媒介承载的信息在国际传播中的作用非常大，它是政治与经济的桥梁。在国际性传播过程中，商业广告的影响、美国娱乐性电视连续剧的统治地位，以及在大部分国家中高质量的教育或文化电视节目的相对匮乏，施拉姆认为可以采取渐进的方式对之加以调整和改进，而无须彻底改造现存的国际传播秩序。[1]政治经济的关系历来都是十分紧密的，经济为政治提供财政资助，政治为经济提供支持、保驾护航。在国际传播过程，媒介成为二者的中介物，润滑两者的关系。

2. 新世界信息秩序的需要

施拉姆关注国际传播研究，在他的《第三世界新闻传播——亚洲研究》一书中，他回答了为什么要写这本书，是因为我们不满意当前的信息传播和新世界信息秩序所宣称的需要。我们必须集中上述问题的一部分——信息传播。我们仅在一个大洲——亚洲研究这个问题。我们已经评估了亚洲的第三世界的新闻传播。因此，不用说，我们没有看待整个问题。[2]

过去二十年的大部分时间里，国际信息已经成了好战辩论的主题，第三世界的新闻发言人通常扮演原告的角色，并且把第一世界作为被告。所谓的第二世界试图远离火力线，但是通常来说为了使第一世界的资本主义国家难堪会支持这些控诉。在第三世界发言人和美国的发言人之间产生了越来越多这样的争辩。[3]施拉姆基于解决上述问题开展了关于国际传播的相关课题研究。为了弄清第三世界国家与第一世界国家的信息沟通中出现的问题，也为了缓解第三世界对第一世界在信息不对称这一问题上的敌对状态，缓和第三世界愤怒的情绪，维持国际间表面的和平局面，根据第三世界的要求——建立世界新的信息秩序。

① 殷晓蓉：《战后美国传播学的理论发展——经验主义和批判学派的视域及其比较》，复旦大学出版社，2000年，第204-205页。

② Wilbur Schramm, Erwin Atwood, *Circulation of news in the third world—a study of Asia,* The Chinese University Press, Hong Kong, 1981, p. 165.

③ Wilbur Schramm, Erwin Atwood, *Circulation of news in the third world—a study of Asia,* The Chinese University Press, Hong Kong, 1981, p. 3.

3. 职业兴趣需要

施拉姆除了把自己的传播蓝图实施并发展壮大之外，他还对发展中国家的传播提供价值指向。施拉姆是影响中国传播学发展的第一位外国学者。1978年施拉姆到香港中文大学任访问教授，与他的同事和学生们一道，开始热忱地推动传播学在中国的发展。[1]1982年春，施拉姆在上海、北京进行访问，就传播学有关问题做了专题报告，并与复旦大学、中国人民大学、中国社会科学院新闻研究所及研究生院新闻系等单位的师生和研究人员进行了座谈，向中国教育界和新闻界全面介绍了西方传播学。这次访问可以说是点起了中国传播学研究的一把火，在较短时间内引起了许多人的关注。特别是1984年由新华出版社出版了施拉姆先生的《传播学概论》，将国内学者学习、研究传播学的水平提高了一个层次。[2]相应地，施拉姆也认为，中国人在传播方面的观念、体会、方法、经验，不仅可以促进传播学在亚洲的发展，也可供西方学者借鉴。[3]

施拉姆除了关注中国的传播之外，在1960年先后为韩国、印度、印尼、以色列等国政府献策，如就卫星电视在印度教育中的应用所交出的研究报告。并由此从传播学角度提出了一种新国家发展观，强调"国家发展过程中经济、社会和政治变迁不仅需要高度的角色专业化和分工，而且须确立一种新型角色关系结构及传播渠道。"[4]从而形成了他的国际传播思想。

4. 学科建设需要

施拉姆开始关注国际传播几乎是与他的媒介教育传播和社会发展传播同时展开的，都是在20世纪50年代末到60年代初期。那一时期传播学研究领域发生了一些重要事件，如1959年的贝雷尔森争论等，最重要的是开拓传播学研究领域的第一批国家重量级的学者都逐渐离开了传播学领域，纷纷转向了他们自己的本专业研究方向，如拉斯韦尔、霍夫兰等被施拉姆认可的传播学研究的奠基人及相关的一些社会研究专家等。而此时，施拉姆正在着手著书立说，试

① 龚文庠：《论施拉姆与中国传播学》，《传播学研究》2007年第10期，第24-28页。

② 段京肃、罗锐：《基础传播学》，兰州大学出版社，1996年，第37页。

③ 威尔伯·施拉姆：《传媒、信息与人——传学概论》，中国展望出版社，1985年，第5页。

④ 刘兢：《施拉姆的遗产：1970—1980年代夏威夷东西方中心传播研究所的中国传播研究》，《文化与传播》2013年4月第2卷第2期，第1-7页。

图把传播学研究领域规划成一门独立的传播学科，同时也在各大院校开始开设传播课程、建立传播机构等教育执行计划。施拉姆的传播学科宏伟蓝图正在开启。在这重要时刻，如果传播学的理论知识不能延展，对于传播学科的建立将是致命的打击。在这内外交困之时，为了不让自己宏大的理想刚出生就夭折，施拉姆必须及时补充养料。传播机构不够就积极建立，传播理论不足就积极扩展，在此情况下，施拉姆的应用型传播研究就展开了，包括媒介教育、社会发展和国际传播。

（二）国际传播思想的分析

从历史发展的角度看，国际传播就是第二次世界大战及冷战时期国际关系的产物，它与国际政治、国家间的意识形态斗争是不可分割的。施拉姆国际传播著作见下表10。

表10　施拉姆国际传播著作表

序号	出版时间	编/著	作　者	书　名	中文名
1	1956	合著	Siebert, F. S, Peterson, T. B. & Schramm, W	Four Theories of the Press	《报刊的四种理论》
2	1964	合著	Wilbur Schramm	Mass Media and National Development	《大众传播媒介与社会发展》
3	1976	合编	Wilbur Schramm, Daniel Lerner	Communication and change, the last ten years-and the next	《传播与改变——过去十年和将来》
4	1977	著	Wilbur Schramm, Wilbur Lang	Big media, small media	《大媒介与小媒介》
5	1981	合著	Wilbur Schramm, Erwin Atwood	Circulation of news in the third world, A study of Asia	《第三世界的新闻传播——亚洲研究》

（李艳松　制）

1. 观察点：价值取向

前文已经描述过施拉姆对于学术、政治、经济三者之间的关系的认知，他的这些观点也是亲身经历所看所思得到的，如马歇尔的行政管理职业生涯、拉斯韦尔的政治学术、拉扎斯菲尔德的管理学术都对他的三位一体的学术认知有极大的影响。

施拉姆有关国家传播的研究，大多数学者认为，都是符合美国政府的需求的。胡冀青认为，施拉姆的这种价值取向在他的一系列的论文和《报刊的四种理论》一书中已经体现得明明白白。[①]第二次世界大战后，整个世界处于冷战的阴影之下，美国政府迫切需要社会科学提供关于发展传播学和国际传播学的知识，以及与这种理论相伴随的获取情报的能力和方法，以便在苏联的意识形态竞争中占得先机。所以施拉姆的研究正中美国政府的下怀，当然更容易得到重视，更容易获得学科发展所需要的资源。美国政府后来通过各种方式在斯坦福大学对施拉姆进行支持，以及最后为他创办了东西方文化中心，都说明了美国政府对施拉姆研究情报功能的高度重视。

2. 实证研究支撑

施拉姆的应用型传播研究是建设在与第三世界国家的交流和合作的基础之上的。施拉姆开展国际传播更是离不开所研究国家的国情、企业竞争力、与之相关的国际政治经济环境的变化等，正是众多的数据、实践才构成了国际传播的基石，为施拉姆的国际传播理论提供了坚实丰富的资料基础。

施拉姆所主导的东西方中心是为美国官方所做的一些课题研究。委托方的需求加上精简成本的需要，这就是为什么即使是中层理论的理想也一定要被抛弃，一定要把认识论转化为操作技术的重要原因。而这样一来，传播理论研究就被应用研究的实用旨趣挤到了学科的边缘。

3. 国际传播思考

施拉姆的国家传播研究是与他的社会发展传播研究时交织在一起的。一般来说，施拉姆参与著作的《报刊的四种理论》是他关注国际传播的开始。施拉姆的国家传播思想在他的《大众传播媒介与社会发展》《大媒介与小媒介》《传播与改变——过去十年和未来》《第三世界的新闻传播——亚洲研究》等著作中都有所体现。值得注意的是，每部著作中有关国际传播研究的侧重点有所不同。如《大众传播媒介与社会发展》关注的是发达国家与发展中国家进行传播交流时的社会发展问题；《大媒介与小媒介》和《传播与改变——过去十

---

① 胡冀青：《传播学科的奠定1922—1949》，中国大百科全书出版社，2012年，第209页。

年和未来》侧重的是发展中国家与发达国家进行传播沟通时的教育文化提升问
题；而《第三世界的新闻传播——亚洲研究》则关心第三世界国家在国际交流
沟通时的信息平等沟通的问题。施拉姆在开展社会发展传播的同时，也注重国
际传播的交流，缓和国际交流出现的矛盾。

1）传播社会思想

大众媒介在国际传播过程中，能够传播正能量的社会思想，把发达国家
的被时间检验过的有用经验和观点传递给第三世界国家，可以帮助他们加快发
展、提高教育文化水平，少走弯路。

施拉姆在《报刊的四种理论》一书中说道：报刊总是带有它所属社会和
政治结构的形式和色彩，特别是报刊反映一种个人与社会关系的社会控制的方
式。彼得森引用霍金的观点说，"有自由就有行动的权利，不受外界的控制或
限制，具有行动所必须的手段和设备。"[1]社会责任中的道德"要比自由主义
中的道德更加宽泛一些。作为一个社会动物，人对于他的同伴负有义务。社会
责任中的道德不是主要对一个人自己的义务，而是对于社会利益的义务。"[2]
由于新闻人怀有责任感，所以他们主张公众有权获得消息，有被告知的基本权
利，并且说，报刊是破除行为自由流通的障碍的公众代理人。媒介带有社会和
政治这样的自身属性，在无形之中就会传递一些与社会和政治相关的观点。就
如同，每个人的认知不同，在他的日常生活中就会显露他的想法一样。一般情
况下，在符合国家意志的条件下，媒介被希望传播一些正能量，提高人民的
认知水平，共同进行国家建设。尤其是在新兴国家刚开始进行社会发展的时
候，发展中国家急需从发达国家中吸收能量，特别是正能量，然后自身能快
速发展。

2）传播平衡、信息对称

发展中国家在经过十几年与发达国家的交流和合作、在经历了自身的社
会发展初期之后，他们也逐渐意识到在国际传播过程中出现的一些问题，并试
图与发达国家进行平等的交流和沟通。国际现实问题引发了学界的热议。施拉
姆认为在关于第三世界对于国际新闻的观点，大多数人有这样的争论：新闻传

---

① 威尔伯·施拉姆：《报刊的四种理论》，新华出版社，1980年，第2页。

② 威尔伯·施拉姆：《报刊的四种理论》，新华出版社，1980年，第2页。

播不平衡，在新闻表述中存在西方偏见，获取新闻渠道的不平等，通过国际渠道发布新闻的失败等。①

施拉姆在《第三世界的新闻传播——亚洲研究》一书中指出这点是很重要的，过去十年，西方新闻机构和西方新闻工作者普遍非常感谢这些第三世界的意见。由此，施拉姆等学者意识到国际传播平衡、信息对称是国际传播的重要原则。在国际传播中，只有双方都尽可能地表达自由，尽可能地不带有主观意识，发布信息渠道的透明等等问题进行充分沟通解决之后，才能形成良好的国际传播的环境，才对促成在国际传播过程中的多赢局面。

3）新信息秩序调和

鉴于在国际传播过程中信息对称、传播平衡等问题，学界开始强调建立新信息秩序，调和在国际传播过程中第三世界与发达国家的传播交流矛盾。

施拉姆同时谈论了一些世界上其他发展中地区的情况。他说，我们不知道是否我们所见的亚洲新闻形式同样适用于非洲，虽然我们知道一些非洲的传播形式亚洲也在使用，我们对在非洲的亚洲新闻知道的比较少。我们不能评估第三世界新闻在西方工业社会传播的任何细节，虽然我们已经收集了大量的关于西方国家向第三世界亚洲传播新闻的信息。亚洲是一个超过全世界一般人口居住的地方，在那里，所有的对于当前的世界信息秩序的主要反对意见都雄辩有力。②

建立信息新秩序需要平衡信息输入与输出，需要多角度来考察信息，需要比对在国际传播过程中各方传递的信息的内容、类型等，以确保在国际传播过程中信息的全面、完整，摈弃带有主观意识的信息。

4. 结论与建议

施拉姆在进行国际传播课题研究的过程中，逐渐发现了一些悖论，这些悖论在当时的环境下，由于各国的政府意识等因素的影响，不能完全调节，有些只能尽可能地等待时间的打磨、环境的变化、自身认知的提高、自身努力创造良好的国际传播环境，才能慢慢缓和。

---

① Wilbur Schramm, Erwin Atwood, *Circulation of news in the third world—a study of Asia*, The Chinese University Press, Hong Kong, 1981, p. 7.

② Wilbur Schramm, Erwin Atwood, *Circulation of news in the third world—a study of Asia*, The Chinese University Press, Hong Kong, 1981, p. 165.

1）结论

施拉姆在《第三世界的新闻传播——亚洲研究》一书中说道：让我们回到我们开始这本书当前信息传播和新世界信息秩序需要的不满意的问题。我们必须聚焦于这个问题的一个部分——新闻传播。我们已经研究了这个部分在一个洲——亚洲。然而，这个洲有超过地球一半的人口，并且当前世界信息秩序主要的对象都是富于表现力和精神旺盛的。亚洲，第三世界的一部分，国际新闻机构已经站在新闻争论的中心，我们让他们这样，即使我们试图描述他们是这样一部分的大格局。①施拉姆说道，我们通过分析完成我们的数据，得出的结论比我们开始时的更加清晰肯定：

（1）就国际新闻机构或者过程中任何单一元素而言，第三世界亚洲的新闻传播不能被理解和整体评估。我们的结论和Chopra类似，就是把亚洲媒介仅仅当作受害方，并且国际机构是唯一的罪犯，这样处理问题太过简单了。

（2）国际新闻机构可能更擅长做定量工作而不是定性工作。

（3）第三世界国家可能从未满意过有关他们自己的新闻报道的质量，直到他们有了自己的新闻机构。

2）对话—培训—研究模式

针对上述的结论，施拉姆从新闻工作人员、新闻机构、受众等方面提出了一些谦虚的建议，我们归结为对话—培训—研究模式。对话：对话新闻工作者，对话新闻机构和用户；培训：培训员工，培训发展新闻记者；研究：对受众和既存机构的研究。对话、培训、研究又是相互联系的，紧密合作的，只有三方面都取得了一定的成就，才能共生共荣形成良性循环的国际传播系统。

（1）对话新闻工作者。在国际新闻机构之间的争论的最有效的结论之一就是激发了在发展中国家和所谓的发达国家的新闻工作者之间展开坦率的谈话。现在要比1950年更容易出行，也容易把第三世界和非第三世界国家一群杰出的学者聚集在一起，用他们的论文来讨论他们国家的新闻报道，一月一次的研讨会。通过知名人士广泛的报道这可能会产生直白的对话，并且能很好地记录下来以便以后的会议或培训项目运用。

---

① Wilbur Schramm, Erwin Atwood, *Circulation of news in the third world—a study of Asia*, The Chinese University Press, Hong Kong, 1981, p. 165-174.

（2）在新闻机构和他们的用户之间对话。施拉姆认为加强新闻机构与受众之间的沟通是十分必要的。编辑们可以相聚在一起相互谈论他们国家的新闻报道，这就需要一系列的会议，在新闻机构的代表和第三世界新闻媒体代表之间展开。新闻机构的工作人员和第三世界新闻工作人员可以就几天的新闻报道开展谈话，以至于他们能具体地引用而不是概括。记住，国际通讯社有大约十分之九的新闻没有登上第三世界的报纸或者新闻广播。我们好奇是否任何事都能意见一致，怎样决定在通讯社的内容会更加有用。正如我们所说的，机构认真努力地迎合亚洲用户的需求，就像迎合本国的客户需求一样。同时，他们又因为西方新闻形式风格和没能足够引起非西方国家的关注而饱受批评。因此，正如我们建议学者可以开会讨论他们国家的新闻报纸一样，在新闻机构和第三世界新闻媒介代表之间举行一系列的有关哪种形式和哪种风格更合适的会议是有用的。新闻机构和第三世界的人们可以基于几天前的报道开展他们的对话，以便他们能引用细节而不是大概。

（3）帮助训练第三世界机构的员工，培训员工为第三世界机构服务。人在传播过程中的意义重大，新闻员工在国际传播过程中的作用更是如此。施拉姆非常赞同Roger Tatarian（1978）提议的这项计划，第三世界和非第三世界的新闻机构和报纸可以有为期一年或者更多的交换员工，给第三世界新闻机构的建议是，让他们的专家加入或参加必要的计划，提供在职培训长久员工的服务。这项计划鼓励我们相信西方机构和新闻人员，至少他们愿意以某种帮助的形式合作，不管是派遣员工来帮助建立新机构还是接受第三世界新闻工作者以增长他们的经验值。类似这样的事情会要求财政支持，但是我们已经观察到对于以任何合理的方式来提供帮助是有非常积极的态度的。同样也能想象的到，短期的课程要安排，在亚洲或者其他地方，新闻机构员工可以同第三世界未来的新闻工作者分享他们的经验。像这样，需要一些资助，但是在合理的方式下，我们已经向第三世界国家表明了我们有高度积极的态度给予他们帮助。

（4）培训发展新闻的撰写人。在培训新闻员工方面，锻炼新闻撰写人能够独立撰写有关发展新闻方面的信息也是十分重要的。缺乏受过经济政治社会方面训练的，可以撰写有洞察的经济和社会发展新闻的记者。新闻记者更可能被训练撰写有关政治和经济、公正和法制的事件而不是发展的新闻。一方面，一种缓慢但重要的方法，就是增加新闻机构、记者之间的发展新闻的竞争，并且广播员也被加入新闻机构的培训计划之中。可以在发达国家和发展中国家增加诸如新闻学方面的课程培训。另一方面是准备一些阅读物，可供人们在晚间阅读，或者延伸到教授发展经济学，以便量身定做发展新闻。这些方法都不需要花费太多，我们从过去的经验中知道如何去做，怎样去执行他们。如果缺少这样的培训，不去利用我们所知道的来满足需要的话，这好像很可惜。

（5）对读者的研究。对读者受众的研究是十分必要的。读者的研究，像美国这样的国家已经在30年前就证明了他们的价值。编辑和广告人都学会了分析人们阅读什么，什么样的人阅读什么样的新闻和广告，定位或展示怎样影响阅读量。我们在亚洲这种读者的研究也是少量的，至少在第三世界的某些其他地区，可能会对处理新闻的个人带来启发。

（6）对目前机构的建议。施拉姆已经说道，第三世界的新闻人和政府部分从来没有满意过他们自己国家的新闻传播，直到他们有了自己的新闻机构。我们也说过，这不可能明天就会发生。同时，我们对第三世界机构提供了建议，可能最终全世界的新闻机构展示第三世界的需要和兴趣。我们建议引导第三世界的地区机构，可能最终成为代表第三世界需要和利益的传遍世界的机构。可以肯定的是，亚洲的新闻媒介现在依赖于这些机构，在可预见的将来也会如此。正如西方国家依赖他们获取第三世界的信息一样重要。在这个时候，西方国家需要扩大和深化他们所理解的第三世界新闻的基础。世界历史中的能力的告知正如Tinbergen说的，必须扩宽而不是收缩。他说"将来更多的注意必须集中在信息和教育"。"这是生存的事实，要比任何时候都要扩大和深化。"新闻的国际渠道不仅仅是信息线，它们还是生命线。因此，这对于所有国家的利益而言，新闻的国际传播需要尽可能地充分和可靠。一方面，我们希望第三世界国家尽一切可能通过国际媒介来保持对新闻的获取。另一方面，我们希望，在睿智的第三世界发言人的用词中，我们能学到"用容忍、谦虚、开明和乐于学习的态度"来了解其他人和他们的文化传统，我们能学着去接近其他的人和他们的文化与传统。①

施拉姆的国际传播理论侧重于在媒介教育与社会发展的国际传播过程中

---

① Wilbur Schramm,Erwin Atwood, *Circulation of news in the third world—a study of Asia*,The Chinese University Press, Hong Kong,1981,p. 180-181.

的有关信息对称、传播平衡、建立国际信息新秩序等问题。信息秩序的调和、信息新秩序的建立需要多方的共同努力，而其中的主角就是第三世界和第一世界的国家。虽然施拉姆的研究带有一定的政治形态意识，但是他同时也希望第三世界国家不要把发达国家的文化输出当作帝国主义。他希望关注信息本身带来的传播效果，正能量的信息传递给第三世界国家之后，第三世界国家的社会发展能否得到快速发展等实际的具有现实意义的效果。而在这种效果的达成过程中，双方的共同合作是必须的。如何加强国家交流，使国际传播过程顺利、国际沟通有效，施拉姆从新闻工作者、受众及其研究、新闻机构、培训、已存新闻机构等方面提出了实际性的、具有可操作性的建议。虽然施拉姆的国际传播思想缺乏一定理论性，但是从现实角度来说，是非常有意义的。它能解决国际传播过程中出现的一些问题，能够使国家在与其他国家进行传播时得到有效的沟通和交流。

七、施拉姆人类传播思想

人类的社会活动都是由人主导的，人的参与才使其变得有意义。人类的传播活动属于人类社会活动的一部分，正如施拉姆所说，是人才使传播活动有意义。由于人在传播活动中的主导地位，传播活动必然能体现参与者的思想。就如同人的思想体现在他的一切活动中，如体现在语言、行为、习惯等方面。同理，传播行为和传播过程也能呈现出人的思想。

施拉姆从早期对传播学产生兴趣（二战期间）到中期开始建构传播学科（20世纪50年代左右），一直到晚期对传播学科的总体归纳，都能呈现出他有关于传播学科是人类传播学这样的一个观点。二战时期，研究传播与国际政治经济社会的联动问题；20世纪中期构思传播学科、拟建传播学科大厦，关注理论和实践运用；生命晚期对传播学科的回顾与展望，无不呈现了施拉姆关于传播学是研究人类问题的学科，是为了解决在人类发展进程中出现的一个个问题，促进人类发展的学科这样的思想。

施拉姆担任夏威夷东西方文化交流中心所长时，鼓励和大力支持亚洲国家的青年学者来所交流和学习。当时我国一批青年学者也曾受邀到该所学习，其中戴元光先生就曾接受过施拉姆的教导。戴元光等人认为：传播是人的社会本质的表现，是体现着人的社会性的一种行为。人在生产中既要同自然界发生关系，还要在人类间互相协作交流和共同行为。没有传播，人们便无法发生一定的社会联系和社会关系，而没有这些社会联系和社会关系，人类便无法进行生产。①因为，独立于社会之外的人是不可能表现出力量的。传播学与社会的发展基本上是同步的。随着人类社会生活的发展，传播的内容不断拓展，范围不断扩大。社会制度的更迭，社会形态的变化，统治阶级的升降沉浮，不断影

---

① 戴元光、邵培仁、龚炜：《传播学原理与应用》，兰州大学出版社，1988年，第124-26页。

响传播，使传播既发生量的发展，又发生质的变化。传播学与哲学社会学关系比传播学同其他学科的关系更深一层。由于传播是人的社会本质的表现，传播学具有社会学性质。作为研究人际关系的学问，需要用哲学的方法去解释和说明，传播学又可以促进研究生产关系中的人，研究传播与社会的互动和影响。而施拉姆对中国传播学研究有着领航员的作用。施拉姆的传播学科思想或多或少地影响了我国的一些传播研究学者。

（一）人类传播思想的产生

施拉姆的人类传播思想横跨了他的整个传播研究周期。从他在第二次世界大战服务于华盛顿统计局和战时新闻局开始，他就关注着传播与整个社会、国家、国际的政治经济文化的发展与变动关系，关注着传播的整个人类社会能起到的效果和作用等方面。到20世纪中期，施拉姆开始构建庞大的传播学科体系，从理论到实践，从思想到落实实地建立传播机构等，都强调的是如何将传播理论与实际相结合，以至于产生了施拉姆的应用型传播理论。诸如媒介教育理论关注大众媒介能否普及文化、提高人们的认知和见识、重建适合当下各种环境变化的价值观点；如社会发展理论侧重大众媒介对发展中国家的工业发展的推动等；如国际传播理论偏重如何使第三世界与第一世界消除误解，得到友好、有效的沟通等传播过程顺畅的问题。施拉姆所有的关于传播的研究都是研究人类在传播过程中的活动，都是在探究传播与社会的影响。

1. 人文学科背景的影响

在美国传播学研究领域，施拉姆是纯文科背景出身。他大学获得历史和政治学学士学位，研究生获得美国文学硕士学位，博士阶段他获得英国文学博士学位。可以说，在他的学习阶段，人文背景占据了主要的位置。直到他进行博士后学习，他才与C. E. 西肖尔开始从事实验研究，才开始接触一些社会科学的研究方法。由于社会科学和行为科学的方法论和技术极大地触动了施拉姆，他在1935年左右表现出对纯文学研究方法的摈弃，开始执着地坚持社会科学的研究方法。据此，他与他的文学导师诺曼·福斯特决裂。虽说施拉姆与其文学导师分道扬镳，但诺曼·福斯特的新人文主义思想一直对施拉姆的思想形成具有极大的影响力。而1930年，施拉姆在哈佛大学追随的哲学家艾尔弗雷德·怀特海对其一生的影响非常巨大。可以说，施拉姆直到晚期把他所建立的传播学科进行归纳整理时，他早期的人文学科思想发挥了重大的作用，很好地帮助他完成了人类传播思想。

一些施拉姆的著作，如《现代社会的传播》《人类传播科学》《基本人类传播》《人类传播的故事》等都或多或少地体现了一些人文情怀、哲学思考等。当然，从宏观的角度来看，施拉姆的所有著作都是探讨传播在人类社会活动中的作用，研究的是传播与周身事物的变化发展规律等人类行为的问题，在这些行为探索的研究中都能呈现出施拉姆的人类传播思想。

2. 社会学学者的影响

施拉姆的传播思想受到当时一批顶尖社会学者的影响。可以说，正是心理学家、社会学家、政治学家、人类学家的影响开发了施拉姆对传播的热情，坚定了施拉姆运用科学的方法和技术解决传播问题的决心，为他的用理论联系实际的学术态度打下了良好的基础。也正是由于施拉姆的理论紧密地联系实际，所以施拉姆所建立的传播学科都离不开人类思想这条线索。

霍夫兰被施拉姆认为是传播学科的四大奠基人之一。霍夫兰与施拉姆的关系也非常紧密。霍夫兰直到去世前，都在从事人类传播方面的实验，试图解释说服（态度变化）的因变量，这个突然的变化是由第二次世界大战造成的。[1]霍夫兰对于学术的研究态度和学术的研究内容都极大地触动了施拉姆。可以说，从微观的角度来看，霍夫兰是第一个直接从人类传播反面引起施拉姆关于传播学科的人类传播方面的思考的人。

3. 自身的整理归纳

前文已有所描述，施拉姆的人类传播思想的产生并没有明确的时间界限。应该说，施拉姆的传播思想的形成脉络就是施拉姆人类传播思想的脉络。在施拉姆的传播思想的形成过程中，人类传播就如同一条若隐若现的丝线一样牵扯着施拉姆的思想形成。施拉姆的人类传播思想贯穿着施拉姆的传播思想，直到1988年，施拉姆生命晚期，他以一部《人类传播的故事》为其人类传播思想做了一定的归纳和整理。

---

① 罗杰斯：《传播学史——一种传记式的方法》，殷晓蓉译，上海译文出版社，2002年，第382页。

（二）人类传播思想分析

施拉姆一直反对把传播研究作为封闭的学科，他始终强调传播研究的跨学科性。1959年时他是这样判断的：构成传播学的知识领域具有跨学科性质，因此不能称其为一个学科，而是一个研究领域。[①]20多年后，他的看法依旧未改变。[②]可以说，施拉姆从他的传播学科意识思想萌芽开始，就没想把传播学科狭窄化，他希望传播学科是能够容纳多种学科的一个研究领域，希望各个与传播研究相关的学者都能参与。施拉姆的这一想法一直是他创立传播学科、开展应用型传播研究的重要考量。然而，理想是丰满的，现实是骨感的。在传播学科的建立和开拓发展阶段，由于各种因素多方力量的撕扯、协调、平衡，施拉姆一手建立的传播学科的发展并没能像他所预期的那样海纳百川。对此，施拉姆也有所了解，但是直到他晚期，施拉姆都不遗余力地呼吁跨学科性质的传播学科的建立。无论现实如何，至少我们知道施拉姆在思想上一直都有人类传播思想，统摄各学科的传播学科思想的这样宏伟壮观的学科思想境界的。

1. 统摄各学科思想

施拉姆从拉开传播学科建设大厦的帷幕开始，就一直反对把传播学当作一门封闭的学科。他希望传播学海纳百川，能吸收各家所长，正如早期的传播研究一样，汇聚众多一流的各研究领域的学者为传播出谋划策。在人类行为研究方面，传播是最繁忙的十字路口之一，因为传播可能是社会过程的基础。没有传播，人类组织和社会将不会存在。没有做一些人类传播的假设，人们很难在任何人类行为领域构建理论和设计研究。[③]传播已经成为许多学科经过的学术十字路口，但很少有学科逗留。其他学科也有这样的认为，传播已经成为了一种辅助研究，必须理解人类和社会行为才能有助于他们的学科理论。[④]施拉姆对传播的未来发展也很乐观，早在1982年他应邀来华讲学时就曾大胆预言：

① Wilbur Schramm, Devid Riesman, Reymand Bauer, *The State of Communication Research: Comments, in: The Public Opinion Qualitely*, spring1959, p. 8.

② 胡翼青：《传播学科的奠定1922—1949》，中国大百科全书出版社，2012年，第10-11页。

③ Wilbur Schramm edited, *The science of human communication*, Basic books, Inc., Publishers, New York, London, 1963, p. 1.

④ Wilbur Schramm edited, *The science of human communication*, Basic books, Inc., Publishers, New York, London, 1963, p. 2.

"在未来一百年中，分门别类的社会科学——心理学、政治学、人类学等——都会成为综合之后的一门科学。在这门科学中，传播的研究会成为所有这些科学见面的基础。因为要牵涉到这些基本的技术问题，所以综合之后的社会科学会非常看重对传播的研究，它将成为综合之后的新的科学的一个基本学科。"①

在传播学研究方向上，施拉姆从各个学科进行综合研究，呼吁提出一种综合理论，这种呼吁，对于建立传播学系统理论来说是极其重要的。但是鸟瞰传播学研究的历史，人们便发现，要实现这个目标是多么的困难。实际上施拉姆虽为之奋斗了30多年，两次修改他的著作，却越来越感到困难。②虽说施拉姆在世时，没能像他预期的那样把传播学科打造成一门综合性的学科，但是，在他的传播学研究的后期，他一直强调并预言着传播学会作为社会科学的基础，会容纳社会科学的各个方面，只是等待时机！施拉姆的预测也为传播学科今后的发展提供了一条有建设性的倡导。

2. 人类社会科学思想

施拉姆的人类传播思想除了在传播学科建设过程中试图把传播学科打造成一门综合性的学科之外，最主要的是有人类学和文化人类学的理论和知识，从宏观的角度丰富施拉姆的传播学理论，体现施拉姆的人类传播思想，从宽大的境地、从高处俯瞰传播需要研究的问题，探讨传播与整个人类活动的关系，透过传播观察整个人类行为、考察整个人类的传播现象。

1）人类学理论的运用

施拉姆在总结传播学理论时，有意识地把人类学理论吸收到传播学理论中来。他的突出理论贡献之一，就是超越了现有的传播学理论，对人类传播现象进行了多维的、深层的反思。③他指出："传播是社会得以形成的工具。传播一词与社会一词有共同的词根，这绝非偶然。没有传播，就不会有社区；同样，没有社区，也不会有传播。"④施拉姆认为："研究传学其实就是研究人：研究人与人，人与他的团体、组织和社会的关系；研究人怎样受影响，怎样相互影响；研究人怎样报道消息，接受新闻与智识，怎样受教与教人，怎样

① 沙莲香：《传播学——以人为主体的图象世界之谜》，中国人民大学出版社，1990年，第43页。

② 戴元光、邵培仁、龚炜：《传播学原理与应用》，兰州大学出版社，1988年，第16页

③ 梅琼林：《传播学与文化人类学的交叉研究及其价值》，《中州学刊》2006年9月第5期(总第155期)。

④ 威尔伯·施拉姆：《传播学概论》，陈亮等译，新华出版社，1984年，第3-4页。

消遣与娱人。要懂得传学，应先了解人与人怎样建立关系。"①"我们通常都是从他人的行为来间接揣测别人想传递的意思或情意，然后根据揣测出的意思（而非行为的本身）来反应。对方也同样从这反应来揣测藏在后面的意思并回答。""人类传播是人做的某种事。它本身是没有生命的。它本身没有什么不可思议的，除非是传播关系中的人使之成为不可思议。讯息本身并无含义，除非是人使之有含义。"②在施拉姆进行传播研究的过程中，他一直并一再地强调传播过程中人的主导地位。人才是社会活动的主体，是一切人类活动的主体。传播过程中所有的因素都需要围绕着人来进行，人赋予传播活动意义。所以，研究传播就需要研究人，需要研究与人相关的一切事物和关系；研究人的行为、特性、品格等一切与传播活动相关联的因素。

2）文化人类学

施拉姆对文化人类学中涉及的传播问题，也给予了特别的关注和研究。③他引用了人类学家爱德华·萨皮尔的观点："每一种文化形式和每一种社会行为的表现都或明晰、或含糊地涉及传播。"④施拉姆从文化人类学的角度，对人类传播的意义和作用做了进一步的阐述，他说："我们是传播的动物，传播渗透到我们所做的一切事情中。它是形成人类关系的材料，它是流经人类全部历史的水流，不断延伸我们的感觉和我们的信息渠道。"因此，"传播是一种自然而然的、必需的、无所不在的活动。我们建立传播关系是因为我们要同环境，特别是我们周围的人类环境相联系。"⑤研究整个人类的传播现象，就必然绕不开关于人的研究，而文化是人类研究的关键，正是文化把人类和其他物种区别开来。而文化是人类在进行社会活动时共同创造并遵守的。人类的社会活动都离不开传播，也就是传播在无形之中帮助创造了文化，反过来，文化的塑造和建立又使得人类的传播过程更加顺畅和有效。

3. 人类传播思想著作

施拉姆关于人类传播思想的著作见表11。有意思的是，在1949年，标志

---

① 威尔伯·施拉姆：《传媒，信息与人：传学概论》，中国展望出版社，1985年，第4页。

② 威尔伯·施拉姆：《传播学概论》，陈亮等译，新华出版社，1984年，第3-4页。

③ 梅琼林：《传播学与文化人类学的交叉研究及其价值》，《中州学刊》2006年9月第5期(总第155期)。

④ 爱德华·萨皮尔：《语言论——言语研究导论》，商务印书馆，1985年，第19页。

⑤ 威尔伯·施拉姆：《传播学概论》，陈亮等译，新华出版社，1984年，第3、4页。

施拉姆传播学科建立的著作《传播学概论》出版之前，于1948年，施拉姆就编写了一本《现代社会的传播》，从社区、城市、学校与人类传播活动的关系方面来研究相关的传播问题。这部著作从社会学和哲学的角度讨论了人类社会与传播的关系，是具有一定的哲学思考意义的书籍。从这一线索可以看出，在施拉姆的传播思想孕育形成的过程中，他不忘从哲学、人类学、社会学等方面来思考人类社会与传播的动态纠缠关系，在施拉姆的传播思想的进程中也一直交织着他对人类社会活动的现实问题的钻研和探索。

表11 施拉姆人类传播思想著作表

序号	出版时间	编/著	作　者	书　名	中文名
1	1948	编写	Wilbur Schramm	Communications in modern society	《现代社会的传播》
2	1963	编	Wilbur Schramm	The science of human communication	《人类传播科学》
3	1975	合著	D. Lawrence Kincaid,Wilbur Schramm	Fundamental Human Communication	《基本人类传播》
4	1988	著	Wilbur Schramm	The story of Human Communication	《人类传播的故事》

（李艳松　制）

在施拉姆的传播研究过程中，能从微观角度体现他的人类传播思想的就是上表所列。我们可以看到，相比较施拉姆在传播学科其他的研究领域，人类传播研究的著作是比较少的。但是值得注意的是，在施拉姆的传播研究过程中，每个关键时间点，他都是从哲学角度思考人类传播的相关问题。如施拉姆在1949年建立传播学大厦之前的一年，他出版了《现代社会的传播》；在20世纪60年代初，传播学科建设出现质疑之声，他积极开拓应用型传播理论时，他出版了《人类传播科学》；在他的传播研究中后期，施拉姆出版了《基本人类传播》；在他传播研究的最后一年，他出版了《人类传播的故事》。可以说，施拉姆在他的传播研究过程中每一次遇到瓶颈的时候，他都需要吸收一些哲学营养来供给他的传播学研究，都需要经过一段时间的哲学思考，借助一些哲学方法来反思传播研究，来为他的传播研究指明方向。

4. 理论贡献

施拉姆对于人类传播的研究虽然只有少数的著作，但是却给我们带来一些有现实意义的关于研究传播问题的建议和观点。施拉姆从人类建筑与传播的关系、传播在社会中的作用、群体在传播链中的作用、人类传播模型、生态循环理解传播、人类传播的未来等几个方面探讨了人类与传播的互动问题。

1）人类社会与传播

在《人类传播的故事》一书中，施拉姆认为，最重要的是，人类是唯一能发展语言——使他们的想法和记忆能便携并可改变的一种巧妙传播交流的形式。早期人们对于子孙后代的看、读和相互交流留下了遗产。[①]Lewis,Mumford在《城市的文化》一书中表明，观念是在城市中形成的。施拉姆也认可Lewis的这一观念。同时，施拉姆也肯定：Patrick Geddes and Victor Bradford的作为特殊社会传播机构的城市功能这样的描述。城市在人类历史当中是伟大的传感器和变革器之一。Mumford说："城市不仅对集体生活有物质功能，而且还是在人们喜欢的环境当中上升出来的集体目的的象征。语言，能保留男人最伟大的工作艺术。"当我们研究城市是如何运作时，我们必须研究人类传播。宗教、教育、商业、政府、旅游和艺术都找到了一个共同的兴趣在鼓励传播技术发展方面，尤其是书写技术。传播的机构——学校。Senjamin Disraeu说，这个国家的未来依赖于这个国家人民的教育。Epictbtus说，只有教育是免费的。世界上大约一半的专业传播者在某种程度上都和学校有联系。教育最本质的任务有助于生存。学校的功能是产生扎实的技能而不是新鲜的观点。[②]人类社会的构成机构，诸如城市、政府、学校等对传播起着非常重要的作用。

而在《现代社会的传播》（communications in modern society）一书中，由施拉姆编写的15份大众媒介的研究，是为伊利诺伊大学的传播研究准备的。施拉姆等人研究了不同社区人类传播过程的问题。

人类社会的另一种构成机构——社区对传播也有一定的影响。典型社区近年来已经越来越小和相对同质化了。一代代它的成员在大约相同的文化和价值体系中生活。成员可以很容易地理解他的社区，社区的成员也不再需要面

---

① Wilbur Schramm, *The story of Human Communication*, Harper&Row, Publishers, Inc, 1988, forwards.

② Wilbur Schramm, *The story of Human Communication*, Harper&Row, Publishers, Inc, 1988, p. 84.

对面地沟通来达成一致意见和相互理解。①典型社区变得成分混杂并且数量庞大。工业化和快速运输已经改变了几个世纪以来形成的人的一生中的社会模式。个人逐渐地被迫把他们的事务交给组织，以至于世界呈现出组织相互应对的场景，他们通过在胜利中获取利益而不是协议和谅解。相应地，个人必须依靠中介来告知他们，告知其他人。这种依赖二手传播的形式在此时变得很讽刺，当技术远超社交技巧时，当我们开始考虑是否快速和持续的沟通传播、广泛而有效的信息可能不是文明社会生存的唯一途径。那就意味着我们必须依靠大众传播。我们必须依赖大量的媒介在差异中穿过、在组织中渗透，传递技术和社会适应的信息，有助于交换观念和达成社会共识。这种需要是巨大并且逐步发展的。我们能够平衡大众传播媒介的数量和它逐渐壮大的力量。每个文明人现在都被这些媒介轰炸。②随着技术的进步、社会的发展，传统的社区模式也发生了变化，相应地，传播过程的大众媒介的应用也需要被提高、加强来适应时代和社会的变化。

2）传播在社会中的作用

传播是人类活动的基础。人类已经经过了语言时代、书写时代和印刷时代。在19世纪和20世纪，印刷时代已经扩展到了包含电子技术和摄影，此外还有一种新的传播组织我们称为大众媒介。可能几个世纪之后历史学家称这个时代不是印刷时代而是大众媒介时代。从时间的角度看，一些媒介故事的兴奋逐渐减淡，但这些发展的真实的声望更清楚地突出。远和快是两个关键词用来描述在过去几个世纪人类知识发生的变化。③技术的发展促进媒介的更新，媒介的更新加速了传播活动的进程，传播的加速又提高了人类的知识，人类知识水平的提高又能创新出新的技术。这就是一个循环的过程，在这个过程中，传播早就变成人类活动的血液、细胞，是人类活动的基础。

人类传播活动之所以产生是因为人类对传播有需要。早在1948年，一群传播研究者聚集在伊利诺伊大学。他们讨论他们年轻的研究领域的问题，测量

---

① Wilbur Schramm edited, *Communications in modern society*, University of Illinois Press, Urbana, 1948, p. 1-2.

② Wilbur Schramm edited, *Communications in modern society*, University of Illinois Press, Urbana, 1948, p. 2.

③ Wilbur Schramm, *The story of Human Communication*, Harper&Row, Publishers, Inc, 1988, p. 144.

他们所做的工作以及他们所反对的那些需要。他们提出问题，而不是他们能回答的。他们讨论了3天，在伊利诺伊传播研究所，关于面临传播的许多问题，关于怎样解决这些问题。他们讨论怎样尽自己最大的能力而不是他们个人的努力，怎样运用他们的努力更好地理解传播和最大化地运用传播为公共利益服务。[①]传播需要为人类服务。

传播在社会中做些什么？它能保持个人、组织和国家的工作关系。它处理变化，它能在可容忍的水平上保持应变。因此，无论在社会中哪里有即将发生的变化和悬而未决的问题，哪里就有大量的传播。[②]当一个国家决定开始工业化进程，国家就着手加快传播，因为必须要告知人们并且激励人们。[③]传播是桥梁，传播是润滑剂。

施拉姆认为，人们对于传播最简单的需要就是维持日常的生活关系，住得很近的人们必须适应彼此的需要和怪癖，并且维持合理有效的和有回报的存在。[④]

施拉姆也非常赞同Walter Lippmann的言论，社会是在媒介内容和媒介受众之间相互影响塑造的。交谈或对话，传播的形式为我们戏剧化这样的观点，即关于我们生活的世界的理解和知识是非常像一项社会事业的。一个人对于某个问题的观点只有当他与对话参与者联系、冲突、表达时才会变得越来越清晰。[⑤]我们为了分析所选择的对话是双方达到相互理解的过程的一个例子，对话本身就是有关知识的。[⑥]演说也是知识，它是升级版的对话。

在《人类传播科学》（the science of human communication）一书中，施拉

---

① Wilbur Schramm edited, *Communications in modern society*, University of Illinois Press, Urbana, 1948, p. 5-6.

② Wilbur Schramm edited, *The science of human communication*, Basic books, Inc., Publishers, New York, London, 1963, p. 13.

③ Wilbur Schramm edited, *The science of human communication*, Basic books, Inc., Publishers, New York, London, 1963, p. 14.

④ Wilbur Schramm edited, *The science of human communication*, Basic books, Inc., Publishers, New York, London, 1963, p. 14-15.

⑤ Wilbur Schramm, *The story of Human Communication*, Harper&Row, Publishers, Inc, 1988, p. 135.

⑥ D. Lawrence Kincaid, Wilbur Schramm, *Fundamental Human Communication*, East-West Center, East-West communication institute, Honolulu, Hawaii, 1975, p. 122-123.

姆认为：《美国之声》是不是传播一系列美国学者的观点，试图对国外听众在广泛兴趣上关于最近的学术论点和研究成果总结权威。他们激起了广泛的兴趣并产生了相当多的有回应的听众。①有更多的事实表明在距离和时间之间架起了桥梁，给了我们一个机会来补足我们的想法，关于地平线那边是什么，和我们一起生活在地球上的男人和女人是什么样的，这是以前从未有过的。很难去理解传播媒介的力量，直到我们意识到我们给了媒介多少责任让他们知道并告诉我们我们需要知道的东西。这就是为什么大众媒介的出现展现了在人类传播史上重要的一步。②媒介自身拥有的沟通力量对整个人类社会的进程都发挥着重要的作用，而媒介又是传播过程中不可缺少的必要因素之一。

3）群体在传播链中的作用

在传播链中群体是十分重要的。对此，施拉姆引用莎士比亚的言语："每个人在他的时代扮演许多角色。"③我们扮演这些角色，因为他们帮助我们系统化生活。在他的时代，每个人可能同时属于不同的群体，这些叠加的会员身份有时会造成角色冲突和价值冲突。但是，尽管如此，一个人的群体关系会在他一生中大多数的传播交流提供背景环境。因此，社会的群体结构是大众传播需要了解的最重要的信息之一。

而群体根据不同的类型可以有多样的划分。施拉姆认为，有许多种类的群体，通常根据统计学和功能性来区分它们。④统计群体是那些通过外部观察者主要描述和列举社会——年龄、性别、教育、地理和阶层群体等。同一统计学上的群体倾向用相同的方法来肯定传播交流刺激（如受到良好教育的人们倾向于阅读更加严肃的信息），因此它帮助传播者了解他的受众是怎样被划分到这些群体中的。功能性群体是那些为了相同目的而在一起工作的人们。当他们集合来满足某种共同目的时，提供重复的联系方式，供应多种角色和工作，在传播链中他们是极其重要的。

群体的研究就需要讨论构成群体的原始构成，传受双方。施拉姆说：我

---

① Wilbur Schramm edited, *The science of human communication*, Basic books, Inc., Publishers, New York, London, 1963, editor's foreword, p. 1.

② Wilbur Schramm, *The story of Human Communication*, Harper&Row, Publishers, Inc, 1988, p. 145.

③ Wilbur Schramm, Effects in terms of groups, p. 359.

④ Wilbur Schramm, *Effects in terms of groups*,p. 359-360.

们探讨最简单的传播单位——两人传播组，发送者和接受者。[①]社会中的传播是由复杂的网络和发送者或接受者长链条组成的。没有什么比这些长链条更具有现代传播特征了，比如，链条可以向全世界传播信息。这些链条的一个非常重要的特点是在链条中的每个人（除了第一个人和最后一人）都是把关人。把关人在信息处理上有很大的权利，他可以决定留下什么和添加什么信息。我们思考有多少把关人牵涉其中，比如，亚洲的新闻事件和世界另一边报纸的发行量，我们不再惊讶有时会产生错误和遗漏。

大众传播者提供信息给大众，但是统计学和功能性群体成员关系会帮助决定哪些成员选择信息。并且选择信息的每个成员也会属于他的阶层、标准、关系的特定群体，而这个特定群体会帮助决定他如何回应信息。施拉姆概述了由Dorwin Cartwright所论述的一些群体原则。[②]①如果群体被用来实现态度改变，被改变的人们和那些被用来为改变而发挥影响力的人们应该有属于同一群体强烈的意识，这点是很重要的。换句话说，改变更容易从内部而不是外部来实现。②群体在接近群体存在理由的态度、价值、行为上实施更多的影响力。③群体对他的成员意义越大，它能对他们的态度、价值和行为实施的影响就越大。④成员在他从属成员的威望越高，他对群体实施的影响越大。⑤群体所有成员感觉变化的需要越多，就有可能发生改变。⑥群体的本质是抵抗少部分人的异常行为。⑦群体任何部分的改变可能引出在整个群体中的歪曲和不平衡。大众传播者在社会中发掘的群体是统计学上的群体和功能群体的联合体。统计学上的群体能帮助他用一般的方式估计反应。功能性群体可以像原生群体那样相对固定，或者像聚众那样临时和壮观，或者像足球观众那样暂时和偶然，但是，他们都是依赖于他们的本质和他们对个人成员有多大的意义，并通过大众传播进入几乎每一个已完成的改变中。

4）人类传播模型建构

施拉姆在《基本人类传播》一书中，描述了人类传播模型的三个方面。一是，模型内容阅读和书写训练，能讨论和展示最基本的人类传播原则，和用

① Wilbur Schramm edited, *The science of human communication*, Basic books, Inc., Publishers, New York, London, 1963, p. 13.

② Wilbur Schramm edited, *The science of human communication*, Basic books, Inc., Publishers, New York, London, 1963, p. 13-16.

哪种传播方式来改变参与者。二是，模型指导，可以解释怎样运用一套模型和描述来练习许多传播和改变的基本原则的学习训练。三是，模型案例研究，与乡村受众的沟通，能提供一个机会把从模型中学到的知识分析一个真实的传播问题。①

施拉姆认为，在人类传播过程中，不同类型的信息侧重点不同。环境信息重点在于描述；关系信息重点在于指导；价值信息重点在于激励。大多数的传播讨论都是以不管源头有什么目的的认为描述、指导和激励接受者是重要的开始的。②

人类传播过程中，施拉姆认为信息处理分为四个步骤，信息创造、知觉、注意、解释和理解。信息不是观点，不是概念，不是情绪。这些东西存在于人们之中，并不存在于信息当中。信息是一套信号或者符号，人们为了特定的渠道创造的，希望给其他人们解释的特定意义的信号或者符号。众所周知，很多事情会影响信息的意义。意义是在人们分享信息的过程中创造或者引出来的。文化对编码也是有一定影响的。在某些文化中，白色意味着一件事，而另一些文化中，白色意味着另外一些事。在一种文化中行为编码代表友好，而在另一种文化中，可能表示的是相反的意思。人们观念的交流不是简单的，实际上，相互理解是困难和复杂的。很多事情都能使这个过程出岔子。③

在人类的传播过程中，环境也是非常重要的影响因素。对此，施拉姆认为，在我们环境中的对象和事件之间，信息能被用来创造许多不同类型的关系。实际上，关系的类型依赖于我们经验的意义和我们思考的方式，或者两者结合。④

5）生态循环理解传播

生态循环观念是施拉姆传播思想的核心。在《基本的人类传播》一书

---

① D. Lawrence Kincaid, Wilbur Schramm, *Fundamental Human Communication*, East-West Center, East-West communication institute, Honolulu, Hawaii, 1975, introduction.

② D. Lawrence Kincaid, Wilbur Schramm, *Fundamental Human Communication*, East-West Center, East-West communication institute, Honolulu, Hawaii, 1975, p. 31-32.

③ D. Lawrence Kincaid, Wilbur Schramm, *Fundamental Human Communication*, East-West Center, East-West communication institute, Honolulu, Hawaii, 1975, p. 103-104.

④ D. Lawrence Kincaid, Wilbur Schramm, *Fundamental Human Communication*, East-West Center, East-West communication institute, Honolulu, Hawaii, 1975, p. 37.

中，对于传播创造信息，施拉姆说：如果你认为我们已经进入了一个循环，你是对的。我们已经说过，创造对别人有用的和他们能理解的信息，我们必须尝试和人们一起看人们如何通过听到这些词语直接来理解它们。我们怎么做？或者他们怎么做？了解是否我们正在适用相同的含义而人们也正在试图用他们的语言表达的？我们又回到了循环的起点。现在，我们必须适用自己的语言来表达我们已经适用于他们语言的含义，等等。你们中的许多人可能会认为这种传播的循环观点就是反馈（从终点到起点）。反馈是指结果获知。把传播认为是种过程，反馈是一种有用的工具。[①]

在施拉姆创造的大众传播模式中也体现着循环反馈的思想，而在施拉姆的媒介教育理论、社会发展理论和国际传播理论中都能显现出他的生态循环思想。如他把传播过程看成一张网络，他把媒介教育与青少年的需要理解成动态的共生共荣的关系，他把大众媒介与发展中国家的发展认为是两者相互帮助，他把国际传播过程看成是由此生彼、由表及里的过程。而施拉姆的人类传播思想更是从宏观的角度把他的理论传播和应用传播连接在一起，构成了良好的生态循环传播体系。

6）人类传播的未来

由于科技的快速发展，媒介技术的不断更新，科技工具的更迭加速，施拉姆预测到了人工智能的到来。他在《人类传播的故事》一书中阐述道：计算机产生了另一个问题，现在可能是在理论上的，但是将来会成为实践上的：在人类社会中的"人工智能"。计算机真的是人工智能？它能思考？具有常识性的答案是没有机器能比它的设计者和建造者更聪明。没有人会期待机器是具有想象力和创造力的。那些都是人类的特质，不是吗？建造计算机来设计另一台计算机，或者基于更广阔的基础来做决定，或者遨游宇宙并报道回来给我们，这在理论上是可能的。[②]

计算机在信息时代有其特殊的重要性。它不仅是最强大的信息机器，而且它展示了一种状态：在这个新时代，人类将会对他们自己的智力水平负责，

---

① D. Lawrence Kincaid, Wilbur Schramm, *Fundamental Human Communication*, East-West Center, East-West communication institute, Honolulu, Hawaii, 1975, p. 20.

② Wilbur Schramm, *The story of Human Communication*, Harper&Row, Publishers, Inc, 1988, p. 352-356.

用一种他们从没有过的方法。

施拉姆的人类传播著作虽然篇幅较少，但在施拉姆的整个传播研究阶段起着导航员的作用。每在施拉姆进行传播研究的关键时期，或者说是瓶颈时期，施拉姆都需要通过哲学思考来探索传播研究中出现的相关问题，为他的传播研究提升一个高度，站在高的角度看清传播研究中的问题。而施拉姆的人类传播思想从宏观的角度编织了他的理论性传播和应用型传播理论，把他的研究成果立体的、从空中落实到现实的，编织成一幅动态的随着人类变动的知识图景，并预测科技发展带来的新的传播问题。

八、施拉姆传播思想的评价及贡献

（一）施拉姆传播思想的特点

施拉姆的传播理论包括理论型传播理论和应用型传播理论，他还试图用人类传播理论把它的前两种传播理论连接一起，形成一幅完整的知识图景。施拉姆完整的传播知识图景是从哲学的角度来探讨传播与人类社会活动的关系。

1. 人为主导

人类社会中，人类的一切活动都是由人发起并主导的。是人，使得社会活动变得有意义，推动社会的进步发展。在传播过程中，也是人发挥着主观能动性，使传播变得有意义。正如施拉姆在理解传播的概念时，他说首先需要明确的就是传播是人们所做的事情。在传播过程中，是人在处理信息、赋予信息意义、分享信息。整个传播过程都是由人在主导，离开了人的参与，传播活动也就变得没有任何价值、任何意义了。

深受施拉姆影响的我国著名学者戴元光先生认为施拉姆的理论思想的一个重要方面就是他从人的主动性出发丰富了大众传播的某些理论。[1]如施拉姆的大众传播模式，从人的角度，挖掘出人们内心需要交流表达的欲望，在传播模式中加入反馈这一过程，使得在传播过程中受众不再是冷冰冰的、被动的接受者角色，而是鲜活的、有思想的、可以自由表达的接受者和传递者两种角色。反馈的加入，也使得传播过程灵动起来，人的主观性的发挥让传播过程变成了良性的循环系统。更加有利于传播的顺畅。如施拉姆的媒介教育研究，从人的需要，即青少年使用大众媒介的需要角度出发，深刻地探讨了青少年观看电视的心理，提出了幻想导向与现实导向的电视使用需求，为青少年的教育提供非常重要的启发。人群结成社会，集合成国家。施拉姆的社会发展传播研究

---

① 戴元光：《影响传播学发展的西方学人（2）》，中国大百科全书出版社，2015年，第53页。

从社会发展的角度探讨媒介的作用，人们如何使用媒介来提高国民收入、来发展经济、来促进社会的发展。施拉姆的国际传播研究从第三世界与第一世界在传播过程中出现的交流不畅等问题出发，提出了对作为社会和国家主体的人员的培训，尤其是新闻工作人员的训练，来缓和国际交流传播中出现的矛盾。不用说，施拉姆的人类传播研究更是从哲学的角度讨论了传播与人类社会的各种问题。

传播是人类活动的基础。正如施拉姆所说的，人们对于传播最简单的需要就是维持日常的生活关系，人们在传播过程起着绝对的主导作用，发挥着巨大的意义。[1]

2. 传播无限

从事物的发展规律角度来说，人类社会处于不断进步发展中，人类的传播活动也是与人类社会同步进行，不断地进步和发展。从宏观角度来说，人类社会的无限性，决定了人类传播活动的无限性。

施拉姆认为人类从出生的时刻就开始了传播，我们进行传播就如同我们呼吸一样的自然和随意。人类没有传播思想，这是很难想象的。[2]

人类传播是一个社会过程，从信息的创造到理解的每个步骤都是人类传播中最普遍的过程。传播既无始亦无终，传播重视发生在前后，取决于我们从哪里进入传播过程。[3]传播活动也是有阶段性的，不同阶段的传播活动的需求不同，在达到这一阶段的需求后的传播活动就会自发地向下个阶段进入。除非认为终止或结束。而这种结束也只是这一传播过程的结束，不是在这一传播过程中受到影响的人或相应的事物的结束。从这个角度来说，现实中这一传播过程结束了，而实际上，与这一传播过程有联系的人或事物又在无形中进行着传播。传播活动根据不同的需要可以分成不同目的的传播活动，而不同目的的传播活动可能会相互有联系，交错影响。人们进行着传播活动，传播活动呈现出

---

[1] Wilbur Schramm edited, *The science of human communication*, Basic books, Inc., Publishers, New York, London, 1963, p. 14-15.

[2] D. Lawrence Kincaid, Wilbur Schramm, *Fundamental Human Communication*, East-West Center, East-West communication institute, Honolulu, Hawaii, 1975, p. 3.

[3] D. Lawrence Kincaid, Wilbur Schramm, *Fundamental Human Communication*, East-West Center, East-West communication institute, Honolulu, Hawaii, 1975, p. 99-102.

人们的思想动态。传播就是这样生生不息地发展着。

3. 生态循环

施拉姆传播思想的一大特点就是生态循环观点。施拉姆在《青少年生活中的电视》一书中说到，在所有文化变化中都存在大量的循环。特定的需求引发新技术的发展，新技术的发展反过来又鼓励新需要的产生。[①]施拉姆还提到，原因和结果，在印刷时代，新技术对于迎合那个时代人们的需要有着更快、更广、更灵活的交流的巨大帮助。在青少年使用电视理论的提出过程中，对于现实和幻想，施拉姆也认为他们之间是具有循环性的。他说，大众媒介的特征之一就是它有能力同时使两种领域存在。现实的建议可能来源于幻想，现实的物质又开启幻想的进程。正是由于传播过程中各方的循环反复互动，才能形成共生共荣的关系，才能构建良性的生态循环的传播网络。

施拉姆运用生态循环还解释了他的许多传播理论。如信息运用在传播过程中，传播过程又能创造信息；大众传播模式中的反馈；需求与变化；媒介教育研究中任务导向、媒介导向和价值导向的循环反复；社会发展传播研究中的大众媒介与发展中国家经济发展之间的联动关系；大众媒介与发展中国家的文化价值重建与反馈的关系；国际传播研究中，信息交流反馈沟通问题；人类传播研究中的，传播与社会、与社会制度、社会控制的关系等，施拉姆都是从循环的角度进行阐述。在传播过程的双方或者是多方都是通过一定的事物联系在一起的，一事物影响另一事物，相互影响、交错联动。重要的是，联动反馈之后传播过程会自发地修正、完善，这才是传播过程中生态循环的实质。

4. 多维动态网络

理论型传播研究和应用型传播研究是施拉姆一生专注的重要的传播研究方向。而他的人类传播研究又试图把这两者结合一起，形成一张立体的知识网络。在思想上，施拉姆确实做到了这一点。人类传播研究在施拉姆的传播研究各个时期都发挥着领航员的作用。在施拉姆孕育传播学科意识思想时，施拉姆研究《现代社会的传播》；在传播研究中期，施拉姆探索《人类传播科学》；在后期施拉姆关注《基本人类传播》；在末期，施拉姆描述了《人类传播的故

---

① Wilbur Schrmm, Jack Lyle, Edwin B. Parker, *Television in the lives of our children*, Stanford University Press, 1961, p. 62.

事》。可以说，施拉姆用人类传播把它的理论与应用很好地整合在一起了。

施拉姆的理论型传播和应用型传播又是相互影响、层层递进的关系。施拉姆在研究初期，著书立说，规整传播的理论框架。随后在社会环境和学术环境变化的影响下，施拉姆需要把理论用于实践，开拓出媒介教育、社会发展和国际传播等应用型研究方向。施拉姆的应用型传播研究都是以他的理论型传播为基础的，同时，应用型传播研究又带来丰富的理论成果，双方是交相辉映、共生共荣的生态循环关系。

施拉姆从开始传播学科意识的萌芽直到传播学科大厦的落地执行，他的宏大的传播学思想从云端到陆地，从思想到现实，立体地矗立在我们面前。在施拉姆的传播学体系中，思想上的理论型传播和应用型传播由人类传播研究牵引着，联动动态的互相影响着；现实中的传播学机构的建立、传播学研究者的培养等又为传播思想研究提供着坚实的基石。思想上和实际执行上缺一不可，互为补充。至此，施拉姆多维的、动态的、网络的传播学体系就此丰满。

5. 政经学一体

施拉姆传播思想的形成受到了许多学者的影响。有些学者的思想甚至颠覆了施拉姆的认知，致使他与他的文学导师决裂，改投社会科学的怀抱。[①]而有些学者的思想则重塑了施拉姆的人生观、世界观和价值观，如李普曼、拉斯韦尔、拉扎斯菲尔德等。[②]正是这批当时美国一流的学者的为美国主流意识形态和政府出谋划策的思想形塑了施拉姆的认知。施拉姆在与他们一起工作、学习、交流的过程中逐渐形成了自己的观点：政治、经济、学术三位一体。

从宏观角度来说，任何事物都是处于一个复杂的网络中，都与网络之中的其他事物紧密联动着。我们需要找到联动关系的平衡点，才能达到关系的均衡状态。施拉姆就在努力地寻找着这样的平衡点。他认为，学术离不开政治，学术需要为政治出谋划策，政治为学术提供支持。学术离不开经济，学术为经济的发展提供理论建议与计策，经济为学术提供财政支持。正是由于在他这样想法的指导下，在施拉姆一生的传播研究中，他几乎不缺经费，他与政府关系较好，他能得到一些政府项目，并能获得相关政府部门的支持。如他的应用

---

① 伍静：《中美传播学早期的建制史与反思》，山东人民出版社，2011年，第70页。

② 胡翼青：《传播学科的奠定1922—1949》，中国大百科全书出版社，2012年，第261页。

型传播研究多数都是在政府部门和与之合作的国家的政府部门支持下展开的。而同时，正是由于政府的全力支持，财政宽松，应用型传播研究才能顺利地展开，并能得出一些理论性的学术研究，反过来，又指导着应用型的研究。这是一个生态循环的动态网络。

任何事物都是有两面性的。施拉姆的政治、经济、学术三位一体的认知使他在传播研究后期遭到发展中国家学者的批评。但是，从关系均衡角度来说，是施拉姆找到了传播学科与政治、经济关系的平衡点，是他建立美国的传播学科，并发展和繁荣了它。

（二）对施拉姆的评价

施拉姆在传播学科上的地位无人能及，作为"传播学之父"国内外学者对他都是推崇备至的。但是从理论方面来说，国内外学者对他的理论贡献有所质疑。而从学术与政治的关系角度来说，施拉姆受到大多数第三世界国家学者的批评。认为他自身的狭隘使得他不能接受其他的传播研究声音；认为他过分关注学术与政治的关系而使传播研究的理论不能全方面开花。

1. 国外学者对施拉姆的评价

国外学者对施拉姆思想研究的著作颇丰，其中有以施拉姆生平为主线的整体性著作，如Steven Chaffee书写的施拉姆传记[1]，罗杰斯的著作《传播学史——一种传记式的方法》中的施拉姆的专门篇章等；也有以施拉姆某一观点为主线进行探讨的研究，后者的研究著作数量可谓非常之多，历史人物本身也是著作等身的，研究著作和资料浩瀚如海。

一方面，对于施拉姆的丰功伟绩，国外学术界都推崇备至。Bruce H. Westley等人在1974年汇编了《施拉姆对大众传播研究的贡献》一书[2]，书中引用Steven Chaffee、Godwin C. ChuJack、 Lyle和Wayne Danielson对施拉姆的评价来宣扬施拉姆对大众传播研究有着不可磨灭的贡献。如罗杰斯高度评价施拉姆，说他的一生有"四个第一"：创建了第一批以"传播"命名的大学教

---

① Steven H., Chaffee, and Everett M. Rogers(eds.)(in press). *In Wilbur Schramm, The Beginnings of Communication Study in America.* Newbury Park, Calif. :Sage.

② Bruce H. Westley(eds) (in press). *Journalism Monographs, Contributions of Wilbur Schramm to Mass Communication Research.*

学、研究单位；撰写了第一批传播学课程的教科书；授予了第一个传播学博士学位；是世界上第一个获得"传播学教授"头衔的人（1947年在伊利诺伊大学），并赞叹说："如果能够以某种方式抹掉施拉姆对传播学的贡献，世上就不会有传播学这样一个学科了。"佩斯利认为："而不是其他什么人，传播学才能够凭其自身成为一个研究领域。"查菲认为，施拉姆是美国传播学研究领域中的塔尖式人物，1933年至1973年美国传播学研究被称为"施拉姆的时代"；他认为施拉姆的贡献在于能较早地预测传播各个领域发展的可能，并构建基本概念和组织研究团队，培养学生成为各个传播领域的专家。[1]坦卡德也认为施拉姆对于传播研究所做的贡献比任何人都大。辛普森则认为施拉姆是1948年至1970年间美国传播学研究的中心人物。[2]1973年秋，在科罗拉多州的柯林斯堡，新闻教育协会授予施拉姆杰出贡献奖，以表彰他在大众传播领域的杰出贡献。

Madison Wis认为，通常评价教授们的方法是通过评析他们所著作的书或者是文章，就算是在著作论文这样的标准下，施拉姆也是出类拔萃的。然而，最关键的评价标准在于施拉姆的人际关系，通过和他工作过的同事和受过他教育的学生来评价，他们认为长久以来和施拉姆的共处让他们深受其益、收获颇丰。[3]

杰克赖勒（Jack. Lyle）认为，是施拉姆把大众媒介和教育连接在一起，并称之为"施拉姆联结"，Wayne Danielson 和Godwin Chu在他们的论文里也沿用这种叫法。[4]

沃尔夫冈认为，施拉姆的贡献在于扩展了传播学（而不是新闻学和语言学），开创了社会科学研究传统并沿用至今，开创了美国的公共电视和广播系统研究，最显著的贡献在于传播学的教育和传播学科的建构方面，最早地促进

[1] Bruce H. Westley(eds) (in press). *Journalism Monographs, Contributions of Wilbur Schramm to Mass Communication Research*. Chaffee, Steven H., The Pathways of Proteus. p. 8.

[2] Bruce H. Westley(eds) (in press). *Journalism Monographs, Contributions of Wilbur Schramm to Mass Communication Research*. p. 5.

[3] Bruce H. Westley(eds) (in press). *Journalism Monographs, Contributions of Wilbur Schramm to Mass Communication Research*. Preface, p. 6.

[4] Bruce H. Westley(eds) (in press). *Journalism Monographs, Contributions of Wilbur Schramm to Mass Communication Research*. Jack Lyle., Mas Media and Education:The Schramm Connection. p. 15.

了信息理论在传播研究方面的应用，最重要的推广在于发展传播领域①。

关于施拉姆的传播理论方面。麦奎尔肯定了施拉姆的大众传播模式，认为："人们把施拉姆的大众传播模式视为模式发展史上的一部分，它以例说明从一般模式走向大众传播模式的趋势，以及把大众传播看作社会的一个结合的部分的趋向。施拉姆把大众媒介的受众成员描绘成与其他人员及群体相互影响、对大众媒介的讯息进行讨论并做出反应。"同时，麦奎尔也指出了它的不足，"可以说是与大众社会现象相反的。在大众社会里，个人之间的联系非常松散，大众传播讯息是逐一递送影响并操纵受众成员的。"②

另一方面，对于施拉姆的某些观点，国外学者也有些质疑。如罗杰斯认为："是战争，使得以自然科学的方法进行社会研究成为当时传播研究唯一可行的方法。"对于四大奠基人神话，罗杰斯认为施拉姆在当时的情境下提出的四大奠基人的这一说法在政治上是个精明的策略。对于学科的"先驱者"和"奠基人"罗杰斯也认为应该加以区别，他认为如果从学科建制的角度来看，只有施拉姆可以担纲传播学科的"奠基人"，而像拉扎斯菲尔德这样的社会学家虽然也曾从事传播研究，但充其量只能划入"先驱者"之列。按照这个论点，对传播学研究贡献思想资源、为传播研究学科的建制打下基础的"先驱者"就远远不止这4个人了。

关于施拉姆、勒纳、罗杰斯的发展传播的社会经济变革模式，许多学者提出批评质疑，但同时，施拉姆也掀起了发展传播的讨论和关注。沃尔夫冈也认为，发展传播扩展了美国和许多其他国家的大学研究领域，但最终还是减少了美国大学的发展传播方向的研究，而是变成了专业关注公共健康、教育、营养和农业的移民研究方向，即健康传播方向。发生这些变化是健康传播理论从原有占主流地位的媒介效果和现代化发展出来的，并分支出关注参与授权。③

对于《报刊的四种理论》，阿特休尔的《权利的媒介：新闻媒介在人类事务中的作用》一书被学术界看作是继其之后的又一扛鼎之作，并对其"第一次构成了重大挑战"。④阿特休尔批评施拉姆等人从特定的框框中看问题，因

---

① Wolfgang Donsbach, *The international encyclopedia of communication*, 2008, p. 4511.

② 丹尼斯·麦奎尔:《大众传播模式论》，上海译文出版社，1987年，第46页。

③ Wolfgang Donsbach, *The international encyclopedia of communication*, 2008, p. 4512.

④ 邵培仁:《传播学导论》，浙江大学出版社，1997年，第161页。

此，他们可以毫不费力地断定哪个媒介制度好，哪个不好，这样做妨碍了人们正确地理解媒介制度。①传播学批判学派学者对这四种理论，特别是第三种理论（社会责任理论）和第四种理论（苏联共产主义理论）乃是持批判态度的。《报刊的四种理论》一书的论点，不仅被国外特别是一些第三世界国家新闻学和传播学论著广为征引，并且在我国也有所流传，应当深刻批判该书的错误观点、肃清其不良影响。②

施拉姆的跟随者们指出，传播学的四大奠基人"将传播学的侧重点压缩成一种个人主义的、短期效果的样式。因此，他们关闭了许多最近刚刚被学者们重新打开的研究领域"。③对于《报刊的四种理论》，《最后权利》的作者Nerone,J. C. 认为：《报刊的四种理论》有整体的不足，历史具体性的不一致，对不同历史时期不同现象的叙述，有的详细(如集权主义)，有的简略(如自由主义)；理论概念不一致。1959年争论是当时传播学术界的第一次大讨论，贝内特·贝雷尔森认为，传播学研究正处于枯萎状况。

2. 国内学者对施拉姆的评价

施拉姆是影响中国传播学发展的第一位外国学者。1978 年施拉姆到香港中文大学任访问教授，与他的同事和学生们一起，开始热忱地推动传播学在中国的发展。1982 年春施拉姆由余也鲁陪同访问中国时在中国最权威的《人民日报》做了一个介绍传播学的学术报告，这是中国新闻学研究者第一次与西方传播学者直接对话。至此，传播学在中国蓬勃发展，随后，对施拉姆的研究也如日方升。

国内学术界关于施拉姆对传播学的贡献如同国外学术界一样是高度认同的，但随着国内知识界获取了更多的信息，开始有学者对施拉姆的某些观点提出了不同的意见。

1）施拉姆贡献的辨析

邵培仁认为，施拉姆对传播学最突出贡献并不在于他阐述了自己的思想见解，而在于他使梦想成真，为传播学勾画出一个完整的学科框架，并脱颖

---

① [美]赫伯特·阿特休尔：《权利的媒介》，华夏出版社，1989年。

② 张隆栋：《大众传播总论》，中国人民大学出版社，1995年，第48页。

③ [美]E. M. 罗杰斯：《传播学史———一种传记式的方法》，殷晓蓉译，上海译文出版社，2002 年，第204页。

而出，成为一门独立的学科。①徐耀魁认为，施拉姆与他的追随者一起构成了"施拉姆学派"，也就是现在欧洲传播学界所说的传统学派。在施拉姆等人的带动下，美国传播学研究获得巨大发展，走在了世界的前列。它拥有众多的研究机构和研究人员，每年都出版大量的传播学论著，对世界影响巨大。②戴元光认为，施拉姆是世界上传播学研究最有影响的人物。从20世纪40年代末到80年代的近40年里，他收集、整理、出版了几乎所有主要的传播学研究成果。他是传播学研究的集大成者，对大众传播研究做出了独特贡献。③而胡翼青对施拉姆的体系完全是一种批判主义的态度，他认为成为主导性话语的施拉姆传播学，其理论繁殖力非常有限，已经成为一种脱离日常生活的"经院哲学"或者说神学。④

2）传播理论的辨析

关于施拉姆对传播的定义："传播即是对一组告知性符号采取同一意向。"邵培仁认为，该定义强调了传播者与接受者对符号的共有性，但没有明确指出传受两者要"分享的是其含义，而非符号。"因为，"同一个符号对两个人可能有完全不同的含义，或者对一个人有意义，对另一个却毫无意义。"⑤

关于施拉姆的传播四功能说，他的四功能说已被许多传播学者接受，但它一般只适用于大众传播研究的某些方面，不太适用于人际传播。

关于施拉姆的大众传播模式，张隆栋等人认为，此模式十分清楚地表明了美国传播学传统学派的"传播工具中心论"，这个模式的中心是大众传播工具组织。⑥

张咏华认为，施拉姆的循环模式克服了单向传播模式的弱点。但从宏观的角度而言，施拉姆模式仍未脱离美国传统传播学的框框，它仍然将传播过程的运动从整个社会系统中隔离出来进行考察，丝毫没有涉及社会整合、经济、文化等各方面同大众传播的关系。⑦

① 邵培仁：《传播学导论》，浙江大学出版社，1997年，第55页。

② 徐耀魁：《大众传播新论》，苏州大学出版社，2005年，第15页。

③ 戴元光、邵培仁、龚炜著：《传播学原理与应用》，兰州大学出版社，1988年，第7-8页。

④ 胡翼青：《传播学科的奠定1922—1949》，中国大百科全书出版社，2012年，第3-4页。

⑤ 邵培仁：《传播学导论》，浙江大学出版社，1997年，第3页。

⑥ 张隆栋：《大众传播学总论》，中国人民大学出版社，1995年，第38页。

⑦ 张咏华：《大众传播学》，上海外语教育出版社，1992年，第33-34页。

徐耀魁认为《报刊的四种理论》是世界上第一部系统、全面论述传播体制理论的专著，是美国传统学派的经典之作，是体现传统学派理论观点的典型作品。[①]李彬认为，《报刊的四种理论》是对近代新闻事业兴起以来的四种传播体制及相应的四种传播观念的比较研究，为传播研究开辟了新的领域，提供了新的范例。[②]

邵培仁认为，施拉姆曾撰写过许多较为客观、公正的学术著作，但他在这一理论的分析上则带有明显的片面性、主观性和"冷战"色彩，其书也被传播学界斥之为"一种过时的东西"。[③]张隆栋也认为，传统学派的论著，多称资本主义的传播制度是自由主义的。这是对资本主义传播制度的美化，我们必须对它严正加以批判。同样，《传播学概论》一书的中译者陈亮也认为，《报纸的苏联共产主义理论》，更详尽地反映了作者在新闻学理论方面的资产阶级观点。

张隆栋等人认为，施拉姆提出的发展中国家的传播战略，第一次具体而全面地阐述了传播与发展的各项现实问题，既是对以往研究成果和理论的概括和总结，又把发展传播学推进到更富有实践性的新阶段，因而在学术界、传播界及发展中国家的政府部门方面都产生了很大影响。[④]施拉姆力图考虑发展中国家的现实情况和具体需要，注意避免简单照搬西方的一套现成模式，这种努力还是值得充分肯定的。在今天看来，他的观点只反映了发展传播学最初阶段的成果，一些具体设想也不切合实际，甚至有些"一厢情愿"，难于付诸实施。

徐耀魁也认为，施拉姆关于传播媒介与国家发展的学说，是在总结前人研究成果尤其是勒纳的研究成果基础上发展起来的。他全面提出了发展中国家如何利用大众传播媒介促进社会发展的理论系统、发展战略及方针政策，全面、具体地阐述了大众传播与国家发展的各种迫切需要解决的现实问题，论述了开展传播研究的重要性，对发展中国家决策部门、学术界和大众传播机构，

① 徐耀魁：《大众传播新论》，苏州大学出版社，2005年，第143页。

② 李彬：《大众传播学》，清华大学出版社，2009年，第30页。

③ 邵培仁：《传播学导论》，浙江大学出版社，1997年，第159页。

④ 张隆栋：《大众传播总论》，中国人民大学出版社，1995年，第296-297页。

都产生了很大的影响。①由于施拉姆提出的大众传播媒介与国家发展理论较早，加之各发展中国家国情不同，因此，他的某些建议也好，设想也好，不一定完全符合实际，付诸实践的可能性就会大打折扣。

关于大众传播的社会功能，有学者认为，施拉姆的分类法的重要贡献是，他明确提出了传播的经济功能，指出大众传播通过经济信息的收集、提供和解释，能够启动经济行为。大众传播的经济功能并不仅仅限于为其他产业提供信息服务，它本身就是知识产业的重要组成部分，在整个社会经济中占有重要的地位。这种观点，已经为信息社会和知识经济的发展所证实，也成为当代"文化产业"的先声。②

3）强烈的政治意识形态左右施拉姆的思想

陈力丹在《新闻学刊》上发表了《对〈传学概论〉（美国传播学者威尔伯·斯拉姆著）几个问题的不同意见》。郭镇之认为，施拉姆本人的学术生涯显示了他与美国政治的深厚渊源。③骆正林认为，国家的需要决定着学者的命运，也决定着学术的命运，作为政府雇员的学者可以获得研究资金和社会地位，可以让研究获得最好的条件，同时他也认为，一切的学术问题说到底都是权力的问题。知识就是权力，这种相互勾结或者说同谋的关系，使权力庇护之下的知识不断得以重复和再生产，从而极大地局限了学科与学术的发展。权力对于学术的局限并不仅仅是限制言论自由那么简单和粗暴，它真正厉害的一面是通过意识形态的软控制在学术领域扶持自己的代言思想，并隐性束缚了这一领域多数研究者的视野。

胡翼青认为，施拉姆是一个有着强烈意识形态取向的传播研究者，在施拉姆选择标准的学术外表之下，还有更深刻的意识形态原因。④胡翼青在《传播学科的奠定（1922—1949）》中通过大量的史料论证和逻辑推理，把握了美国霸权性意识形态这根主线，并尖锐指出："似乎社会学芝加哥学派的没落、哥伦比亚学派的兴起、法兰克福学派的迎来送往、行为主义和功能主义的合流、社会学家的角色转型及施拉姆对传播学科的设计，似乎都与这条线索有着

---

① 徐耀魁：《大众传播新论》，苏州大学出版社，2005年，第114-115页。

② 李彬：《大众传播学》，清华大学出版社，2009年，第121页。

③ 郭镇之：《对"四种理论"的反思与批判》，《国际新闻界》1997年01期。

④ 胡翼青：《传播学四大奠基人神话的背后》，《国际新闻界》2007年4月，第5-9页。

或多或少的关联。"

冷战开始后，"为了在冷战背景中证明美国制度的优越性，社会科学研究被美国政府卷入了一场为意识形态与市场服务的现代化理论的运动中。"①施拉姆等人创造的发展传播学理论就是现代化理论运动的直接产物。骆正林认为施拉姆等人在构建美国传播学的过程中，是按照他们的价值观形成了传播学科的知识规训，强化了传播学者们对现有知识体系的"忠诚度和认同感"。②

4）传播学四大奠基人神话窄化了传播学的视野

不少学者认为施拉姆忽略芝加哥学派，按照自己的价值观创造了传播学四大奠基人的神话，制约了传播学的视野，窄化了传播的研究范围，同时又有泛化传播学之嫌。

杨建认为，通过对传播研究历史更加全面的考察可见，传统围绕伟大人物而建立的学科史神话是一种对传播学史的简单化处理。③黄旦同样认为："与其说是四个奠基人的研究确定了传播研究领域，不如说是施拉姆按照自己的口味，对传播研究的理解和设想，找到了他所认为的研究起点，找到他所欣赏和满意的人选，并遵循这样的线路，进一步推波助澜并蔚成大观。"④张军芳认为，似乎一提传播学，就是由四大奠基人首创。我们的视野也囿于这样的知识地图，在这种情况下，对于传播学多元源头的探究就显得十分必要。

5）自身偏好误导传播学研究

胡翼青认为，施拉姆不欣赏芝加哥学派的传播研究取向，原本无可厚非。但由于他在传播学中所具有的话语权，他的这种取向便对传播学研究产生了误导。作为传播学的开创者介入传播思想史领域的研究，施拉姆出于自己的偏好，无端地从一开始就片面勾画传播思想发展的基因图谱，其实封杀了传播学许多可能的发展方向。不容否认的是，像施拉姆那样，将传播学研究的视域完全置于四大奠基人所圈定的藩篱中，已经束缚了传播学的全面发展。"也正

① 俞吾金：《问题域的转换》，人民出版社，2007年，第235页。

② 骆正林：《传播学术史研究的方法与路径——兼评〈传播学科的奠定（1922—1949）〉》，《中国地质大学学报（社会科学版）》2014年5月第14卷第3期。

③ 杨建：《传播学史书写的多种可能——一个学科建制的视角》，《扬州大学学报（人文社会科学版）》2012年11月第16卷第6期，第107-113页。

④ 黄旦：《美国早期的传播思想及其流变——从芝加哥学派到大众传播研究的确立》，《新闻与传播研究》2005年第1期，第15-27页。

因为如此，在世界范围内，传播学都遭遇了不同程度的学科危机。"①连施拉姆也曾坦言："直到20世纪80年代，传播学仍旧没有发展出一个系统的中心理论，让传播学研究者可以围绕这个中心来思考、来组织，来建立一门成熟完备的学问。"而这个责任，施拉姆本人难辞其咎，"因为他创造的四大奠基人的神话关闭了传播学发展的多元通道"。②

施拉姆开创传播学之初，其思想构建、价值取向紧紧围绕美国的政治经济，难免有失偏颇，关于这一点，后期他自己也有所察觉。在《作为行为科学的人类传播学：杰克·海尔盖德和他的委员会》一书中，施拉姆追溯了过去半个多世纪对传播学的发展做出了重要贡献的学者，他们是哈罗德·拉斯韦尔、保罗·拉扎斯菲尔德、库特·勒温、罗伯特·默顿及卡尔·霍夫兰等。在《美国传播学研究的先驱：个人回忆》一书中，施拉姆又将这份名单追溯到更早时期的一些学者，他们是库利、帕克、爱德华·萨比尔等。施拉姆不无深情地感叹说："人类传播史上那些最辉煌的篇章，那些最具影响的洞见、判断和创造至今仍然深埋在时间和空间的雾霭中，关于他们我们知道得非常少。但是他们及他们的作品产生于我们这个时代，这些学者们在本世纪领导了一场有关传播学研究的意义深远的革命。"③

（三）施拉姆传播思想的贡献及局限

施拉姆在美国传播学研究领域的地位是举足轻重的，被誉为"传播学之父。"由他构建的传播学科引领着美国传播学研究领域的方向，甚至影响着世界各国的传播学研究。

1. 施拉姆传播思想的贡献

1）创立传播学科

传播对社会如此重要，就如施拉姆所说："社会传播的结构映射了社会的结构和发展。"④施拉姆对传播学所做的最大贡献，就是他开创了新的学

---

① 胡翼青：《传播学四大奠基人神话的背后》，《国际新闻界》2007年4月，第5-9页。

② 胡翼青：《传播学四大奠基人神话的背后》，《国际新闻界》2007年4月，第5-9页。

③ Schramm, *The Beginnings of Communication Study in America: A Personal Memoir.* New Delhi: Sage Publications, Inc, 1997.

④ *"Communication Development and the Development Process,"* in Lucian W. Pye(ed.), Communications and Political Development(Princeton University Press), 1963, p. 34.

科——传播学。他把早期由众多社会学家对传播领域的研究一片片汇集起来，绘制成一幅完整的传播学科地图，丰富和拓展了传播研究领域。创立传播学科、耕耘传播学科是施拉姆最具持久和普遍意义的贡献。

施拉姆一部部著作的问世伴随着他创立传播学科的过程。丰富的著作体现着施拉姆的传播思想，传播思想又规划着传播学科建设的进程。除了著作的出版，施拉姆建立各种传播研究机构，培养学者，为传播学科的建立添砖加瓦。在施拉姆精心构建和培养下，到1960年左右，美国形成了以他为学术领袖的施拉姆学派。该学派以施拉姆为中心，围绕着施拉姆设定出的传播研究方向进行研究；该学派的兴起和繁荣实际上也标志美国传播学的兴起和繁荣。如果说，以帕克为首的芝加哥学派关注传播的本体论、媒介社会生态、社会效果等传播研究，以霍夫兰为首的耶鲁学派专注于传播问题的一个侧面即如何进行有效的传播，以拉斯韦尔为主导的哥伦比亚学派确立了传播学的理论框架，施拉姆学派则以对传播现象进行总体而系统的考察而著称于世。它不仅是美国首屈一指的传播学流派，而且对传播学全球范围的兴起也产生了重大影响。在传播学界，施拉姆学派就如同希腊奥林匹斯山上的众神，而施拉姆则是众神之王宙斯。

施拉姆学派是由一个个优秀的学者组成，其中大多数都是施拉姆的学生、追随者或是受过施拉姆影响的人。麦库姆斯和肖就是其中的佼佼者，麦库姆斯（M. McCombs）和肖（D. L. Shaw）分别于斯坦福大学和威斯康星大学获得传播学方面的博士学位，后在北卡罗来纳大学新闻学院成为同事。他们在20世纪60年代末和70年代通过现实而具体的实验研究使议题设置假设具备了可检验的形式，并对之进行了经验主义的理论思考。这两人的最初成果先后发表在美国舆论研究协会（1971年）和《舆论季刊》（1972年）上，它是"第一篇以经验为根据的关于议题安排的报告"[①]，在大众传播研究者、政治学家和社会学家中产生了极大的影响。麦库姆斯曾在由施拉姆所创办的斯坦福大学传播学博士研讨班学习，在那里，传播媒介的效果是研究的重点，而科恩的《媒介与外交政策》是指定的读物。[②]受过施拉姆教导的学者人数众多，除了上述两

---

① 威尔伯·施拉姆：《报刊的四种理论》，新华出版社，1980年，第277页。

② 殷晓蓉：《战后美国传播学的理论发展——经验主义和批判学派的视域及其比较》，复旦大学出版社，2000年，第141-142页。

位学者之外，还有丹尼尔森、查菲、朱谦、余也鲁等，罗杰斯也是施拉姆忠实的追随者。正是由于施拉姆的著作、施拉姆的学生、施拉姆建立的传播机构才使得施拉姆的传播学科大厦创立、发展和繁荣起来。

2）理论贡献

施拉姆在创立传播学科方面无人质疑。但国内外大多数学者认为施拉姆的理论贡献较少。在理论方面，戴元光和胡翼青等人认为，施拉姆从人的角度丰富了大众传播模式、推动了"使用与满足"理论的发展，在媒介控制和传播体制方面有一定的贡献，构建了发展传播的研究框架，建立了第一代发展传播范式。

但是，从本书梳理了施拉姆的众多著作中，我们可以看出，施拉姆的理论贡献远不止这些。除了戴元光和胡翼青认可的施拉姆的理论贡献之外，施拉姆在媒介教育、社会发展传播、国际传播和人类传播方面都有一定的理论贡献。

多维动态、生态循环网络体系是施拉姆思想的核心，施拉姆的传播理论也是在这一核心思想的指导下研究得出的。而施拉姆的这一核心思想也极为重要，不仅是他在传播思想方面的影响，而且在社会学方面，多维动态、生态循环网络体系也能发挥极大的作用。

媒介教育方面。施拉姆对于媒介教育方面的最主要的理论贡献在于挖掘出了青少年使用电视的理论：幻想导向和现实导向；划分了大众媒介的内容：幻想型内容和现实型内容；总结出大众媒介的特征之一就是能使现实领域和幻想领域同时存在；提出了青少年如何在现实领域和幻想领域自由穿梭是非常重要的；推动了"使用与满足"理论在大众媒介，尤其是电视媒介中的研究；用生态循环方法构建了媒介选择理论：任务、媒介、价值三位一体；从实践中得出了电视给青少年带来的效果等研究理论。

施拉姆关于幻想导向和现实导向的青少年使用电视的理论、电视对青少年带来的效果等研究对当今的青少年教育都有非常重要的意义，对于了解青少年使用电视时的心理状态都有很大的启发作用，对于提高青少年的认知具有极大的借鉴意义。而在这一方面，国内外学者都很少涉及。

社会发展传播方面。施拉姆也采用了多维动态、生态循环的体系来阐释他对于大众媒介与社会发展的研究。施拉姆所理解的所有的国家都是发展中国家，社会新的发展模式要求人类和社会的联动这样的理论都是基于他的多维动态、生态循环的思想指导下得出的。施拉姆除了大多数学者认可的构建了第一代社会发展的研究范式和发展传播的研究框架之外，他还构建发展模型（西方发展模型、亚洲发展模型和人类模型）；根据发展中国家的实际经验提出了四条发展途径等理论研究。施拉姆构建的发展模型和提出的发展路径对于发展中国家来说都是具有显著的作用和实际的意义的。

国际传播方面。为了解决发达国家在与发展中国家合作交流沟通的过程中出现的一些问题，如信息不对称、传播不平衡等问题，施拉姆试图调和国际传播过程中的信息秩序，用对话—培训—研究模式，打造一种良性循环的生态国际传播体系。基于施拉姆的循环生态的理解，他认为对话、培训和研究也是互为一体的，三者是需要共同发展、共生共荣的。只有这样，才能缓和国际传播过程中出现的问题，才能使国际传播得到有效的沟通。

人类传播方面。施拉姆从哲学高度研究了人类传播方面的问题，试图把传播学科串成一个以传播学科为中心的、统摄各学科的综合性学科。在人类传播研究中能充分体现施拉姆的多维动态、生态循环系统。施拉姆构建了人类传播模型，这为传播设定了一种基本的范式；他注重人类社会与传播，认为观念在城市形成，了解城市、学校、社区与传播的关系等；他研究传播在社会中的作用，理解传播就是维持人们日常的生活关系；他说明群体在传播链中的重要作用；用生态循环理念来解释人类传播过程；他预测了传播的未来、人工智能等问题。可以说，施拉姆是从人类学、社会学和哲学角度来研究人类社会与传播的问题，从宏观的、大境界的方面来探索人类传播过程，这些研究成果不仅对传播学科、社会学科、哲学都有一定的影响。

施拉姆的理论贡献非常丰富，涉及面之广、钻研度之深都令人十分敬佩。施拉姆传播研究的理论和实际运用对当今的我们的传播研究都有着十分重要的借鉴意义和重要影响。

3）辐射全世界

施拉姆亲手打造的传播学科，经过几十年的发展，以美国为中心，辐射全球。施拉姆不仅影响了美国的传播学研究方向，也影响着世界各国的传播学研究。

第二次世界大战之后，传播学研究迅速从美国扩散到许多国家，尤其是一些发展中国家。这一方面得益于施拉姆积极地参与政府的项目，开展与第三世界国家的合作交流，在这种国际间的沟通交流状态中，施拉姆所开创的传播学科也在积极地与发展中国家进行着无形的交流。如帮助美属萨摩亚岛建构教育体系，帮助印度尼西亚推进电视教育，帮助印度、泰国、韩国等进行教育项目的推进，帮助孟加拉国进行传播方面的培训等。正是通过这些实际的、具有现实意义的传播方面的研究，施拉姆才能得出具有指导性建议的传播理论。也正是通过这些实实在在的项目的推进，施拉姆的传播思想和理论在国际交流传播过程发散出去，并形成一定的气候，在全球弥漫开来。

另一方面，施拉姆传播思想通过其著作，通过其培养的学生影响着全世界的传播研究方向。施拉姆的著作丰富、学生众多，并且他的学生都成为各国传播学科的带头人，如丹尼尔森、查菲等成为美国传播研究的领军人物；朱谦、余也鲁等人成为中国传播学研究的带头人。20世纪70年代末80年代初，在余也鲁等人的组织下，施拉姆访问中国，中国的传播学研究才开始全面开展起来。施拉姆的学员众多，并且成绩斐然，形成了施拉姆学派，正是这一学派的影响，又扩大了施拉姆的影响力。施拉姆学派中各国学者众多，他们回国后积极开展传播学科的研究，以施拉姆的传播学科体系作为蓝本，传播学研究在全世界普及开来。

施拉姆的传播思想通过他的著作、学生和实践项目向全世界散发着光芒。施拉姆在进行传播理论研究之时，毕业为开拓传播学而奋斗，他坚持从世界的实际情况出发，根据不同的国家情况，拓展延伸传播学科，如媒介教育、社会发展传播、国际传播等，为社会传播和社会的发展尽一份心力。最重要的是施拉姆从哲学、人类学角度总体地梳理了他的理论型传播思想和应用型传播思想，把他的传播思想编织成了立体的、多维动态、生态循环的知识学科体系网络，这才是施拉姆最具有影响力的思想。

总之，施拉姆作为美国传播学科的开创者，对美国和全世界的传播研究有着引领的作用，直接或间接地影响着全世界各国的传播学科的发展方向。但是，施拉姆所开创的传播学科由于传播领域研究的历史问题，以及施拉姆本人所处关系的影响等，施拉姆所主导的传播学科有着或多或少的问题。

2. 施拉姆传播思想的局限

从关系均衡角度来说，施拉姆找到了政治、经济和学术三者之间的关系平衡点，由上至下的，由政治护航、经济保驾的一种传播学科发展模式。这种模式是最现实、也是最容易实现的。对于施拉姆来说，显然他自己十分认可这种模式，毕生都在这种模式的指导下进行着传播学科的研究和开拓。但也正是由于这种模式，导致了施拉姆开拓的传播学科在一定程度上被政治和经济所左右，才使得他一统各学科的传播学科方向没能实现。

人无完人，金无足赤。生活在于选择。施拉姆选择了由上至下的传播学科发展模式，就需要承担起这种政治、经济、学术一体带来的弊端。任何一段关系都是变动发展的，找到各因素的平衡点很重要。任何关系达到均衡状态的平衡点也不只是一种，全看你如何选择。曾经，批判传播学派和媒介环境传播学派试图由下至上地进行传播研究，这种研究方向应该是多元的，全方位的。但是，由下至上地一个问题就是经济和政治得不到足够的支持，随着时间周期的加长，困难显而易见。但研究意义却十分重大。如果施拉姆在他的政治护航、经济保驾的这种传播学科发展模式下，能多考虑由下而上的传播研究声音，也许，他的统摄各学科的综合型传播学科能实现呢？谁又知道呢？

参考文献

施拉姆原著

[1] Schramm, Wilbur Lang.Approaches to a Science of English Verse[M].Iowa City: University of Iowa.1935.

[2] Schramm, Wilbur Lang.A Condidential an Shameless Biography of Wilbur Schramm.Folder L3, Schramm Papers, Iowa City: University of Iowa Libraries, Special Collections Department.1942-1943.

[3] Schramm, Wilbur Lang.Education for Journalism: Vocational, General, or Professional?[J].Journal of General Education1.1947(2): 90-98.

[4] Schramm, Wilbur Lang.Windwagon Smith and Other Yarns[M].New York: Harcourt, Brace.1947.

[5] Schramm, WilburLang(ed.).Communications in Modern Society[M].Urban: University of Illinois Press.1948.

[6] Schramm, Wilbur Lang(ed.).Mass Communication[M].1949.

[7] Schramm, Wilbur, and John Riley.The Reds Take a City: The Communist Occupation of Seoul with Eye-Witness Accounts[M].New Brunswick, N.J.: Rutgers University Press.1951.

[8] Schramm, Wilbur Lang(ed.).The Process and Effects of Mass Communication[M].Urbana: University of Illinois Press.1954.

[9] Schramm, Wilbur Lang.Information Theory and Mass Communication[J]. Journalism Quarterl.1955(32): 131-146.

[10] Schramm, Wilbur Lang(ed.).Four Theories of the Press[M].1956.

[11] Schramm, Wilbur Lang.Resposibility in Mass Communication[M].1957.

[12] Schramm, Wilbur Lang.Comments on Berelson[J].Public Opinion

Quarterly.1959 23(1): 6-9.

[13] Schramm, W, David Riesman, Ryamond A.Bauer.The state of Communication Research: Comment[M].The Public Opinion Quarterly, Vol.23, No.1.1959.

[14] Schramm, Wilbur Lang.One Day in the World's Press[M]. Stanford: Stanford University Press.1959b.

[15] Wilbur Schramm edited, The impact of educational television[M].Urbana: University of Illinois Press , 1960.

[16] Wilbur Schrmm, Jack Lyle, Edwin B.Parker.Television in the lives of our children[M].Stanford University Press.1961.

[17] Wilbur Schramm edited.The science of human communication[M].New York, London: Basic books, Inc., Publishers, 1963.

[18] Schramm, W. The Science of human communication[M].New York: Basic Books.P.1.1963.

[19] Schramm, Wilbur, Jack Lyle and Ithiel de Sola Pool.The People Look at Educational Television[M]. Stanford : Stanford University Press.1963.

[20] Schramm, Wilbur Lang.Mass Media and National Development[M]. Stanford: Stanford University Press.1964.

[21] Schramm, Wilbur, and L.Nelson. Communication Satellites for Education and Development: The Case of India[M]. Calif. : Stanford Research Institute. 1968.

[22] Schramm, Wilbur Lang.The Nature of Communication between Humans.In Wilbur Schramm and Donald F.Roberts(eds.), Process and Effects of Mass Communication[M].Rev.ed.Urbana: University of Illinois Press.1971, pp.3-53.

[23] Schramm, Wilbur, and Donald Roberts (eds.).The Process and Effects of Mass Communication.Rev.ed[M].Urbana: University of Illinois Press.1971.

[24] Schramm, W.and Roberts, D.F.(ed.).The Process and Effects of Mass Communication, (revised edition)[M].Chicago: University of Illinois Press, 1971.

[25] Pool, Ithiel D. & Schramm, W.(eds.).Handbook of Communication[M]. Chicago: Rand McNally College Publishing Company.1973.

［26］D.Lawrence Kincaid, Wilbur Schramm.Fundamental Human Communication, East-West Center, East-West communication institute[M].Honolulu, Hawaii.1975.

［27］Wilbur Schramm , Danniel Lerner edited. Communication and Change[M]. Hawaii : The University Press of Hawaii Honolulu.1976.

［28］Schramm, W.An Overview of the Past Decade. in Schramm, W. & D. Lerner (ed.)Communication and Change: The Last Ten Years and the Next[M]. Honolulu: University Press of Hawaii. 1976, 1-5.

［29］Schramm, Wilbur, G. C. Chu, F. T. C. Yu. China's Experience with Development Communication: How Transferrable is it? [J].Communication Monographs, 1976(1), 85-103.

［30］Wilbur Schramm.Big media Little media[M].Beverly Hills, London: Sage Publications, 1977.

［31］Schramm, Wilbur Lang.Men, Messages, and Media: A Look at Human Communication[M].New York: Harper&Row.1978.

［32］Schramm, Wilbur Lang.MassMedia and National Development[M].Unesco. 1979.

［33］Schramm, Wilbur Lang.Personal interview by John Stevens, conducted at the University of Michigan, Ann Arbor, and held in the Wisconsin Historical Society, Madison.1979.

［34］Schramm, Wilbur Lang.The Beginnings of Communication Research in the United States.In Dan Nimmo(ed.), Communication Yearbook 4.New Brunswick, N.J.: Transaction Books.1980, pp.73-82.

［35］Schramm, Wilbur Lang.There Were Giants in the Earth in These Days.Les Moeller lecture, Iowa City, University of Iowa, School of Journalism and Mass Communication.1981.

［36］Wilbur Schramm , Lyle M.Nelson, Mere T.Betham.Bold experiment—the story of educational television in American Samoa[M].Stanford, California: Stanford University Press, 1981.

［37］Wilbur Schramm, Erwin Atwood, Circulation of news in the third world, A study of Asia[M]. Hong Kong: The Chinese University Press, 1981.

[38] Schramm, Wilbur, and William E.Porter.Men, Women, Messages, and Media: Understanding Human Communication.2d ed[M].New York: Harper and Row.1982.

[39] Schramm, W. The Unique Perspective of Communication: A Retrospective View[J].In Journal of Communication.1983, 33.

[40] Godwin C.Chu, Alfian, Wilbur Schramm.Satellite television comes to Indonesian villages——A study of social impact[M].1985.

[41] Schramm, Wilbur Lang. The Beginnings of Communication Research in the United States.In Everett M.Rogers and Francis Balle(eds.), The Media Revolution in America and Western Europe[M].Norwood, N.J.: Ablex.1985, pp.200-211.

[42] Wilbur Schramm.The story of Human Communication[M].Harper&Row, Publishers, Inc.1988.

[43] Schramm, Wilbur Lang.Palimpsest.In Erik Barnouw(ed.), International Encyclopedia of Communication[M].New York: Oxford University Press.1988.

[44] Wilbur Schramm.The Beginnings of Communication Study in America: A Personal Memoir[M].1997.

[45] Schramm, Wilbur Lang(in press a). The Master Teachers.In Everette E.Dennis and Ellen Wartella(eds.), American Communication Research: The Remembered History[M].New York: Freedom Forum Media Studies Center.

[46] Schramm, Wilbur Lang(in press b). The Beginnings of Communication Study in America: A Personal Memoir[M].Newbury Park, Calif.: Sage.

施拉姆译著:

[1] 弗雷德里克·S.西伯特, 西奥多·彼得森, 威尔伯·施拉姆.传媒的四种理论[M].戴鑫译.北京: 中国人民大学出版社, 2008.

[2] 威尔伯·施拉姆.人类传播史[M].游梓翔 , 吴韵仪, 译.台北: 远流出版公司, 1994.

[3] 威尔伯·施拉姆.传播学概论[M].陈亮, 等, 译.北京: 新华出版社, 1984.

[4]威尔伯·施拉姆.传播学手册[M].南京: 江苏人民出版社, 1988.

[5]威尔伯·施拉姆.人类传播科学: 传播研究的新方向与新发现[M].北京: 中共党史资料出版社, 1989.

[6]威尔伯·施拉姆.作为行为科学的人类传播学: 杰克·海尔盖德和他的委员会[M].太原: 山西人民出版社, 1989.

[7]威尔伯·施拉姆著.查菲, 罗杰斯编.美国传播研究的开端: 亲身回忆[M].王金礼译.北京: 中国传媒大学出版社, 2016.

[8]威尔伯·施拉姆.大众传播媒介与社会发展[M].金燕宁, 等, 译.北京: 华夏出版社, 1990.

[9] 威尔伯·施拉姆.媒介与冲击[M].北京: 东方出版社, 1993.

[10]威尔伯·施拉姆.大众传播的责任[M].台北: 远流出版公司, 1992.

外文文献:

[1]Wolfgang Donsbach. The international encyclopedia of communication[M]. 2008.

[2]Nerone, J. C. (editor);Berry, W. E. et al(writers). Last Rights: Revisiting Four Theories of the Press[M]. University of Illinois Press, Urbana and Chicago. 1995.

[3]Daniel Lerner. The Passing of Traditional Society[M]. 1958.

[4]Rogers, Everett M. , and Steven H. Chaffee. Communication and Journalism from Daddy Bleyer to Wilbur Schramm: A Palimpsest[J]. Paper presented at the Association for Journalism and Mass Communication, Montreal. 1992.

[5]Chaffee, Steven H. , and Everett M. Rogers(eds.)(in press). In Wilbur Schramm, The Beginnings of Communication Study in America[M]. Newbury Park, Calif. : Sage.

[6]Rogers, Everett M. Looking Back, Looking Forward: A Century of Communication Study. In Philip Gaunt(ed.), Beyond Agendas: New Directions in Communication Research[M]. Westport, Conn: Greenwood. 1993. pp. 19-39.

[7]Rogers, Everett M. On Early Mass Communication Research[J]. Journal of Broadcasting and Electronic Media1992, 36(4): 467-471.

[8] Glander T. Origins of mass communication research during the American Cold War: educational effects and contemporary implications [M]. New Jersey: Lawrence Erlbaum Associates, 2000, p. 136.

[9] Parish, W. L. Communication and Changing Rural Life, in Chu, G. C., & Hsu, F. L.K. (eds.). Moving a Mountain: Cultural Change in China[M]. Honolulu: University Press of Hawaii.1979, 363 -384.

[10] Pye, L. W. Communication and Political Culture in China, in Chu, G. C., & Hsu, F. L. K.(eds.). Moving a Mountain: Cultural Change in China[M]. Honolulu: University Press of Hawaii.1979, 153-178.

[11] Chan, J. M. & Lee, C. C. Mass Media and Political Transition: The Hong Kong Press in China's Orbit[M]. New York: Guilford Press. 1991.

[12] Harding, H. From China, with Disdain: New Trends in the Study of China[J]. Asian Survey, Vol. 22, No. 10, 1982, pp. 934-958.

[13] Howkins, J. Mass Communication in China[M]. New York: Longman Press. 1982.

[14] Lasswell, H. D. Propaganda Technique in World War I[M]. New York: P. Smith Press. 1927.

[15] Lazarsfeld, P. The Prognosis for International Communications Research[J]. Public Opinion Quarterly, Vol. 16, No. 4, 1952, pp. 481-490.

[16] Lee, C. C. (ed.). Voices of China: The Interplay of Journalism and Politics[M]. New York: Guilford Press. 1990.

[17] Lee, C. C. (ed.). China's Media, Media's China[M]. Boulder: Westview Press. 1994.

[18] Lee, C. C. (ed.). Power, Money and Media: Bureaucratic Control and Patterns of Communication in Cultural China[M]. Evanston: Northwestern University Press. 2000.

[19] Lee, C. C. et al, . Global Media Spectacle: News War Over Hong Kong[M]. Albany: State University of New York Press. 2002.

[20] Lerner, D. The Passing of Traditional Society: Modernizing the Middle East[M]. New York: Free Press of Glencoe. 1958.

[21] Glander T. Origins of mass communication research during the American Cold War: educational effects and contemporary implications [M]. New Jersey: Lawrence Erlbaum Associates, 2000, p. 136.

[22] Simpson C.Science of Coercion: Communication Research and Psychological Warfare 1945-1960 [M]. New York: Oxford University Press, 1996(10), pp107.

[23] Edited by Everette E. Dennis and Ellen Wartella. American Communication Research: The Remembered History[M]. Mahwah, New Jersery, Lawrence Erlbaum Associates, Inc, 1996.

[24] Lasswell, Harold D. , Ralph D. Casey, BruceL. Smith. Propaganda and Promotional Activities: An Annotated Bibliography[M]. Minneapolis: University of Minnesota Press. 1935.

[25] Lasswell, Harold. Communication Research and Pub lic Policy[J]. Public Opinion Quarterly1972, 36: 301-310.

[26] Lasswell, Harold D. , Nathan Leites(eds.). Language of Politics: Studies in Quantitative Semantics[M]. New York: George Stewart. 1949.

[27] Lasswell, Harold. Propaganda Technique in the World War[M]. New York: Knopf;New York: Peter Smithe; and Cambridge: MIT Press. 1927/1938/1971.

[28] Lasswell, Harold. Psychopathology and Politics[M]. New York: Viking Press;Chicago: University of Chicago Press. 1930/1960.

[29] Lazarsfeld, Paul F. Radio and the Printed Page: An Introduction to the Study of Radio and Its Role in the communication of Ideas[M]. New York: Duell, Pearce and Sloan. 1940.

[30] Rogers, Everett, M. A History of Communication Study: A Biographical Approach[M]. New York: The Free Press. 1994. p. 446.

[31] Chang, W. H. Mass Media in China: the History and the Future[M]. Ames: Iowa State University Press. 1989.

[32] Hovland, Carl I. , Irving Janis, and Harold Kelley(eds.). Communication and Persuasion: Psychological Studies of Opinion Change[M]. New Haven: Yale University Press. 1953.

[33] Hovland, Carl I. , Arthur A. Lumsdaine, and Fred D. Sheffield. Experiments

on Mass Communication: Studies in Social Psychology in World War II, vol. 3[M]. New Haven: Yale University Press. 1949.

[34] Hovland, Carl I. , and Walter Weiss. The Influence of Source Credibility on Communication Effectiveness[J]. Public Opinon Quarterly 1951, 15: 635-650.

[35] Lazarsfeld, Paul F. Remarks on Administrative and Critical Communications Research[J]. Studies in Philosophy and Social Science. 1941, 9(1): 2-16.

[36] Lewin, Kurt. Group Decision and Social Change. In Eleanor E. Maccoby, Theodore M. Newcomb, and Eugene L. Hartley(eds.), Readings in Social Psychology[M]. 3d ed. New York: Holt, Rinehart and Winston. 1958, pp. 197-211.

[37] Lewin, Kurt, and Ronald Lippintt . An Experimental Approach to the Study of Autocracy and Democracy: A Preliminary Note[J]. Sociometry. 1938, 292-300.

[38] Lewin, Kurt, Ronald Lippintt, and R. K. White. Patterns of Aggressive Behavior in Experimentally Created Social Climats[J]. Journal of Social Psychology. 1939, 10: 271-299.

[39] Cooley, Charles Horton. Human Nature and the Social Order[M]. New York: Charles Scribner's Sons. 1902/1922.

[40] Cooley, Charles Horton. . Social Organization: A Study of the Larger Mind[M]. New York: Charles Scribner's Sons. 1909.

[41] Cooley, Charles Horton. Social Process[M]. New York: Charles Scribner's Sons. 1918.

[42] Cooley, Charles Horton. Reflections upon the Sociology of Herbert Spencer[J]. American Journal of Sociology . 1920(26): 129-145.

外文译著:

[1] Michael Gurevitch. 文化、社会与媒体[M]. 陈光兴译. 台北: 远流出版公司, 1992.

[2] 安东尼·吉登斯. 民族、国家与暴力[M]. 胡宗泽, 等, 译. 北京: 三联书店, 1998.

[3] 沃浓·路易·帕灵顿. 美国思想史[M]. 陈用国, 等, 译. 长春: 吉林人民出版社,

2002.

[4] 赛弗林·坦卡特. 传播学的起源、研究与应用[M]. 福州: 福建人民出版社, 1985.

[5] 梅尔文·L. 德弗勒, 埃弗雷特·E. 丹尼斯. 大众传播通论[M]. 北京: 华夏出版社, 1989.

[6] 戴维·克劳利, 保罗·海尔. 传播的历史[M]. 董璐, 等, 译. 北京: 北京大学出版社, 2011.

[7] 约瑟夫·塔洛. 今日传媒[M]. 于海生译. 北京: 华夏出版社, 2011.

[8] 斯坦利·J. 巴伦. 大众传播概论[M]. 刘鸿英译. 北京: 中国人民大学出版社, 2005.

[9] 玛丽·崴庞德. 传媒的历史与分析[M]. 郭镇之译. 北京: 北京广播学院出版社, 2003.

[10] 希伦·A. 洛厄里, 梅尔文·L. 德弗勒. 大众传播效果研究的里程碑[M]. 刘海龙, 等, 译. 北京: 中国人民大学出版社, 2009.

[11] Harold Innis. 帝国与传播[M]. 曹定人译. 台北: 远流出版公司, 1993.

[12] 亚里士多德. 政治学[M]. 吴寿彭译. 北京: 商务印书馆, 1996.

[13] 仙托·艾英戈, 唐纳德·R. 金德. 至关重要的新闻: 电视与美国民意[M]. 刘海龙译. 北京: 新华出版社, 2004.

[14] 布赖恩·麦克奈尔(Brian McNair). 政治传播学引论[M]. 殷祺译. 北京: 新华出版社, 2005.

[15] 托克维尔. 论美国的民主[M]. 董果良译. 北京: 商务印书馆, 2009 .

[16] Sarah Oates. 媒介与政治初探[M]. 杨雅婷译. 台北: 韦伯文化国际出版有限公司, 2009.

[17] 哈罗德·拉斯韦尔. 世界大战中的宣传技巧[M]. 张洁, 等, 译. 北京: 中国人民大学出版社, 2003.

[18] 哈罗德·拉斯韦尔. 社会传播的结构与功能[M]. 何道宽译. 北京: 中国传媒大学出版社, 2013.

[19] 乔治·H. 米德. 19世纪的思想运动[M]. 陈虎平, 等, 译. 北京: 中国城市出版社, 2003.

[20] 文森特·莫斯可. 传播政治经济学[M]. 胡正荣, 等, 译. 北京: 华夏出版社,

2000.

[21] J. 赫伯特·阿特休尔. 权利的媒介[M]. 黄煜, 等, 译. 北京: 华夏出版社, 1989.

[22] 丹尼尔·杰·切特罗姆. 传播媒介与美国人的思想[M]. 曹静生, 等, 译. 北京: 中国广播电视出版社, 1991.

[23] 詹姆斯·罗尔. 媒介、传播、文化——一个全球性的途径[M]. 董洪川译. 北京: 商务印书馆, 2005.

[24] 戴维·克劳利, 保罗·海尔. 传播的历史[M]. 董璐, 等, 译. 北京: 北京大学出版社, 2011.

[25] 贝尔纳·米耶热. 传播思想[M]. 陈蕴敏译. 南京: 江苏人民出版社, 2008.

[26] 加布里埃尔·塔尔德, 特里·N. 克拉克. 传播与社会影响[M]. 何道宽译. 北京: 中国人民大学出版社, 2005.

[27] E. M. 罗杰斯. 传播学史——一种传记式的方法[M]. 殷晓蓉译. 上海: 上海译文出版社, 2002.

[28] 埃里克·麦格雷. 传播理论史——一种社会学视角[M]. 刘芳译. 北京: 中国传媒大学出版社, 2009.

[29] 诺伊乔夫. 存在巨链——对一个观念的历史的研究[M]. 张传有. 南昌: 江西教育出版社, 2002.

[30] 黑格尔. 精神现象学[M]. 贺麟译. 上海: 上海人民出版社, 2013.

[31] 昆廷·斯金纳. 近代政治思想的基础[M]. 希瑞森, 等, 译. 北京: 商务印书馆, 2002.

[32] 哈克特(Hackett, R. A.), 赵月枝. 维系民主? 西方政治与新闻客观性[M]. 周雨, 沈荟, 译. 北京: 清华大学出版社, 2005.

[33] 乔纳森·比格内尔. 传媒符号学[M]. 白冰, 等, 译. 成都: 四川教育出版社, 2012.

[34] 道格拉斯·凯尔纳. 媒介文化: 介于现代与后现代之间的文化研究、认同性与政治[M]. 北京: 商务印书馆, 2004.

[35] 林文刚. 媒介环境学[M]. 何道宽译. 北京: 北京大学出版社, 2007.

[36] 赫伯特·席勒. 思想管理者[M]. 台北: 远流出版公司, 1994.

[37] T. 阿多而诺. 权利主义人格[M]. 杭州: 浙江教育出版社, 2002.

[38] T. 阿多而诺. 否定的辩证法[M]. 重庆: 重庆出版社, 1993.

[39] 尤尔根·哈贝马斯. 作为"意思形态"的技术与科学[M]. 上海: 学林出版社, 1999.

[40] 尤尔根·哈贝马斯. 交往行动理论[M]. 重庆: 重庆出版社, 1994.

[41] 罗兰·巴特. 符号学原理——结构主义文学理论文选[M]. 北京: 三联书店, 1988.

[42] 戴维·赫尔德. 民主的模式[M]. 燕继等, 译. 北京: 中央编译出版社, 1998.

[43] 沃纳·赛福林, 小詹姆斯·坦克德. 传播理论: 起源、方法与应用[M]. 郭镇之, 等, 译. 北京: 华夏出版社, 2000.

[44] 麦克思·霍克海默. 人的概念[M]. 重庆: 重庆出版社, 1988.

[45] 刘易斯·科瑟. 社会学思想名家[M]. 北京: 中国社会科学出版社, 1990.

[46] 尼克·史蒂文斯. 认识媒介文化: 社会理论与大众传播[M]. 北京: 商务印书馆, 2003.

[47] Daniel J. Czitron. 美国大众传播思潮——从摩斯到麦克卢汉[M]. 台北: 远流出版公司, 1994.

[48] 罗伯特·达尔. 论民主[M]. 李伯光译. 北京: 商务印书馆, 1999.

[49] E. E. 丹尼斯. 大众传播的恒久话题[M]. 台北: 远流出版公司, 1994.

[50] 阿芒·马特拉, 米歇尔·马特拉. 传播学简史[M]. 孙五三译. 北京: 中国人民大学出版社, 2008.

[51] 阿雷恩·鲍尔德温等. 文化研究导论[M]. 陶东风, 等, 译. 北京: 高等教育出版社, 2004.

[52] 尼罗等. 最后的权利[M]. 周翔译. 汕头: 汕头大学出版社, 2008.

[53] 恩斯特·卡西尔. 人论[M]. 甘阳译. 上海: 上海译文出版社, 2013.

中文文献:

[1] 胡翼青. 传播学科的奠定 (1922—1949) [M]. 北京: 中国大百科全书出版社, 2012.

[2] 俞吾金. 问题域的转换[M]. 北京: 人民出版社, 2007.

[3] 胡翼青. 再度发言: 论社会学芝加哥学派传播思想[M]. 北京: 中国大百科全书出版社, 2007.

[4] 汪行福. 走出时代的困境·序[M]. 上海: 上海社会科学院出版社, 2000.

[5] 郭庆光. 传播学教程[M]. 北京: 中国人民大学出版社, 1999.

[6] 胡翼青. 传播学: 学科危机与范式革命[M]. 北京: 首都师范大学出版社, 2004.

[7] 吴东权. 中国传播媒介发源史[M]. 台北: 中视文化公司, 1988.

[8] 吴予敏. 无形的网络——从传播学角度看中国传统文化. [M]. 香港: 国际文化出版社, 1988.

[9] 沙莲香. 传播学——以人体为主体的图像世界之谜[M]. 北京: 中国人民大学出版社, 1990.

[10] 侯宜杰. 二十世纪初中国政治改革风潮[M]. 北京: 人民出版社, 1993.

[11] 皇甫河旺, 彭怀恩. 传播与政治[M]. 台北: 风云论坛出版社, 1993.

[12] 彭芸. 新闻媒介与政治[M]. 台北: 黎明文化公司, 1993.

[13] 李智. 国际政治传播: 控制与效果[M]. 北京: 北京大学出版社, 2007.

[14] 全增嘏. 西方哲学史[M]. 上海: 上海人民出版社, 1985.

[15] 全增嘏. 西洋哲学小史[M]. 北京: 商务印书馆, 1933.

[16] 关绍箕. 中国传播理论[M]. 台北: 正中书局, 1994.

[17] 关绍箕. 中国传播思想史[M]. 台北: 正中书局, 2000.

[18] 方汉奇. 中国新闻事业简史[M]. 北京: 中国人民大学出版社, 1995.

[19] 闾小波. 中国早期现代化中的传播媒介[M]. 上海: 上海三联出版社, 1995.

[20] 胡翼青. 西方传播学术史手册[M]. 北京: 北京大学出版社, 2015.

[21] 戴元光. 影响传播学发展的西方学人 (2) [M]. 北京: 中国大百科全书出版社, 2015.

[22] 伍静. 中美传播学早期的建制史与反思[M]. 济南: 山东人民出版社, 2011.

[23] 刘海龙. 重返灰色地带——传播研究史地书写与记忆[M]. 北京: 北京大学出版社, 2015.

[24] 刘泽华. 中国传统政治哲学与社会整合[M]. 北京: 中国社会科学出版社, 2000.

[25] 汪晖. 现代中国思想的兴起[M]. 北京: 三联书店, 2004.

[26] 王怡红, 胡翼青. 中国传播学30年[M]. 北京: 中国大百科全书出版社, 2010.

[27] 俞香顺. 传媒·语言·社会[M]. 北京: 新华出版社, 2005.

[28] 陈龙. 大众传播学导论[M]. 苏州: 苏州大学出版社, 2008.

[29] 徐耀魁. 大众传播新论[M]. 苏州: 苏州大学出版社, 2005.

[30] 戴元光, 邵培仁, 龚炜. 传播学原理与应用[M]. 兰州: 兰州大学出版社, 1988.

[31] 宫承波, 管璘. 传播学史[M]. 北京: 中国广播影视出版社, 2014.

[32] 李彬. 传播学引论[M]. 北京: 新华出版社, 2003.

[33] 张咏华. 大众传播学[M]. 上海: 上海外语教育出版社, 1992.

[34] 李彬. 大众传播学[M]. 北京: 清华大学出版社, 2009.

[35] 路春艳, 张洪忠. 大众传播学教程[M]. 北京: 北京师范大学出版社, 2007.

[36] 张迈曾. 传播学引论[M]. 西安: 西安交通大学出版社, 2002.

[37] 陈力丹. 传播学是什么[M]. 北京: 北京大学出版社, 2007.

[38] 陈卫星. 传播的观念[M]. 北京: 人民出版社, 2004.

[39] 李彬. 符号透视: 传播内容的本体诠释[M]. 上海: 复旦大学出版社, 2003.

[40] 张巨岩. 权力的声音: 美国的媒体和战争[M]. 北京: 三联书店, 2004.

[41] 陈崇山, 孙五三. 媒介·人·现代化[M]. 北京: 中国社会科学出版社, 1997.

[42] 祝建华, 孙江华. 传播统计学[M]. 北京: 北京广播学院出版社, 2003.

[43] 陈学明, 吴松, 远东. 哈贝马斯论交往[M]. 昆明: 云南人民出版社, 1998.

[44] 胡经之, 张首映. 西方二十世纪文论史[M]. 北京: 中国社会科学出版社, 1988.

[45] 周晓虹. 现代社会心理学[M]. 上海: 上海人民出版社, 1997.

[46] 张炼强. 修辞理据探索[M]. 北京: 首都师范大学出版社, 1994.

[47] 朱学勤. 道德理想国的覆灭[M]. 上海: 上海三联书店1994.

[48] 许正林. 欧洲传播思想史[M]. 上海: 上海三联书店2005.

[49] 朱振明. 传播世界观的思想者——阿芒·玛特拉传播思想研究[M]. 上海: 上海交通大学出版, 2011.

[50] 宋林飞. 社会传播学[M]. 上海: 上海人民出版社, 1995.

[51] 郭庆光. 传播学教程[M]. 北京: 中国人民大学出版社, 2005.

[52] 段京肃, 罗锐. 基础传播学[M]. 兰州: 兰州大学出版社, 1996.

[53] 刘行燚, 等. 传播学[M]. 武汉: 武汉大学出版社, 1994.

[54] 张隆栋. 大众传播学总论[M]. 北京: 中国人民大学出版社, 1995.

[55] 邵培仁. 传播学导论[M]. 杭州: 浙江大学出版社, 1997.

[56] 张国良. 传播学原理[M]. 上海: 复旦大学出版社, 1996.

[57] 张国良. 20世纪传播学经典文本[M]. 上海: 复旦大学出版社, 2003.

[58] 殷晓蓉. 战后美国传播学的理论发展[M]. 上海: 复旦大学出版社, 2000.

[59] 赵月枝. 传播与社会: 政治经济与文化分析[M]. 北京: 中国传媒大学出版社, 2011.

[60] 余志鸿. 传播符号学[M]. 上海: 上海交通大学出版社, 2007.

[61] 戴元光. 传媒、传播、传播学[M]. 上海: 上海交通大学出版社, 2005.

[62] 吴予敏. 传播与文化研究[M]. 北京: 北京大学出版社, 2007.

[63] 海阔. 媒介人种论[M]. 北京: 中国传媒大学出版社, 2008.

[64] 刘建明, 等. 西方媒介批评史[M]. 福州: 福建人民出版社, 2007.

[65] 王勤田. 现代西方文化思潮鉴评[M]. 北京: 当代中国出版社, 1993.

[66] 于海. 西方社会思想史[M]. 上海: 复旦大学出版社, 1993.

[67] 戴元光. 20世纪中国新闻学与传播学[M]. 上海: 复旦大学出版社, 2001.

[68] 冯友兰. 新原人[M]. 北京: 北京大学出版社, 2014.

[69] 冯友兰. 境界. [M]. 北京: 中信出版社, 2012.

[70] 冯友兰. 人生哲学: 外二种[M]. 北京: 中华书局, 2014.

[71] 张奴伦. 现代西方哲学十五讲[M]. 北京: 北京大学出版社, 2003.

[72] 许纪霖. 二十世纪中国思想史论[M]. 上海: 东方出版中心, 2000.

[73] 李敬一. 中国传播史论[M]. 武汉: 武汉大学出版社, 2003.

[74] 张昆. 大众媒介的政治社会化功能[M]. 武汉: 武汉大学出版社, 2003 .

[75] 郝朴宁, 等. 中国传播史论[M]. 昆明: 云南大学出版社, 2005.

[76] 萧公权. 中国政治思想史[M]. 北京: 新星出版社, 2005.

[77] 谢岳. 大众传播与民主政治[M]. 上海: 上海交通大学出版社, 2005 .

[78] 陈力丹. 精神交往论——马克思恩格斯的传播论[M]. 北京: 开明出版社, 2002.

[79] 常昌富, 李依倩. 大众传播学——影响研究范式[M]. 北京: 中国社会科学出版社, 2000.

[80] 刘笑盈, 何兰. 国际传播史[M]. 北京: 中国传媒大学出版社, 2011.

附　录

Wilbur Schramm An Incomplete Bibliography[1][2]

Year	Scholarly Works
1932	"Hiawatha and Its Predecessors, "*Philological Quarterly*, 11: 321-43.
1933	"Campion, Horace, and Catullus, " *Philological Quarterly*, 12: 307-8.
1933	"The Cost of Books in Chaucer's Time, "in *Modern Language Notes*, 48: 139-45.
1934	(With Carl Seashore) "Time and Intensity in Englishi Tetrameter Verse, " *Philological Quarterly*, 13: 65-71.
1934	"Scholarship Swallows Itself, "*American Review*, 4: 19-28.
1935	"Melodies of Verse, "*Science*, 82: 61-2.
1935	"What is a Syllable?"*Science Monthly*, 40: 552-5 .
1935	*Approaches to a Science of English Verse*, with an Introduction by Carl E Seashore and Joseph Tiffin. (Iowa City, Iowa: University of Iowa), 82pp.
1937	"Parkman's Novel, "*American Literature*, 9: 218-27 .
1938	"Ed Howe Versus Time, "*Saturday Review of Literature*, 17: 10-11.
1939	"Careers at Crossroads, "*Virginia Quarterly Review*, 15: 627-32.
1940	"New Englander on the Road to Oregon, "*New Englander Quarterly*, 13: 49-64.

[1] The editor is endebted to Prof. Chu and Schramm himself for the labor of putting this bibliography together. It is incomplete in that certain early papers in the field of literary scholarship appearing between 1935 and 1942 could not he found. translations of his works into other languages are listed only partially and book reviews were omitted deliberately. The stories are listed sepatately below.

[2] Bruce H. Westley(eds) (in press). *Journalism Monographs,Contributions of Wilbur Schramm to Mass Communication Research*. p. 39-50.

Year	Scholarly Works
1941	"Imaginative Writing, "in N. Foester and others, *Literary Scholarship, Its Aims and Methods*(Chapel Hill: The University of North Carolina Press), pp. 175-213 .
1945	"Reading and Listening Patterns of American University Students, "*Journalism Quarterly*, 22: 23-33.
1946	(Editor)Radio Journalism, special number, *Journalism Quarterly*, 23: 137—201.
	"What Radio News Means to Middleville, " *Journalism Quarterly*, 23: 173-81.
1948	(Editor)*Communication in Modern Society*, Fifteen Studies Prepared for University of Illinois Institute of Communication Research, with an introduction by the editor, vi+252pp.
	"Measuring Another Dimension of Newspaper Readership, " *Journalism Quarterly*, 24: 293-406.
1949	(With David M. White) "Age, Education, Economic Status: Factors in Newspaper Reading, " *Journalism Quarterly*, 26: 149-59.
	"The Effects of Mass Communication: A Review, " *Journalism Quarterly*, 26: 397-409.
	"The Nature of News, " *Journalism Quarterly*, 26: 259-69.
1951	(With J. W. Riley, Jr.) "Communication in the Sovietized State, as Demonstrated in Korea, "*American Sociological Review*, 16: 757-66.
	(With J. W. Riley, Jr. and F. W. Williams) "Flight from Communism: A Report on Korean Relugees, "*Public Opinion Quarterly*, 15: 274-84.
	(With J. W. Riley, Jr.)*The Reds Take a City: The Communist Occupation of Seoul, with Eye-witness Accounts.* (New Brunswick, N. J. : Rutgers University Press), 210pp.
	(With Wayne Danielson) "Anticipated Audiences as Determinants of Reall, "*Journal of Abnormal and Social Psychology*, 28: 282-3
	(With Merrill Ludwig) "The Weekly Newspaper and Its Readers, " *Journalism Quarterly*, 28: 301-14.
1953	(As chairman of citizen's committee)*U. S. Information Agency*, A Program of Research and Evaluation for the International Information Administration: Recommendations of a Special Committee to the Administrato. Washington, D. C., June15, 1953. 27pp.

Year	Scholarly Works
1954	(With R. W. Beckman) "Manpower Needs in Radio News: AATJ and NAB Survey Result, " *Journalism Quarterly*, 21: 256-7.
	"Procedures and Effects of Mass Communication, "in *Mass Media and Education*, Fifty-third Yearbook of the National Society for the Study of Education(Chicago: National Society for the Study of Education), 113-38
	(With J. W. Riley, Jr.) "Los Rojos Toman una Ciudad, "Mexico: *Editorial Confidencias*.
	(Editor)Mass Communication. (Japanese translation published by Sogen Sha Co., Ltd., Tokyo).
1955	"Information Theory and Mass Communication, " *Journalism Quarterly*, 32: 131-46.
	Four Working Papers on Propaganda Theory. Written with the help of USIA, under contract IA-W-362, between USIA and the Institute of Communications Research, University of Illinois, Urbana, Illinois: University of Illinois, 145pp.
	"Notes on the British concept of propaganda, "in Four Working Papers on Propaganda Theory, *ibid.*, 65-97
	(With Hideya Kumata) "The Propaganda Theory of the German Nazis, "in Four Working Papers on Propaganda Theory, 33-64.
	"The Soviet Concept of 'Psychological'Warfare, "in Four Working Papers on Propaganda Theory, 99-145.
1956	(With Fred S. Siebert and Theodore Peterson)*Four Theories of the Press*. (Urbana, Illinois: University of Illions Press), 146pp.
	"The Soviet Communist Theory, "in Siebert, Peterson and Schramm(editors), *Four Theories of the Press*, 105-46.
	(With H. Kumata) "A Pilot Study of Cross-cultural Meaning, "*Public Opinion Quarterly*, 20: 229-37
	"Why Adults Read, "in *Adult Reading, Fifty-fifth* Yearbook of the National Society for the Study of Education, Part Ⅱ. (Chicago: National Society for the Study of Education), 57-88.

Year	Scholarly Works
1957	*Responsibility in Mass Communication*, with Introduction by Reinhold Niebuhr(New York: Harper & Brothers), 391pp.
	"Twenty years of Journalism Research, "*Public Opinion Quarterly*, 21: 91-107.
	(With J. W. Riley, Jr.)*Os Vermelhos Atacam Uma Cidade*(Rio de Janeiro: Editora Ipanema Ltda).
1958	"Newspapers of a State as a News Network, " *Journalism Quarterly*, 35: 177-82.
	"Propaganda Theory of the German Nazis, "in W. Daugherty and M. Janowitz(editors), *A Psychological Warefare Casebook*(Baltimote, Maryland: The Johns Hopkins Press, 47-57).
	"Soviet Concept of Psychological Warefare, " in W. Daugherty and M. Janowitz(editors), *A Psychological Warefare Casebook*, 779-88.
1959	(Editor)*One day in the World's Press: Fourteen Great Newspapers on a Day of Crisis*(Stanford, California: Stanford Univeristy Press), 138pp.
	*Responsibility in Mass Communication(*in Japanese). Published in Japan by arrangement with Harper&Brothers.
	(With Fred S. Siebert and Thendors B. Peterson)*Four Theories of the Press*(Japanese translation published by Tokyo-Sogensha, Toyko).
	"Comments on 'The State of Communication Research, '"*Public Opinion Quarterly*, 23: 5-9.
	(With Richard F. Carter) "The Effectiveness of a Political Telethon, " *Public Opinion Quarterly*, 23: 6-17.
1960	(Editor)*Mass Communications*(Urbana: University of Illinois Press, 1949), viii+621pp. Revised edition, with foreword by editor(Urbana: University of Illinois Press, 1960), xi+695pp.
	"A Note on Children's Use of Television, "in Schramm(editor), *Mass Communications*, 214-26.

Year	Scholarly Works
1960	(With Jack Lyle and Edwin B. Parker) "Patterns in Children's Reading of Newspapers, " *Journalism Quarterly*, 37: 149-59.
	(Editor)*The Impact of Educational Television*. Selected studies from the Research Sponsored by National Educational Television and Radio Center (Urbana: University of Illinois Press), viii+247pp.
	"The Aufiences of Educational Television, "in Schramm(editor), *The Impact of Educational Television*, 18-38.
1961	(With Ruth T. Storey)*Little House: A Study of Senior Citizens,* with a foreword by Ernest R. Hilgard(Menlo Park, California: Peninsula Volunteers, Inc., and Stanford, California: Institute for Communication Research, Stanford University), viii+135pp.
	(Editor)*Case Studies in Bringing Behavioral Science into Use*, with a foreword by Wilbur Schramm(Stanford, California: Institute for Communication Research, Stanford University), viii+135pp.
	"Content Analysis of the World of Confession Magazines, "in J. C. Nunnaly, Jr. (editor), *Popular Conceptions of Mental Health, Their Development and Change*(New York, N. Y. : Holt, Rinehart and Winston, Inc.)297-307.
	(With Jack Lyle and Edwin B. Parker)*Television in the Lives of Our Children* (Stanford, California: Stanford University Press), vii+324pp.)
1962	(Editor) *Educational Television, the Next Ten Years*, with a foreword by the editor. Report for U. S. Office of Education (Stanford, California: Institute for Communication Research, Stanford University), xi+375pp.
	"A Note on the Audiences of Educational Television, " in Schramm(editor), *Educational Television: The Next Ten Years*, 346-53.
	"What We Know About Learning from Instructional Television, " in Schramm(editor), *Educational Television: The Next Ten Years*, 52-76.
	"Learning from Instructional Television, "*Review of Educational Research*, 32: 156-67.
	Programed Instruction Today and Tomorrow(New York: Fund for the Advancement of Education), 74pp.
	(Editor)*Paris-Stanford Studies in Communication*(Stanford, California: Institute for Communication Research, Stanford University), vii+137pp.
	"Science and the Public Mind, " in Schramm(editor), *Paris-Stanford Studies in Communication*, 17-47.
	"Mass Communications, "*Annual Review of Psychology*, 13: 251-84.

Year	Scholarly Works
1963	(With Jack Lyle and Ithiel de Sola Pool)*The People Look at Educational Television.* A report of nine Representative ETV Stations (Stanford, California: Stanford University Press), 209pp.
	Report of the Mass Communication Study Team Sponsored by the Ford Founcation in Cooperation with the Ministry of Information and Broadcasting. New Delhi: Faridabad, India: Government of India Press, 34pp.
	(Editor)Studies of Innovation and Communication to the Public. Studies in the Utilization of Behavioral Science, Vol. Ⅱ. (Stanford, California: Institute for Communication Research, Stanford University), viii+286.
	"The Challenge to Communication Research, "in R. O. Nafziger and D. M. White(editors), *Introduction to Mass Communications Research* (Baton Rouge, La. : Louisiana State University Press, 1958: revised edition, 1963, 3-31.
	(Editor)*The Science of Human Communication.* With a foreword by the editor. (New York: Basic Books, Inc.), viii+158pp.
	"Communication Research in the United States, "in Schramm (editor), *The Science of Human Communication,* 1-16.
	*Programmierter Unterricht Heute und Morge*n(Berlin: Cornelsen Verlag).
1964	*Grundfrage der Kommunikations-forschung*(Munchen: Juventa Verlag).
	(Editor)*Four Case Studies of Programmed Instruction,* with an introduction by editor(New York, N. Y. : Fund for the Advancement of Education), 119pp.
	Appendix: "Programmed instruction today and tomorrow"(reprint). In Schramm(editor), *Four Case Studies of Programmed Instruction,* 30-40.
	The Context of Educational Television: Summary Report of Research Findings, the Dnver-Stanford Project. (Denver, Colorado and Stanford, California: Denver public schools and Institute for Communication Research, Stanford University). xi+160. Appendix: a-1to a-68.
	The Research on Programmed Instruction. an Annotated Bibliography. Prepared Under Contract with HEW Office of Education by Institute for Communication Research, Stanford University, Stanford, California(Washington: U. S. Government Printing Office), iii+114pp.

Year	Scholarly Works
1964	*Mass Media and National Development*, The Role of Information in the Developing Countries. With a foreword by Unesco and Preface by Author(Stanford, California: Stanford University Press and Unesco, Paris), xiv+333pp.
	The Effects of Television on Children and Adolescents: Reports and Papers on Mass Communication No. 43(Paris: Unesco).
1965	"Communication in Crisis, "in Bradley Greenberg and Edwin B. Parker(editors). *The Kennedy Assassination and the American Public: Social Communication in Crisis*(Stanford, California: Stanford University Press).
	"Introduction: Communication in Crisis, "in Bradley Greenberg and Edwin B. Parker(editors). *The Kennedy Assassination and the American Public: Social Communication in Crisis*, 1-25.
	(With Jack Lyle and Edwin B. Parker)*Television para LosNinos*(Barcelona, Espana: Editorial Hispano-Europea).
1966	"*Linformation et le developpement national*(Paris: Unesco). "Two Concepts of Mass Communication, "in Bernard Berelson and Morris Janowitz(editors), *Reader in Public Opinion and Communication*, Second Edition(New York, N. Y. : The Free Press), 206—19.
	"Information Theory and Mass Communication, "in Bernard Berelson and Morris Janowitz(editors), *Reader in Public Opinion and Communication*, Second Edition(New York, N. Y. : The Free Press, 712-32. Also in A. G. Smith(editor), *Communication and Culture*(New York, N. Y. : Holt, Rinehart and Winston), pp. 521-34.
	"TV as Scapegoat, "in J. F. Rosenblith and W. Allinsmith(editors). *The Cause of Behavior,* Ⅱ*: Readings in Child Development and Education Psychology*, Second edition(Boston, Massachusetts: Allyn and Bacon, Inc.), 216-18.
1967	(Editor, with Daniel Lerner)*Communication and change in the Developing Countries*, with foreword by Lyndon B. Johnson(Honolulu, Hawaii: The University Press of Hawaii, 1967), xiv+333pp. Third printing, 1972.
	"Communication and change, "in Schramm and Lerner(editors), *Communication and change in the Developing Countries*, 5-32.
	(With W. Lee Ruggels) "How Mass Media System Grow, " in Schramm and Lerner(editors), *Communication and change in the Developing Countries*, 57-75.
	(Chairman)Report of Subcommittee on Dissemination of Scientific Information to Behavioral Scientists. For National Academy of Science-National Research Council, January, 39pp.
	(With Serena Wade)Knowledge and the Public Mind: A Preliminary Study of the Distribution and Sources of Science, Health and Public Affairs Knowledge in the American Public (Stanford, California: Institute for Communication Research, Stanford University), 163pp.

Year	Scholarly Works
1967	(With Philip H. Coombs, Friedrich Kahnert and Jack Lyle)*New Educational Media in Action: Case Studies for Planners,* with a preface by Coombs(Paris: Unesco, International Institute for Education Planning Case Studies). Three volumes, 203pp., 226pp., 198pp.
	(With Lyle M. Nelson, William R. Odell, John Vaizey and Seth Spaulding) "Education Television in American Samoa, "in *New Educational Media in Action*, Vol. I , 11-68.
	(With P. V. Krishnamoorthy, D. D. Jahdav, J. P. Bhattacharjee, Douglas Ensminger, W. Bert Johnson and R. Lyle Webster) "Ten years of the Rural Radio Forum in India, "in *New Educational Media in Action,* Vol. I , 105-34.
	(With Momluang Pin Malakul, Khunying Ambhorn Meesook, Prani Pookpakdi and Saising Siributr) "Educational Radio in Thailan, "in *New Educational Media in Action,* Vol. I , 83-104.
	(With Isao Amagi, Kazuhiko Goto, Masanori Hiratsuka and Yukihiro Kumagai) "Japan's Broadcast-Correspondence High School, "in *New Educational Media in Action,* Vol. I , 135-68.
	(With Godwin C. Chu)*Learning from Television: What the Research Says* (Washington: National Association for Educational Broadcaster), v+116PP.
	(With Philip H. Coombs, Friedrich Kahnert and Jack Lyle)*The New Media: Memo to Educational Planners,* with a foreword by Rene Maheu(Paris: Unesco, International Institute for Educational Planning), 175pp.
	Mass Media in Developing Countries. Translated into Korean from Kappa Tan Alpha Yearbook and published in Non Dan (Forum), Vol 2, no. 4, Spring 1967, 72-82.
	"Communication, "in Wold Book Encyclopedia(Chicago: Field Publishing Co., IV), 710-23.
	The Audiences of Educational Television, a Report to NET(Stanford, California: Institute for Communication Research, Stanford University), 90pp.
1968	"Mass Communication: Control and Public Policy, "*International Encyclopedia of the Social Sciences*, Vol. 3(New York: Macmillan and Free Press), 55-61.
	"Communication Satellites for Education, Science and Culture, "Reports and Papers on Mass Communication No. 53. (Paris: Unesco), 23pp.
	(With Lyle M. Nelson) "Communication Satellites for Education and Development-The Case for India. "Prepared for the President's Task Force on Communication Policy (Menlo Park, California: Stanford Research Institute), 204pp. Appendix A-1 to 26; Appendix B-1 to 12; Appendix C-1 to 19;References: 205-12.

Year	Scholarly Works
1969	"Instructional Television Here and Abroad, "in *The Schools and the Challenge of Innovation*, supplementary Paper No. 28, Committee for Economic Development, New York, N. Y., 242-69.
	The Mass Media in Family Planning Campaigns, in R. Blake(editor), Final Report, International Workshop on Communication Aspects of Family Planning Programs, Bangkok, Thailand. Chapel Hill, North Carolina: The Carolina Population Center, University of North Carolina, 9-14.
	(With Serena Wade) "The Mass Media as Sources of Public Affairs, Science, and Health Knowledge, "*Public Opinion Quartery*, 33: 197—209.
	(With William I. Rivers)*Responsibility in Mass Communication*(Rev.)(New York: Harper&Row), vi+314pp.
	"The New Educational Technology, "in G. Z. F. Bereday(editor), *Essays on World Education: The Crisis of Supply and Demand*(New York, N. Y. : Oxford University Press), 133-52.
	Classroom Out-of-doors: Education Through School Camping(Kalamazoo, Mich. : Sequoia Press/Publishiers).
1970	"Learning from Television: What the Research Says, "in *To Improve Learning, an Evaluation of Instructional Technology*, Vol. I , Part II , Instructional Technology: selected working papers on The State of the Art (New York, N. Y. : R. R. Bowker Co.), 179-82.
	(With Lyle Nelson)Report of the Educational Television Task Force. Honolulu, Hawaii: University of Hawaii-American Samoa Contract, 88pp.
	"The Future of Educational Radio and Television, "The Japan Prize Lecture, 1969, in *The Japan Prize, 1969*(Tokyo: NHK The Japan Broadcasting Corporation), 77-83.
	(With Robert Filep)The Impact of Research on Utilization of Media for Educational Purposes. El Segundo, California: Institute for Educational Development, vi+66pp. +appendix 44pp.
	Communication de Massa e Desenvolvimento(Rio de Janeiro: Bloch Editores).
1971	(With Jack Lyle and Edwin B. Parker)*La Television Nella Vita dei Nostri Figli*(Milano, Italy: Franco Angeli Editore).
	Programed Instruction: Today and Tomorrow (Arabic translation published by UNRWA and UNESCO).
	The Next Ten Year: How to Look at an Exhibition of Instructional Technology. Stanford, California: Institute for Communication Research, for the Visodata Conference, Munich, October 1971, 14pp.

Year	Scholarly Works
1971	(With Lyle M. Nelson)The Financing of Public Television, With an introduction by Douglas Cater, Palo Alto, California: Communication and Society, a joint program of the Aspen Institute for Humanistic Studies and the Academy for Edcucational Development, Inc., x+59pp.
	(Editor)*Quality in Instructional Television* (Honolulu, Hawaii: The University Press of Hawaii), 226pp.
	"What the Research Says, "in Schramm (editor), *Quality in Instructional Television*, 44-79.
	Mass communication. For *the Enciclopedia Italiana*. Stanford, California: Institute for Communication Research, Stanford University, 69pp.
1972-3	Learning in American Samoa, A Review of the Results, Stanford, California: Institute for Communication Research, Stanford University.
1973	(With William L. Rivers)*Responsabilidad y Communicacion de Masas*(Buenos Aires: Ediciones Troquel).
	(With William L. Rivers)*Responsibility in Mass Communication*(in Korean)(Seoul, Korea: Sejong Publishing Co.)
	(With Daniel Lerner)*Comunicacao e Mudanca nos Paises em Desenvolvimento*(Sao Paulo;Editora da Universidade de Sao Paulo).
	(Editor, with Ithiel de Sola Pool, et al.)*Handbook of Communication* (Chicago, Illinois: Rand McNally College Publishing Co.), ix+1011pp.
	"Channels and Audiences, "in Schramm and de Sola Pool(editors), *Handbook of Communication*, 116-40.
	"Mass Communication, "in George A. Miller(editor), Communication, Language, and Meaning: Psychological Perspectives(New York: Basic Books, Inc.), 219-30.
	(With Janet Alexander) "Broadcasting, "in Schramm and de Sola Pool(editors), *Handbook of Communication*, 577-618.
	Men, Messages, and Media: A Look at Human Communication(New York: Harper&Row), 341pp.
	Big Media, Little Media. A report to the Agency for International Development. Stanford, California: Institute for Communication Research, Stanford University, xiii+333pp.
	Instructional Television in the Education Reform of El Salvador, Washington, D. C. : Academy for Educational Development, Information Center on Instructional Technology, 89PP.

Year	Scholarly Works
	TTV in American Samoa-After Nine Years. Stanford, California: Institute for Communication Research, Stanford University, V+55pp.
	So ne Tentative Conclusions Concerning Instructional Television, For the National Academy of Education, Stanford, California: Institute for Communication Research, Stanford University, 8pp.
1973	(With Robert C. Hornik, Henry T. Lugle, John K. Mayo and Emile G. McAnany) Television and Education Reform in El Salvador. Research report on the Educational Reform of El Salvador prepared by members of the Institute for Communication Research, Stanford University, on behalf of AED under contract to USAID, xix+322pp.
	(With Richard F. Carter)Scale for Describing National Communication System. Stanford . California: Institute for Communication Research, Stanford University(undated), 15pp.
	Motion pictures and real-life violence: What the research says. A working paper for the Motion Picture Association of American. Stanford . California: Institute for Communication Research, Stanford University(undated), 52pp.
1974	"The Problem of Making Research Useful, "*Media Asia*, 1, 5-11.
	(With Godwin Chu and Frederick T. C. Yu)China's Experience with Development Communication: How Transferrable Is It?Honolulu. Hawaii: Communication Institute, East-West Center, 24pp.

后　记

　　本书是在大量的施拉姆原文著作及文章的基础上整理、完善、思考而成。本书付梓全赖亲朋好友的帮助和支持。

　　感谢师弟张立刚博后和王逸杰博士对本书资料收集方面的帮助。

　　感谢上海大学新闻传播学院许正林老师、查灿长老师、赵士林老师、龙锦老师、张敏老师、郑涵老师、沈荟老师以及其他老师给予的帮助。

　　感谢复旦大学新闻传播学院朱春阳老师给予的指导。

　　感谢董景寰老师一直以来对我的关心和帮助。

　　感谢上海城建职业学院给予的资金支持，才得以让本书面世。

　　感谢吉林大学出版社及高珊珊女士对我的支持帮助。

　　本书功薄蝉翼，对此我一直诚惶诚恐……

　　藉由这本书，以期为传播学科的发展研究筑巢引凤；藉由这本书，以期施拉姆的社会发展思想为人类社会的发展捎来些许的启发；藉由这本书，以期施拉姆的国际沟通思想为世界人民的顺畅交流携来几许闪烁的星光。

　　本书中的一些观点还很不成熟，恳请各位专家学者斧正指导。

　　无时无刻，传播、沟通的生活和艺术就在我们心目中和行为中，让我们在理性、高效、流畅的交流中走过一段又一段充实的旅程。

李艳松
2021年8月上海